ルソーの政治経済学

その現代的可能性　　鳴子博子 著

晃 洋 書 房

はしがき

　ロシアのウクライナ侵攻から1年，戦争の早期終結の道のりは不透明で，日々，ウクライナ，ロシア双方のおびただしい人命が失われている．ところで18世紀末にロシアをはじめとする列強（ロシア，オーストリア，プロイセン）によって共和制ポーランドが消滅したことはよく知られている．このエリアの領有関係は複雑であるが，当時，ウクライナという国は存在していなかった．非常に大まかに言えば，ポーランド分割前，キーウ（キエフ）はロシア領であり，キーウ（キエフ）以西の地は3次にわたるポーランド分割によって列強の草刈り場となったのである．このポーランド分割の直前にルソーは，ロシアに対して反乱を起こしたバール連合の一員であるヴィロルスキ伯の求めに応じて，『ポーランド統治論』を執筆した．因みにバール連合の名はウクライナのバールで結成されたことに由来する．ルソーは消滅の危機に瀕したポーランドの存続条件を論じ，根本的な問題は国内問題であることを見抜き，自由拒否権に注目してポーランドをどのように立て直すのか，その改革案を提示したのである（詳しくは本書第8章を参照されたい）．

　18世紀のルソー理論は，私たちに何を与えてくれるのかと問われるかもしれない．拒否権問題を例にとることにしよう．拒否権は現代にまで続く問題である．誰が何を目的として行使するかによって拒否権の意味，効果は当然変わるが，フランス革命期の国王の拒否権発動は社会の分断を決定的にし，革命を激烈なものにした．現代の国連の拒否権はどうだろうか．国連の機能不全の主な原因は常任理事国の拒否権行使にあり，その拒否権は世界の安全保障にとって大きな障害物となっている．ルソーの（自由）拒否権をめぐる考察は現代の私たちの問題を解く鍵を提供してくれるものである．

　「人類を構成するのは民衆だ．民衆でないものはごくわずかなものなのだから，そういうものを考慮にいれる必要はない」とルソーは『エミール』のなかで言い切っている．ジュネーヴ共和国に生まれ，変則的な少年，青年期を過ごしたのち，ルソーはパリで活動することになる．その思想・理論は同時代人やそれに続く革命期に生きた身分・階級・性別を超えた幾多の人々に，さまざまな形で受容され，あるいは激しい非難や批判に晒され，彼は迫害され亡命生活を余儀なくされもした．きわだっているのは，王侯貴族から社会の下層の人々まで，直接・間接にルソーから影響を受けた人々の層の広範さ・多様さである．とりわけフランス革命

期に，立場を異にする人々の間で，錯綜し対立さえするさまざまな「ルソー受容」が見られた点は特筆すべき事柄であろう．こうしたルソーの思想・理論の及ぼす影響の広範さは，18世紀から現在に至るまで続いており，ルソー生誕300年にあたる2012年に，幾多の国々でアカデミックなシンポジウムや研究集会のみならず，専門家ではない一般の人々による催しもいくつも開かれたことは，ルソーという思想家の特質を映す鏡のようでもあるだろう．

　私は転校を繰り返した小・中学校時代を経て，今から半世紀前，鎌倉市にある修道女会の経営する女子高の図書室で『社会契約論』と出合った．ギリシア・ローマ時代の本でもないのに，『社会契約論』は奴隷だの，主人だのという言葉に溢れ，当時の私はよくわからない不思議な本だと思ったが，そのわからないもの，ミステリアスなものに心惹かれた．2001年に学位論文を『ルソーにおける正義と歴史——ユートピアなき民主主義革命論——』（中央大学出版部）として刊行したのは，今から二十年余り前のことになる．ルソー生誕300年にあたる2012年には，『ルソーと現代政治——正義・民意・権力・ジェンダー——』を出したが，この本は主に教科書として用いられ，広く社会に流通する出版形態ではなかった．思想史というかなり気の長い世界にどうにか住み続けてきた私には，この五十年は瞬く間に過ぎた年月であったが，世間の時間のサイクルは非常に早く，『ルソーにおける正義と歴史』の入手が難しくなっている現状もあり，私のルソー論考を若い方たちやもう少し広く一般の方たちにも手に取っていただけたらという思いが強まった．本書『ルソーの政治経済学——その現代的可能性——』の出版を進めることとなった背景にはそのような事情があった．

　ところで，本書のタイトルを『ルソーの政治学』でも『ルソーの経済学』でもなく『ルソーの政治経済学』としたのは，まずルソーが思想活動を繰り広げた18世紀にはまだ政治と経済が未分離で，それらが密接不可分で渾然一体となった政治経済学の世界が広がっていたことがある．が，それだけではなく，彼の活動期から250年以上経過した現代社会の問題状況がある．私たちの向き合わざるをえない複雑化し錯綜した諸問題を深く捉え，その病理に鋭くメスを入れて社会を健康体に近づけ，1人ひとりが幸福に生きる未来をつかみ取るためには——細分化，専門化，精緻化した諸学問の役割もさることながら——むしろダイナミズムを伴った再統合された政治経済学の出動が要請されているように思われたからである．

　8つの章と6つのコラムからなる本書は，なんらかの形ですでに発表した論考で構成されているので，再録などの情報は初出一覧でご確認いただきたい．ルソー

の思想・理論を専門家や研究者の独占物にしておくのではなく，現代社会に生きているより多くの人々に開かれたものにするために，本書が微力ながら貢献できることを切に願っている．

　最後になるが，晃洋書房編集部の山本博子さんには，編著『ジェンダー・暴力・権力——水平関係から水平・垂直関係へ——』（2020年）に続き，心強いサポートをいただいた．出版に向けて時間的制約のあるなかで，山本さんの的確なアドヴァイスや労を厭わぬ丁寧なお仕事がなければ，本書の刊行は難しかったと思う．そのご尽力に対して深く感謝の意をお伝えしたい．

　2023年2月

鳴 子 博 子

目　次

凡　例

　ルソーのテクストについては *Œuvres complètes de Jean-Jacques Rousseau, Bibliothèque de la Pléiade*, Paris, Gallimard 1959-に拠り，各著作を以下のように略記し頁数を記すとともに，訳書の頁数も併記した．邦訳については，岩波文庫，白水社『ルソー全集』および中公文庫『社会契約論』を参照したが，訳文を一部変えさせていただいた．括弧内に岩波文庫の頁数を記し，『ルソー全集』の場合のみ『全集』と表記し，その頁数を記した．

CP：　*Considérations sur le gouvernement de Pologne et sur sa réformation projettée*（1964）Ⅲ（永見文雄訳（1979）『ポーランド統治論』『ルソー全集』第五巻，白水社）．

CS：　*Du Contrat social ou Principes du droit politique*（1964）Ⅲ（桑原武夫・前川貞次郎訳（1954）『社会契約論』岩波文庫）．

DI：　*Discours sur l'origine et les fondements de l'inégalité parmi les hommes*（1964）Ⅲ（本田喜代治・平岡昇訳（1972改訳）『人間不平等起原論』岩波文庫）．

E：　*Émile ou de l'éducation*（1969）Ⅳ（今野一雄訳（2007改版）『エミール』上中下，岩波文庫）．

EP：　*Discours sur l'économie politique*（1964）Ⅲ（河野健二訳（1951）『政治経済論』岩波文庫）．

LB：　*Lettre à Christophe de Beaumont*（1969）Ⅳ（西川長夫訳（1982）『パリ大司教クリストフ・ド・ボーモンへの手紙』『ルソー全集』第七巻，白水社）．

LM：　*Lettres écrites de la montagne*（1964）Ⅲ（川合清隆訳（1979）『山からの手紙』『ルソー全集』第八巻，白水社）．

LP：　*Lettre de J.-J.Rousseau à M.Philopolis*（1964）Ⅲ（本田喜代治・平岡昇訳（1972改訳）『人間不平等起原論』岩波文庫）．

NH：　*Julie, ou la Nouvelle Héloïse*（1964）Ⅱ（松本勤訳（1981）『新エロイーズ』『ルソー全集』第十巻，白水社）．

RJJ：　*Rousseau juge de Jean Jaques, Dialogues*（1959）Ⅰ（小西嘉幸訳（1979）『ルソー，ジャン＝ジャックを裁く―対話』『ルソー全集』第三巻，白水社）．

RP：　*Les Rêveries du Promeneur solitaire*（1959）Ⅰ（今野一雄訳（1960）『孤独な散歩者の夢想』岩波文庫）．

　引用，参照箇所の多いルソーのテクストに限っては，原書と訳書の略記を，通常の略記（DI 1964：141＝1972：52）のようにではなく，（DI141/52）のようにさせていただいたことをお断りしておく．

第 1 章　自然・人間・労働——ルソー対マルクス

1．手がかりとしての「手の労働」

　本章は，ルソーの労働概念の特質を探り，その構造を明らかにしようとする試みである．これまでのルソー研究史のなかで，労働概念を主要なテーマとした研究は，われわれの知る限りでは，ほとんど存在しない．ルソーの所有論あるいは租税論をテーマとする論究には豊富な研究成果が存するが，所有論の前提となり，所有論の核心をなす労働概念に正面から取り組む研究が，ほとんどなされてこなかったことに，われわれは意外の感を強くする．労働概念が主たる研究テーマとされることがほとんどなかった理由の 1 つは，『社会契約論』のなかで，ルソーが労働に直接触れる箇所が，ほぼ第 1 編第 9 章と第 3 編第 8 章に限られるという，言及箇所の少なさにあるとわれわれは推測する．

　われわれは『人間不平等起原論』における人類史の発展段階的展開に即しながら，ルソーによって，労働が，自然と人間とに対して，あるいは人間と人間との間に，いかなる関係を持つものとして捉えられるのか，その構造と過程をテクストのなかに発見したい．われわれは，また『エミール』や『不平等論』のなかで用いられる「手の労働」・「手の仕事」という言葉を手がかりとして考察を進め，労働概念の核心に，いっそう接近したい．

2．労働の原初的展開——自然と人間・人間と人間の関係

　ルソーの歴史観を最も特徴づけるのは，「自己完成能力」の存在である（DI142/53）．彼は，自然が人間に対して自己完成能力を賦与すると考える．この能力は，人間が「自由な行為者」であるという特質とともに，動物と人間とを画する人間固有の属性とされるものである（DI141/52）．それは「周囲の事情に助けられて，すべての他の能力を次々に発展させ，われわれの間では種にもまた個体にも存在する能力」である（DI142/53）．一個の生命体である人間は，自己保存を図るために自然に働きかけなければならない．それは必然であり不可避である．動物は本能に従って自然への働きかけをなし，動物と自然との関係は一定不変である．ところで人間にとって，自然と人間との関係，人間の自然への働きかけのあり方は，

一定不変のものだろうか.

　まず，自然は人間に自己完成能力を賦与する．完成能力を賦与された人間は，この能力によって，自然への働きかけのなかで，人間のうちにある潜在能力を徐々に顕在化させる．このように新たな能力を獲得した人間は，今度は，自然に対して，以前とは異なった新しい働きかけを始める．ここに，自然と人間との相互作用あるいは両者の循環過程が見出される．この循環過程は，自然と人間との関係をより高度なものにしてゆく歴史の発展段階的展開を示している．自己完成能力こそが，人間の歴史を進展させる真の原動力なのである．後に見るように，ルソーが「最初の革命」や「大きな革命」と名づける画期は，人類の発展段階史の指標となるものである．ところで，自然が人間に賦与したものとしては，この完成能力の他に，「自己愛」と「憐れみの情」という2つの自然的感情が挙げられる．われわれは，この2つの生得感情にも注意を払いながら，『不平等論』を歴史的に捉えてゆくことにする.

　ルソーの描く最も原初的人間は「森のなかに動物に交じって散在している人類」であり，定まった住居を持たぬ人々である (DI142/53)．この自然人は，自然の豊かさの恩恵を受けて，生きる糧となる生活資料を得るために，他の人間の助けを必要とはしない．確かに，子どもの期間は，人が自力で生存する力を持たぬがゆえに，その例外をなしはするが，ルソーは，生殖を伴う雌雄の結合関係の連続性を否定するとともに，母子関係についても，母親の欲求と哺乳の習慣から子を養育する必要最小限の関係に限局する (DI147, 214-218/60, 171-178)．自然人は「ほとんどいかなる種類の相互関係をも許さないような事物の状態」に置かれている (DI142/53)．「純粋な自然状態」にある人間は (DI147/61)，人間対人間の関係をほとんど持たず，たとえそうした関係を持つ場合でも偶発的・一時的な関係にとどまる，きわめて孤立した存在なのである．しかし，このような最も原初的な状態にある場合でさえ，人間は自然から，自己愛と憐れみの情という理性に先立つ2つの生得の感情を与えられているとルソーが捉えていることを忘れるべきではない．「われわれの安寧と自己保存とについて，熱烈な関心をわれわれに持たせる」自己愛と「あらゆる感性的存在，主としてわれわれの同胞が命を失ったり苦しんだりするのを見ることに，自然な嫌悪を起こさせる」憐れみの情，これら2つの原理だけが「人間の魂の最初の最も単純な働き」のなかに見出される (DI125-126/30)．自己愛が，生存を維持するための自然への働きかけを繰り返させる．こうした自然への働きかけの場面でこそ，自己完成能力は十全に発揮される．生活資料を獲得する自然への働きかけは，この自己愛と自己完成能力双方の力があって

こそ発展的に展開されるのである.

　ところで, 自己愛と憐れみの情という2つの原理のなかでは, 自己愛が第1で, 憐れみの情がそこから派生してくるという発生順位が存在する. 自己愛は,「われわれの情念の源, 他のすべての情念の初めにあって, その元になるもの, 人間が生まれるとともに生まれ, 生きている間は, 決してなくならないただ1つの情念」であり (E491/中9), この自己愛から発して, 自分と同じような人間・他者に対して, その苦しみや悲しみを感じ始める時,「人間の心を動かす最初の相対的な感情」たる憐れみの情が誕生するのである (E505/中37). こうした両原理の発生順位はともあれ, 自然が人間に生得的に, 自己愛のみならず憐れみの情を与えたことによって, 自己愛から発する自己保存の欲求や自己の幸福のみを追求する熱情は和らげられる.

> 「憐れみの情こそが, すべての丈夫な未開人に, どこか外で自分の生活資料は見つけられるという希望があれば, か弱い子どもや病弱な老人が苦労して手に入れた生活資料を取り上げる気を起こさせないのである」(DI156/75).

「苦しむ者の身になってみる感情」である同情は, 苦しんでいる他者に内面的に同化すればするほど強まるので, 自分を振り返って省察することで他者と自己との間に距離を置く文明人の同情心よりも, より深く苦しんでいる者に同化することのできる未開人のそれの方が「曖昧だが生き生きとした感情」なのである (DI155/73). 同化とは,「われわれをわれわれの外へ移し」,「いわば, われわれの存在を捨てて, そうした者の存在になる」ことであるから (E505/中38), 未開人の抱く憐れみの情は, まだ, その対象を人類一般・種全体に広げてはいない. なぜなら, 人間と人間との関係が偶発的で一時的なものにすぎない純粋な自然状態にあっては, 未開人は, 憐れみの情の注がれる対象たる他者とも, 偶発的で一時的な関係を持つにすぎないからである. それゆえ,「憐れみの情は, 各個人における自己愛の活動を和らげ, 種全体の相互保存に協力する」といわれるものの (DI156/74), この自然的感情が人間愛と呼びうる広がりを持つには, なお時を待たねばならないのである.

　人間の労働を歴史的に捉えようとするなら,『不平等論』において, 歴史の発展段階の指標となる革命という画期に注目することになる. ルソーのいう革命とは何か. まず, 一見して明らかなのは,「生活様式」が転換するということである (DI138/47). すなわち, それ以前の時代に支配的な生活様式を新たな生活様式に取って替えるということである. 生活様式が転換するとは, 人間の生の営みの

根幹である．人間の生存を確保する生活資料の獲得方法が転換したということである．それでは，この生存の確保を目的とする生活資料の獲得方法の転換は，なぜ起こるのかといえば，前代と比して，生活資料を得るために，いっそう有利な知識や技術が見出されたからである．個々の知識や技術ではなく，新しい，より有効な，生活資料の獲得を可能にする，知識と技術の総体の発見と定着，これをルソーは革命と呼んでいるのである．そしてわれわれは，こうした知識と技術の総体を，ルソーが「生活技術 industrie」と呼ぶのだと理解する（DI135/43）．

ルソーは，未開人と文明人の運動能力を比較する．枝を折る，石を投げる，木に登る，走る，といった身体能力は，文明人が，もし「機械 machines」を利用できなければ[1]，未開人によって圧倒されると推断する．ここで重要なのは，身体が未開人にとって生活資料を獲得する唯一の「道具」であること（DI135/43），してそれゆえ，未開人は，自己保存の唯一の手段である道具としての身体を鍛錬し，相対的に高い身体能力を保持せざるをえないことに，ルソーが着目している点である．ルソーは，未開人と文明人の運動能力の対比を通じて，「自然によって命じられた簡素で一様で孤独な生活様式」に従っている純粋な自然状態にある自然人の生存のあり方を論じているのである（DI138/47）．自己の身体のみを用いる最も原始的な採取，ここで見出されるのは，以上のような生活技術なのである．

最初の革命は，家族の出現と定住とに特徴づけられる新たな生活様式をもたらす．

「あらゆる社会のなかで最も古く，また，ただ1つの自然なものは家族という社会である」（CS352/16）．

家族は，人間にとって自然に形成された最古の「1つの小さな社会」である（DI168/91）．人々は家族の共通の住居として小屋をつくり，もはや1人ではなく，家族を生活・生存の単位としてひとところに定住する．家族は最初の社会と呼ばれるにふさわしいものである．なぜなら，人間は家族の内部で初めて，継続的で緊密な人間と人間との関係を持つからである．自然人は自分1人の保存だけでなく，家族全員の保存に心を砕く．家族という小さな社会のなかでこそ，憐れみの情が，一時的・偶発的でない濃密な感情となって沸き起こる．「夫婦愛や父性愛」と呼ばれるものも（DI168/91），家族内部に作用する憐れみの情に発し，こうした特定の対象に向かう憐れみの情が発達したものということができる．この時期には，他の誰よりも自己を第1の者として重んじることを求める自尊心の芽生えのために「自然の憐れみの情はすでに多少の変質を蒙っていたけれども」（DI171/95），

人々は，家族各人に対しては，憐れみの情に発した愛着を持ち，家族外の他の誰に対しても，憐れみの情が働くがゆえに「自ら危害を加えるのを抑えられ，人から危害を加えられた後でさえ，危害を加える気にはどうしてもならない」のである（DI170/95）．住居という生活の場であり，生活資料を獲得するための基地でもある定点を持った家族は，生きるために家族各人が協力し合う．自然に対する人間の働きかけは，孤立した自然人によるより，協同し合う家族による方が，明らかにより効果的で，力強いものになる．さらに両性間には生活様式の差異が確立するが，これはルソーによれば，男女の自然的素質による分業の開始を意味するものである．しかし，人間と人間との結びつきは，家族内部でこそ強まるが，家族相互間の結びつきは，なお，緩やかである．彼らは，非常に稀に，共通の利害のために一時的に協同し（DI166/89），あるいは一時的に争う．道具としては，例えば，改良された弓矢や丸木船を使用する彼らの技術は——狩猟であろうと漁撈であろうと，家族内部の協同はあっても，家族相互間の日常的協力を伴わぬゆえに——「人間が 1 人でできる仕事，数人の手の協力を必要としない技術」の域を大きくは出ていないのである（DI171/95）．このように，純粋な自然状態から離れて，家族という小さな社会を生み出した，いわば自然状態の第 2 期に見出されるのは，家族内の協同，両性間の分業に支えられ，それ以前の段階に比して生活資料の獲得がより有利になった，狩猟あるいは漁撈といった生活技術なのである．こうした生活技術は，主に，家族という緊密な人間関係のなかで，世代間に，より確実に伝達されていった．孤立した自然人が自ら獲得した技術をほとんど伝達させずに滅ぼしていったのに比べて（DI160/80），さらなる自己完成能力の発現が見られ，そしてそれに伴う生活技術の進展は，よりめざましいものになった．

　大きな革命は，人類を社会状態へ移行させる最大の画期であった．人類の生存様式の大転換が，冶金と農業という生活技術の発見によってもたらされた．これら 2 つの生活技術の誕生は，最初の社会的分業を告知するものである．ルソーは『エミール』のなかで，社会的分業の原理を，10人の人で構成された社会という思考モデルを用いて，次のように説明する．

　「10人の人がいて，それぞれの人が10種類の必要を持つとしよう．（中略）この10人の人で 1 つの社会をつくることにしよう．そして各人が自分 1 人のために，そして他の 9 人のために，自分に最も適した種類の仕事をすることにしよう．各人は他の人々の才能から利益を得て，自分 1 人ですべての才能を持っているのと同じことになる．各人は自分の才能を絶えず磨くことによって，それを完全なものにすることになる．

そこで，10人とも完全に必要な物を手に入れ，さらに他人のための過剰分まで持つことができるようになるだろう」(E466-467/上445)．

　この単純化された社会的分業の思考モデルのなかで，ルソーは分業の土台に，自己愛と憐れみの情の2原理を調和させて組み入れた．「各人が自分1人のために，そして他の9人のために」各自の仕事を選び取り，その選び取られた仕事の成果を持ち寄ることによって相互に助け合う，いわば共生社会を出現させる．分業が導入された社会では，自足するためにあらゆる仕事をなす場合に比べ，各人が自分に適した特定の仕事に習熟することができるので，その結果，こうした社会は，仕事に携わる者全員の必要物を供給するばかりか，他者に回すことができるほどの余剰を生み出すというのである．分業は協業も伴っている．ルソーは，それらを「労働の分割と配分」と表現して，次のように述べる．

　「ただ1人の人間がそれで自足できる自然的な技術を実行していると，やがて，多くの手の協力が必要な工業の技術が求められるようになる．前者は，孤独者でも未開人でも実行できるが，後者は，社会においてのみ生まれ，社会を必要とする．身体的な欲求しか知らないかぎり，1人ひとりの人間が自足できる．余分な物が導入されると，労働の分割と配分が必要になる．ただ1人で働く人間は1人の人間の生存に要する物しか得られないが，協力して働く100人の人間は200人を生存させるだけの物を得るからである」(E456/上425)（傍点は引用者）．

　ここで分業・協業が2倍の生産力——100人の労働が200人分の生活資料を生産しうること——をもたらすことが語られるのだが，ルソーはさらに，そこに生じた余剰の行方まで視野に収めている．彼は続けて「一部の人間が休むようになると，働く人々の協力によって，何もしない人々の労働の埋め合わせをしなければならない」と述べる (E456/上425)．先に引用した箇所で「他人のための過剰分」という表現で言及された他者とは，ここに，働く人々と対比される働かざる人々であることが明記される．ルソーは，一方に他者のために働く一群の人々があり，他方に自分以外の者の生み出した余剰を享受する働かざる人々が存在する事態をはっきりと見抜いているのである．

　前述の10人の人からなる最も原初的な分業社会と人々が働かざる者と他者のために働く者とに分裂した社会とを比較すると，われわれは，この推移のなかに，自己愛と憐れみの情の調和が失われ，自己愛が自尊心に変質した事態を捉えざるをえない．本来，「自己愛は，いつでも良いもので，いつでも正しい秩序にかなっている」が (E491/中38)，ある者が自己保存を自己労働によらず，他者の労働に

依拠しようとする時，それは，一部の働かざる者の自己保存を，多数の働く者の自己保存の上位に置くこと，さらにいえば，働く者の自己保存を少なからず犠牲にして実現させることを意味するから，自己愛は，すでに，自他を絶えず比較し，人々のなかで自分こそが「第1位を占めたい」と願う自尊心に転化したといわざるをえないのである（E523/中73）．

　われわれは，再度，大きな革命の発生時点に立戻る．『不平等論』でルソーは次のように述べている．

> 「1人の人間が他の人間の助けを必要とし，また，ただ1人のために2人分の蓄えを持つことが有効であると気づくやいなや，平等は消え去り，所有が導入され，労働が必要になった．そして広大な森林は目に快い平野に変わった」（DI171/96）．

　以上のように，ルソーは，人類が冶金と農業に従う社会状態に至るまでの歴史を，人間の自己完成能力を歴史発展の原動力と捉え，生活技術の発見と定着をその契機として，自己愛や憐れみの情などの人間の感情の働きを視野に収めながら，段階的に区分した．われわれには，ルソーの歴史観を発展段階的と結論づける前に，自然状態のいわゆる第2期へ，ルソー自身が下した評価について議論することが残されている．家族が誕生し，家族相互間にも緩やかな交流の生じた「新しく生まれたばかりの社会」を（DI170/95），彼は「世界の真の青年期」と呼び「最も幸福で最も永続的な時期」あるいは「最も革命の起こりにくい，人間にとって最良の状態」であると評する（DI171/95）．なぜ，このような歴史段階が人類にとって幸福な状態とされるのかといえば，この時期の自然人のなかに「自己保存に必要な欲望とそれを満たすに十分な能力」だけが見出され，彼らは「力と欲望の均衡」のなかにあると考えられるからである（E304/上135）．ルソーは，人々のなかで想像力が働き出すと「現実の世界には限界があり，想像の世界は無限である」から（E305/上136），力と欲望の間には，欲望過剰から不均衡が生じるとする．だが，この段階での完成能力の活動は，まだ，想像力を目覚めさせ，人類を欲望過剰にし，力と欲望の不均衡をもたらすまでには至っていないとされるので，彼らは幸福だと見なされるのである．そして，こうした人類の幸福期の称揚と呼応するように，大きな革命を画期とする人類の自然状態から社会状態への移行を，周知のごとく，外在的できわめて偶然性の高い諸原因の連鎖の責に帰すのである．

　「人間は，共通の利益のためには決して起こらないにこしたことはなかった何かの忌まわしい偶然によらないかぎり，この状態を離れるはずはなかった」（DI171/95-96），あるいはまた，その移行は「存在することも，存在しないこともあ

りえたし，あるいは，少なくとも，もっと早くも遅くも起こりえたのであり，したがってその歩みを速めることも遅らせることもありえたある種の外的状況に助けられて」起こったとされる（LP232/209）．さらに，歴史の展開の原動力は人間の完成能力にあったから，この能力こそが「人間のあらゆる不幸の源泉」であり，「平穏で無垢な日々が過ぎてゆくはずのあの原初的な状態から，時の経過とともに人間を引き出す」とされ（DI142/53），「完成能力や社会的な徳やその他の自然人が潜在的に受け取った能力は，それ自体では決して発展できなかったこと，そのためには，決して起こらなかったかもしれず，それなしでは永久に原初の構造のままにとどまっていたであろうような，いくつかの外的な原因の偶然の協力が必要であった」と述べられる（DI162/83）．このような論述から，われわれは自然状態の第2期以降の歴史展開を「種の老衰への歩み」として（DI171/96），否定的に捉えなければならないのだろうか．結論から先にいえば，答えは否である．ドラテは次のように述べる．

> 「ルソーにとっては，法学者たちにとってと同様，自然状態は人類にとってもっとも適わしい状態ではなかった．それは人間の真の状態と取り違えられてはならない．なぜなら，自然状態のままでは，人間はその本性中のあらゆる潜在的素質を発展させることはできないからである」（Derathé 1948: 14-15 = 1979: 19）．

確かに，自然状態が人間にとって最適の状態であるとすれば，なぜ自然が，完成能力や他のさまざまな潜在能力を人間に与えたのかわからないのである．自然が不要な贈物を人類に与えたとは奇妙なことである．自然状態において人間は善良であるにすぎないが，社会状態においてのみ，人間は，良心に導かれた理性によって有徳な存在に高まる可能性を与えられている．人間の価値は，情念に対する闘い・克己を志向する道徳性のうちに存する．ドラテは社会状態の優越を次のように説明する．

> 「彼［ルソー──引用者］にとって社会生活が自然状態よりも好ましく思われているとすれば，プーフェンドルフやディドロがそういっているように，社会生活が人間の幸福を増進させるからではなくて，もっぱら，それが，人間に有徳となるよう強要することによって，高次の道徳的水準にまで彼を高めるからである」（Derathé 1948: 117 = 1979: 164）．

われわれは，それゆえ，人類の歴史的展開は──自然状態の第2期から社会状態への移行が，外的偶然性に左右されると見なされながらも[3]──その実，人類史

をはるかに展望すれば，継起的で必然的な進展であると捉えることができる．人間の歴史は，発展段階的に進展する．人類は，大きな革命を経ることによって，働く者の自己保存を超える余剰生産物さえ得ることが可能な段階に達した．

3．労働概念──労働の構造と過程

ルソーは，大きな革命のもたらす社会状態への移行が，労働を必要とさせると述べたのであった (DI171/96)．労働概念をより明確に把握するために，まず，彼が農業とはどのような技術かについて言及する箇所を引用してみよう．

> 「それは，実に多くの労働と先を見通す力を必要とし，実に多くの他の技術とつながりがあり，少なくとも１つの社会が始まっていなければ実行不可能なことがきわめて明らかな技術であり，そんなものがなくても大地が立派に供給できるような食糧を大地から引き出すことよりも，むしろ最もわれわれの味覚にかなった好みのものを無理に大地に生産させることに役立つ技術なのだ」(DI144-145/57) (傍点は引用者)．

引用文の前半部分には，協業と密接にかかわる多数の作業の集積，先を見通す力，社会的分業，社会状態への移行といった農業を特徴づける諸事項が挙げられている．だが，ここでは，これらの事項の内容分析に入ることは控え，傍点を付した後半部分に注目したい．そこには２つの異なる歴史段階が記述されている．第１は，傍点前半部分であり，自然が授けてくれた天然の生産物を人間が採取する段階，すなわち外的自然に対し，人間が自己の身体そのものやせいぜい簡易な道具を用いて，あるがままの物を，あるがままの形で採取して生活資料とする段階を指している．それはまさしく，大きな革命以前の段階に妥当する．ルソーは，この段階の，生活資料を得るための，人間の自然物への働きかけを，「労働 travail」とは呼んでいない．彼が，労働という言葉を農耕や冶金等の手工業をめぐる論述以外で用いることはない．[4] なぜ，大きな革命前の生活資料を獲得する行為は，ルソーによって労働と呼ばれないのであろうか．それは，こうした外的自然への働きかけが──相当の工夫と骨折りが必要とされる場合でさえ──自然物をあるがままに取得するという意味では，消極的な働きかけでしかないからである．[5] これに比して，第２の傍点後半部分は，人間が，自己の意識的目的にかなうように自然に働きかけて，自らの要求を満たそうとする段階を示している．すなわち「最もわれわれの味覚にかなった好みのものを」とは，すでに，あるがままの自然物を求めるのではない，人間の意識的な欲求および要求を表し，「無理に大地に生産させる」とは，自然が自然物を生産するままにまかせず，人間が自然に対して

積極的に，しかも持続的に働きかけて，自然を変化させ，目的にかなった新しい生産物を生ぜしめることを表しているのである．これこそ，大きな革命を経た，人間の生活資料を獲得する活動である．

　以上のような 2 つの段階における人間活動は，自己保存の配慮から発した，生活資料を得る営みであるという点では共通しているものの，人間の自然への働きかけが，自然物のあるがままの取得にとどまるか，新しい生産物を生ぜしめるのかという点では，決定的な差異を有している．そしてルソーは，この後者の段階における人間の生活資料を求める自然への働きかけを労働と呼ぶのである[6]．それでは，前段階の，生活資料を得るための自然への働きかけは，後者のそれと区別して，どのように表現されうるだろうか．マルクスは労働について次のようにいっている．

> 「労働はまず第 1 に，人間と自然との間の一過程である．この過程で人間は自分と自然との物質代謝を自分自身の行為によって媒介し，規制し，制御するのである」(Marx 1962: 192＝1965: 234).

　そしてマルクスに従えば，狩猟や漁撈のような生活資料の獲得行為も「天然に存在する労働対象」に対してなされる労働であり（Marx 1962: 193＝1965: 235），農耕など他の生産的労働と区別されることなく，両者ともに広く労働概念で捉えられている．われわれはそれゆえ，ルソーが労働という表現を採らない前段階における自然への働きかけを，前意識的労働と呼ぶことにしたい．そこでは，自然へ働きかける際の人間の目的意識が，欠如しているとまではいえぬとしても稀薄で，先を見通す力を伴っていないからである．以上の考察は，ルソーが労働という言葉をどの段階で用い始めているかという点に注目したが，次にわれわれは，「手の労働 travail des mains」あるいは「手の仕事 main d'œuvre」という用語を手がかりとして，さらに論考を進めたい．

　ルソーは『エミール』において，「手の労働」という言葉をたびたび登場させるが，最初にそれが問題とされるのは，第 3 編中の，社会的人間の労働義務に関する重要な論考に続いてである．それゆえ，手の労働という言葉が現れるまでの論考を以下に引用する（E469-470/上451-452）．

　「社会のなかでは，人間は，必然的に他の人々の犠牲によって生きている」のであって，「各人はその持っているすべてのものを借りているのだから」，1 人の例外もなく，この「社会的な負債」を返す義務がある．そこで，人は自分自身以外に，社会に与えうる持ち物を持たぬがゆえに，「労働によって，生活維持の代

価を他の人々に返却しなければならない」．そこから「労働することが，社会的人間の欠くべからざる義務だ」との結論が導き出される．労働が社会に対する万人の義務とされる立場から，働かざる享受者が糾弾される．すなわち「何もしないで，自分自身で稼がなかったものを食べている者は，それを盗んでいるのだ」と．この論考を受けて説き起こされる人間の果たすべき労働が，手の労働と呼ばれるのである．

> 「人間の生存に必要なものを供給することのできるすべての職業のうちで，人間を自然状態に最も近づけるのは手の労働である」(E470/上452).

　人間の生活資料の供給，これがまず大前提となる．そして社会に生きる人間を自然状態に近づけるとは，「運命と人間」に左右されることが最も少なく「自分の労働にしか依存しない」状態に人間を導くということである (E470/上452)．手の労働の手のとは，第1に，文字通り，身体の部分である自らの手を用いること，第2に，自らの手は有用な道具を持った手であること，第3に，有用な道具を持った手は，仕事場や畑で修練を積んだ熟達した技をわがものとした手であることを意味するとわれわれは捉える (E471-472/上452-453)．ゆえに，手の労働とは，有用な道具を持ち，かつ，熟達した技を保持した手を使う，生活資料を供給する直接労働のことである．それは文字通り，「自分で手仕事をする」民衆の労働であり (E456/上426)，端的にいえば，職人あるいは農民の労働を意味する．ルソーが高く評価するのは，「効用が最も一般的で最も不可欠な技術」で，かつ「他の技術をそれほど必要としない技術」である (E459-460/上431)．事実，彼がエミールに選び取らせる職業の備えるべき要件の第1は，「ロビンソンが島で生きるのに役立つような」現実的有用性であり，第2は，人間愛との調和なのである (E473-474/上458-460)．それゆえ，世に流布する「現実的な有用性に反比例した」技術評価——日々のパンを生む労働が低く見積もられ，働かざる者（富裕者）を喜ばせる芸術家の作品が高く評価されるような——とルソーのそれとが鋭く対立することは明らかである (E456-457/上426；DI206/155)．技術や職業に対する価値の転換と働かざる富裕者やその追随者への断罪が，同時に行われる[7]．

　以上から，手の労働は，人間の生存に直接，寄与するがゆえに，個人にとってと同様，社会にとっても有用な，きわめて具体的な技術労働であり，「人類を構成する」と表現されるにふさわしい民衆を担い手とする，人間の労働である[8]．こうして，自らの労働によって自らを養い，同時に，他の人間や社会に貢献することになる人々の間でこそ，対象を広げられ，一般化された憐れみの情が作用する．

憐れみの情は，他者に同化する感受性を自分の外へ移し，感受性の広がりを人類にまで拡張させえた時，人間愛と呼ばれ，「人間の正義の原理」となる（E523/中404）．

> 「感受性が自分の外へ広がっていくようになると初めて，彼はまず善悪の感情を，次いでその観念を持つことになり，それによって本当の人間になり，人類を構成する一員になる」（E501/中29）．

「自分自身の土地を耕して自分の手の労働で暮らすこと」（E835/下291）——これが，さまざまな実践的な労働技術教育を受け，加えて，現実の多様な地方や国家を観察し終えたエミールの（したがって人間の）選び取るべき生き方であると，ルソーの下した結論である．求められていたのは「自由と健康と真実と勤労と正義のうちに生きる」ことなのである（E473/上458）．それゆえ，以上のような観点からいえば，『エミール』全編は，人間をなんらかの社会的・技術的分業の一翼を担う，生存に直結した人間の労働の担い手たらしめることを目指す論考であると捉えることもできよう．さらにいえば，働かざる者（富者）と他人のために働かされる者（民衆）とに分裂した，自尊心につき動かされた人々の社会が，すべての人が手の労働に従う，人間愛に導かれた人々の社会に取って替わられることを，ルソーは求めてやまないのである．

　『不平等論』で「手の仕事」という表現が用いられている箇所は，大きな革命を惹起した2契機——冶金・農業——のうち，農業生産の開始・定着についての論述のわれわれが注目するパラグラフに存する（DI173-174/99）．われわれがそのパラグラフに特に注目するのは，そこでの論考が，労働の観念を中核にして，労働から所有の発生する関係を問題にしているからである．このパラグラフを内容から，前半と後半に分けよう．手の仕事という言葉は前半部分に用いられている．

> 「土地の耕作から，必然的に土地の分割が起こり，そして，所有がひとたび認められると，そこから，最初の正義の規則が生じた．（中略）こうした起源は，生まれたばかりの所有の観念が，手の仕事以外のものに由来するとは考えられないだけに，ますます自然なのである．なぜなら，自分ではつくらなかったものをわがものにするためには，人間は自分の労働以上のどんなものをそれに付加することができるかわからないからである」．

　ここから，手の仕事とは，ひとまず，人間が，自分ではつくらなかったものを，わがものにするために，自分の労働を，それ（自分ではつくらなかったもの）に付加

することであるといいうる．今，議論されているのは，土地の耕作であるから，自分ではつくらなかったものとは，この場合，土地を指している．したがって，ルソーは自分の労働を土地に付加することが，土地を「わがものにする s'approprier」のを可能にすると語っているのである．とすれば，自分の労働を土地に付加するとは，いかなることか，あるいは土地をわがものにするとは，いかなる事態を指すのか，もっと掘り下げて理解しなければならない．

　『エミール』における，所有観念を学ぶための1つの想定実験——そら豆の栽培——のなかで，ルソーが展開する論理の助けを借りることにしよう．ルソーは，土地を耕作する行為とは「彼がそこに時間と労働と労苦とを，要するに，彼の人格を注ぎこんだこと」を意味し，「この土地には，彼自身に由来する何物かがある」と述べる (E311/上186)．土地のなかに存する，彼自身に由来する何物かとは，文意から，彼の〈時間 temps〉・〈労働 travail〉・〈労苦 peine〉あるいは，〈人格 personne〉に他ならない．先に『不平等論』では，労働という言葉だけが用いられていたが，ここでは，時間・労働・労苦という3つの要素が列挙されている．さらに，これら三要素が，人格という言葉で置き換えられているので，われわれは，人格＝時間・労働・労苦とする図式的な理解を許されることになる．とすれば，人格という概念を明らかにするためには，3つの要素の意味内容を検討する必要がある．

　まず〈時間〉は，労働の継続性を表している．この労働の継続性を，第1の労働である農業に即して，やや具体的に考えてみることにしよう．ルソーはすでに引用したごとく，農業を「実に多くの労働と先を見通す力を必要とし（以下略）」と述べた (DI144–145/57)．この「実に多くの労働」という言葉は，農産物の収穫までに，数多くの作業の過程が存在することを意味し，これらの作業が，家族やより多くの人々との協業を伴っていることも暗に含んでいると考えてよい．農産物の収穫という人間の生活資料の獲得を目的とする農業労働は，この目的実現までに，多数の作業を積み上げた継続的時間を必要とする．そして，農業の多数の作業を結びつけ，一連の作業過程として遂行してゆくには，先を見通す力が不可欠なのである．われわれは，ここで農業を例として考えたが，労働一般に議論を戻して，時間という要素をまとめよう．時間とは，先を見通す力を備えた人間によって，自覚的な目的に向けて行われる，自然物（あるいは非自然物を含むすべての労働対象）への働きかけの，継続的時間を表している[9]．

　次に〈労働〉は，先に論じたように，自然物に積極的に働きかけて，自然を変えるとともに，行為者自身の自然を，潜在能力を顕在化させることによって，変

化させる行為であった¹⁰⁾．労働は，３つの要素のなかで——他の要素は，この心身の具体的な働きかけのなかに，初めて発現するという意味で——最も中核的な要素である．

　最後に〈労苦〉を問題にしよう．労働対象への心身の働きかけは，生活資料を獲得するという目的を達成するために，さまざまな困難に直面する．その結果，そうした心身の働きかけは，必然的に過度のものにならざるをえない．そしてこの過度の心身の働きかけ（骨折り）が，心身両面の疲労や苦痛を生む．それゆえ，労苦とは，労働に不可避の心身両面の骨折り・疲労・苦痛を意味するといえよう¹¹⁾．

　このように三要素を理解するなら，労働を中核的要素とし，時間・労苦という付随的要素をも含んだ人格という概念は，人間の目的意識的，継続的で，心身の労苦を伴った，心身の働きの総体を意味することになる．以上から，労働とは，人間が自然に対して，目的意識的，継続的で，心身の労苦を伴った，心身の働きの総体である人格を付け加える行為であるということができる．

　われわれは，ここで再び，自然と人間の歴史に立ち戻らなければならない．人間のあらゆる能力の根源は，そしてとりわけ人間の完成能力は，自然によって授けられたものであった．自然によって潜在的に与えられているが，まだ眠っている諸能力を覚醒し，漸進的に自己を完成するよう促されている存在——これこそ他の動物と区別される，自由な行為者たる人間である．人格とは，このような潜在能力を，人間自身が引き出し顕在化させた心身の能力の働きの総体であり，人間が勝ち取った固有の属性である．人間は労働において，このようにして勝ち取られ，すでにわがものとなった心身の諸能力の発現たる人格を，自然に付加する．人格を付加された自然物は，現にあるがままの自然とは異なる新たな創造物である．最初，人間に与えた自然は，今度は，労働において，人間から与え返される．労働とは，人間が自然に働きかけて，自然を変化させ，自己自身をも変化させる，自然と人間との循環過程である．人格は，人間の完成能力の存在のゆえに，絶えず豊かにされ，高められる可能性を持っている．したがって，自然に人格を付加する労働は，自然と人間との絶えざる循環過程であり，人間はよりいっそう高められた人格を自然に付加してゆくから，歴史的には，それは，らせん状に，より高次な段階に高まってゆく循環過程である．自然と人間との歴史は，このように労働を媒介にして，必然的に，発展段階的に進展を遂げてゆくのである．

　議論を『不平等論』中のわれわれの検討するパラグラフに戻し，ここまでの論理展開をまとめる．まず第１に，土地耕作とは，人間が土地に対して，目的意識的，継続的で，心身の労苦を伴った心身の働きの総体たる自己の人格を付け加え

る行為である．したがって第2に，この耕作地には，この耕作者の人格が付加されているがゆえに，耕作者はこの土地をわがものにすることができる．ここにまとめられた2点のうち，問題は第二点にある．ここにいう，土地をわがものにするとは，いかなる意味か．土地に対する耕作者の人格付加は，直ちに土地所有をもたらすと理解してよいのか，結論からいえば，答えは否である．ことは，それほど単純ではないのである．われわれは，問題のパラグラフの後半部分に注目しなければならない．

> 「ただ労働だけが，まさに，その耕した土地の産物に対する権利を与え，したがって，地所に対する権利を，少なくとも収穫期まで与え，そのようにして年ごとに与えるのである．こうしたことが継続的な占有をつくり出し，たやすく所有に転化する」．

ここに引用した部分を，さらに3つに分けて検討することにしよう．

①「ただ労働だけが，まさに，その耕した土地の産物に対する権利を与え」――これは，土地耕作の場合，まず第1に，付加された労働を根拠に耕作者の権利が生じるのは，農業生産物に対してであることを意味している．

②「したがって（par conséquent―引用者），地所に対する権利を，少なくとも収穫期まで与え，そのようにして年ごとに与えるのである」では，地所に対する権利の発生を述べているのだが，この文の意味上の主語は①と同様，労働であるから（C'est....qui 強調構文），地所に対する権利の根拠となっているのも，やはり土地への労働の付加であるということができる．だが，①の土地の産物に対する権利と②の地所に対する権利の間にさしはさまれた，したがってという言葉は，①と②の権利が，理論上は，等しく発現するのではなく，②は①の権利が発生した結果，発生する権利であることを意味している．しかも，②の地所に対する権利は，最初，少なくとも収穫期までという時間的限定を持ち，農産物の栽培の開始から収穫までという1年ごとのサイクルに従って，毎年，農産物の生産の時期に限り，認められるにすぎないとされる．土地――それは，労働が投下される対象であるとともに，農産物を生産する媒体ともなっているのだが――に対する権利は，土地そのものに対する労働付加から，直ちに導き出されるのではなく，農産物に対する権利に媒介され，いわば，耕作者の農産物取得権を確保するという意味から，農産物の権利の発生の結果，導き出されるのである．地所に対する権利に時間的限定が加えられる理由も，ここにある．

③「こうしたことが，継続的な占有をつくり出し，たやすく所有に転化する」．

③の冒頭の，こうしたこととは，耕作者による労働の付加から生じた，産物に

対する権利が地所に対する一時的な権利を発生させるという権利発現の，これまでの継起的な流れ全体を指していると考えられるから，②で発生した，地所に対する一時的な権利が，時間的制限の取り払われた継続的な「占有」を生むということである．そこで，土地の「継続的な占有」とは何かが問題となるのである．

　われわれは，まず，『エミール』の，労働から説き起こされる所有観念を学ぶための想定実験に，再び目を向けることにしたい (E329-333/上184-190)．実験の概略はこうである．ある土地で，そら豆の栽培が，生徒のエミールと家庭教師とによって行われる．まず，この実験は，そら豆がなぜ，栽培者であるエミールたちに「所属する appartenir」のかを——すなわち土地の耕作者の人格付加を根拠とした収穫物への所有の権利の発生を——理論からでなく身をもって学ばせる．さらに，この試みは，このそら豆栽培が，他人の所有地である畑を勝手に荒らす行為であったことが判明することを通して，土地の所有の起源，すなわち「労働による最初の占有者の権利」にまで溯って理解させる意図をも持っていた．

　ところで，われわれは，こうしたそら豆事件をめぐる論述のなかに，2 つの区別されるべき占有が挙げられていることに注目しよう．第 1 の占有は，もちろん，土地にそら豆を栽培する場合の土地の占有である．第 2 の占有は，第 1 のそれと比較されるために引き合いに出されたものだが，これは探検家バルボアによる，スペイン王の南アメリカ占有である．ルソーは，第 1 の占有が第 2 のそれより「いっそう神聖で尊重すべきものである」とする (E331/上185)．これら 2 つの占有の事例が，等しく占有と呼ばれながら，なぜ一方が他方より神聖で尊重すべきものなのだろうか．それは，そら豆の栽培地には，耕作者の人格が付加されているのに対し，探検家による土地の占有は，暴力を武器にして土地の横領を宣言したにすぎないからである．ルソーは『社会契約論』においても，バルボアによる占有に言及し，それを「自然が人間に共同のものとして与えた住居と食物とを残りの全人類から奪う」「許すべからざる横領」と言い切っている (CS366/39)．以上から明らかなように，2 つの占有の間には，労働 (耕作) に基づく占有か，単なる暴力による占有かという，占有の発生根拠の差異が横たわっているのである．

　再び，『不平等論』に戻ろう．先の③における土地の継続的な占有は，それゆえ，労働 (耕作) に基づく占有であることはいうまでもなく，ルソーにとって，このような占有は，力による占有より神聖で尊重すべきものである．そこで次に，「こうしたことが，継続的な占有をつくり出し」に続く，③の後半部分「たやすく所有に転化する」についてだが，「転化する」のだから，所有は，継続的な占有とは異なる，なんらかの新しい状態を指している．しかし，この継続的な占有

から所有への転化は，「たやすく aisément」行われると述べられていることにも留意しなければならない．たやすく行われる，この転化を質的な大転換であると捉えることはできない．というのは，この所有は，他者からの侵害を阻止しうるような確固たる防御物を持たないからである．われわれは，この土地所有を，土地の継続的な占有の結果，遂にその保持が，自らと近隣の人々に認知された状態であると捉えることにしよう．

　われわれは，土地の占有あるいは所有から土地所有権の確立に至る以後の過程を『不平等論』の叙述に即して進んでゆくことはしない．土地の占有・所有を生じさせた「生まれたばかりの社会」が所有権を確立させるには，前述の２種の占有者の間で──すなわち「最も強い者の権利」と「最初の占有者の権利」との間で──闘い合う「この上もなく恐ろしい戦争状態」を経なければならなかったと記すにとどめる (DII176/103)．ここまで，土地の占有・所有の発生を追ってきたわれわれにとって，より重要なことは，ルソーによって，土地の占有が神聖で尊重すべきものとされたのは，常に，耕作者の人格の付加行為たる労働に基づく場合のみであったという事実なのである．[12]

4．人格とは〈時間・労働・労苦〉である

　労働とは何か．ルソーの労働概念とはいかなるものか．人間の生存を確保する生活資料の獲得を目的とした人間の自然への働きかけ，こうした人間の生の営みの根幹をなす行為が，労働と呼ばれた．われわれの理解の第一歩はここに置かれた．本章の主題を説く鍵は，人格にあり，人格は時間・労働・労苦といった三要素に置き換えられうる概念であった．われわれは，これら三要素の分析を通じて，労働を，人間が，自然に対して目的意識的，継続的で，心身の労苦を伴った心身の働きの総体である人格を付け加える行為と捉えた．さらに，自然と人間の歴史的展開のなかで人格を──それは出発点においては，自然によって賦与された潜在能力であったのだが──人間自身が引き出し顕在化させた心身の能力の働きの総体であり，人間が勝ち取った固有の属性であると捉え直した．人格は，人間の自己完成能力を原動力として漸進的に高められ，発展を遂げる．最初，人間に（潜在能力を）与えた自然は，労働において，人間から与え返される．労働とは，自然に人格を付加することによって，現にあるがままの自然とは異なる，新たな創造物を生む創造活動だからである．それは，人間が自然とともに自分自身をも変化させる，自然と人間との，必然的にして発展段階的な循環過程なのであった．

　われわれは，手の労働という概念に導かれて，人々が働かざる者と他者のため

に働く者とに分裂した人間社会に対するルソーの根底的な批判を読み取ることができる. 真に, 人類の一員となるためには, 何人といえども, 人間の生存に直接, 寄与するがゆえに個人にとってと同様, 社会にとっても有用な, 人間の労働の担い手たらねばならない. そして, こうした人間の労働の担い手たる人間相互を結びつける原理こそが, 人間愛なのである. ルソーにとって, 人間愛とは, 人類一般にまで対象を拡張された憐れみの情であり, 人間の正義の原理に他ならない. 10人の社会に見られた, 自己愛と憐れみの情の調和は, 手の労働を担う人々の社会のなかで, 再生されなければならないのである.

注

1) ここでルソーが機械と呼んでいるものは, 斧・石投げ器・梯子・馬の類である (DI136/43).

2) ここで工業の技術と訳出された arts d'industrie の industrie は, 前述の生活技術という意味ではなく, ある特定の歴史段階に展開される生活技術の一形態としての工業, より正確にいえば, 手工業を意味している.

3) ドラテも, この自然状態から文明状態への移行は「ルソーの体系中もっとも弱い部分である」と認めている (Derathé 1948: 19 = 1979: 23).

4) 例えば, 『不平等論』のかなり初めの部分において「実に多くの労働 tant de travail」,「絶え間のない労働 travail continu」という表現が見出されるが, これは明らかに農耕に関する論述に用いられているにすぎない (DI144-145/56-57).

5) 狩猟, 漁撈, 採取の間には, 生活資料の獲得の技術的難易が確かに存在するが, そのいずれもが, 獲得経済である点では質的差異を持たないのである.

6)「自然」と表現された労働対象は, 純粋な自然物に限定して理解されるべきではない.「自然」を厳密に捉えると労働対象は, 人間の労働を1度も経ていない自然の生産物でなければならないが, 多くの場合, 労働対象はすでに労働を経た労働生産物なのである.

7) (EP276/64) も参照されたい.

8)「人類を構成するのは民衆である. 民衆でないものはとるに足りないほどだから勘定に入れるには及ばない」(E509/中45).

9) 労働は「絶え間のない continu」という修飾語を伴って表現される. cf. (DI145/57).

10) マルクスは, 労働に関して次のように叙述する.「人間は, この運動によって自分の外の自然に働きかけてそれを変化させ, そうすることによって同時に自分自身の自然 [天性] を変化させる. 彼は, 彼自身の自然のうちに眠っている潜勢力を発現させ, その諸力の営みを彼自身の統御に従わせる」(Marx 1962: 192 = 1965: 234). われわれはここに, ルソーの, 完成能力をめぐる理論や自然と人間との相互関係の理解からの色濃い影響を見て取ることができる.

11) 労働は「骨の折れる pénible」という修飾語をしばしば与えられる. cf. (DI145, 172/57, 97).

12) cf. (CS365-366/37-38).

参考文献

Derathé, Robert（1948）*Le rationalisme de J.-J. Rousseau*, Paris, Presses Universitaires de France（ロベール・ドラテ著，田中治男訳（1979）『ルソーの合理主義』木鐸社）.

Marx, Karl（1962）《*Das Kapital*》, *Werke*, Dietz Verlag, Berlin, Band 23（カール・マルクス著（1965）『資本論』『マルクス＝エンゲルス全集』大月書店，第23巻第1分冊）.

◆コラム **1**　『人間不平等起原論』──ルソーは人類の歴史をどう描いたか

　ルソーという名から，何を連想するだろうか．『社会契約論』を書いた人民主権論者，フランス革命に影響を与えた思想家，教育書『エミール』の著者，あるいは5人も子捨てをした人物，だろうか．ここでは『社会契約論』，『エミール』が書かれる以前の，ルソーの『人間不平等起原論』を取り上げ，紹介する．

ルソーの略歴と『人間不平等起原論』

　ジャン＝ジャック・ルソー (1712-1778) はスイスのジュネーヴ共和国で時計職人の子として生まれた．母はルソーの出産がもとで亡くなり，父も出奔し，変則的な青少年期を過ごした．1740年代後半は，彼が，遍歴の末にたどり着いたパリで同世代の思想家たち(ディドロやコンディヤックら)と知り合い，伴侶テレーズとも出会い，生まれた子どもを次々と孤児院に送った「子捨て」の時期だった．私たちは『エミール』の著者の「子捨て」に驚かされるが，18世紀フランスの都市では，富裕者は自ら授乳せず，子どもを自宅や田舎で乳母に託し，貧困者は生活のため子どもを孤児院に送ることが横行していた．そうした悪習から脱して，思想と生活を一致させるべく，ルソーは1751年に楽譜を書き写す仕事 (写譜) で生計を立てる「自己改革」を開始し，「人間不平等起原論」執筆後の1754年には故国ジュネーヴに赴き，市民権を回復する．しかし，ジュネーヴで後半生を送る計画は実現しなかった．以下，本題の『人間不平等起原論』に移ることにしよう．

　『不平等起原論』(1755年) は，実は懸賞論文に応募して落選した論文だった．それは，ディジョン (フランス・ブルゴーニュの歴史ある町) のアカデミーが1753年に公募した「人々の間における不平等の起原は何か，それは自然法によって容認されるか」というテーマの懸賞論文に投稿するために書かれた．ルソーがディジョン・アカデミーの懸賞論文に応募したのはこれが初めてではなく，前回の「学問芸術論」(1750年) は当選し，華々しい文壇デビューを果たした．しかし，それは人々の習俗を堕落させる学問・芸術のあり方を批判したものだっただけに，ルソーを激しい論争に巻き込んだ．『不平等起原論』はパリ郊外のサン・ジェルマンの森での瞑想から生まれたと，ルソー自身がのちに『告白』という著作で書いている．

自然法に反する不平等

　『不平等起原論』は歴史的事実を丹念に追う歴史書ではなく，人類のたどった歴

史をそのままではなく大胆に理念化して描いた著作である．ルソーは，彼の生きた時代を，善の観念も正義の原理も消滅した無秩序状態に陥っている専制主義の時代と見なした．それは，専制化した国家の末期状態であり，国家はあっても国家のない無秩序な状態なので，その内実は「過度の腐敗の結果」としての「自然状態」だと述べている．森のなかで大きな欲望も持たず，孤独に生きていた純粋な自然状態（人類の出発点）から，人間はどうしてこんなにも変貌してしまったのだろうか．ルソーによれば，それは人間だけが歴史を作る存在だから，ということになる．個々の能力をとってみれば，人間より優れた能力を持つ動物は少なくないけれども，人間だけが自由と自己完成能力を持つからだ，と．ルソーの独自性は，この自己完成能力を，人間の能力の全領域を統御し，さらには感情をも統御する能力として把握した点にある．

ルソーの描く人類史のなかで，「大きな革命」と富者の主導する国家の設立という2つの画期をなす出来事に注目してみよう．それらはいずれも，モノの所有と深くかかわっている．まず「大きな革命」とは，冶金と農業という生活技術の発明による社会経済的な変革を意味する．「大きな革命」は，人々の定住とモノの本格的な所有（私有制）を促し，彼らを自然状態から社会状態に移行させるが，彼らはまだ国家を知らない．この「大きな革命」後に，一回目の「戦争状態」が発生する．ここで戦争状態が発生するのは，私有制が本格化し，人々が富者と貧者に分かれてモノをめぐって争い合うからである．次に，国家の設立である．人々の自己保存が脅かされる戦争状態は誰にとっても危険だが，なかでも富者の危機感はとりわけ大きく，そのため富者は多数者である貧者を巻き込んで国家を設立する．国家は出発点から問題含みで，「そもそもの始まりが悪かった」と，ルソーは断言している．彼は，戦争状態からの脱出装置として国家の意義を認めるが，富者が自己に有利な法を作ることから始め，自分の財産や利益を守るために国家を設立した点を，はっきりと指摘しているのである．彼はいう．

> 「世襲となった首長たちは，その為政者の職を家の財産の1つと見なし，最初は国家の役人にすぎなかったのに，自分を国家の所有者と見なすことに慣れ，同胞の市民たちを奴隷と呼び，彼らをあたかも家畜のように，自分の所有物のなかに数え入れ，さらに自分を神に等しき者とか王のなかの王などと自ら称するのに慣れてしまったのである」．

そして，国家の変質過程とともに生じる人間の精神の腐敗を，次のように描いている．

「彼（社会人）は……権力者や……金持たちにこびへつらい，……光栄を得んがために
はどんなことでもいとわない，彼は自分の卑しさと彼らの保護とを得々と自慢する．
そして，自分の奴隷状態を誇り，それにあずかる名誉を持たない人たちのことを侮蔑
して語るのである」．

　人間と人間との間に差異を認めるルソーは，人間間の自然的不平等は肯定する．
しかし，それは，次の３つの段階を経て，自然法によっては容認されえない人為的
な不平等へと変わったと考える．すなわち，自然的不平等の関係にあったにすぎな
い人間間の関係は，まず法律と所有権が設立される国家の第一期には，富者—貧者
の関係となる．次いで，為政者の職が設定される第二期には，強者—弱者の関係と
なり，さらには合法的な権力が専制的権力に変化する第三期には，主人—奴隷の関
係になる．その結果，国家はついに先に記した「過度の腐敗の結果」としての第二
の「自然状態」，つまり２つ目の戦争状態に達したのだというのである．

歴史批判が準備する人類の未来への挑戦

　ルソーが活躍した18世紀後半のフランスは，アンシアン・レジーム（旧体制）下
にあった．人口の約９割を占める農民は，国王・教会・封建領主・大地主などから
負わされた年貢や借金などに苦しんでいた．そうしたなかで構想されたルソーの根
底的な歴史批判は，人類が単に自然に帰ることではなく，人間がいかに「自然から
学び」，自然と乖離した戦争状態から脱却して，自然と矛盾しない新しい社会や国
家をどのようにして創り出してゆくのかという挑戦の戸口に，人類がまさに立って
いるのだと大胆に訴えるものだった．なぜ，そのようにいえるのだろうか．その問
いに答えるために書かれたのが，『社会契約論』（1762年）であった．

第2章　一般意志で動く国家──ルソー／ヘーゲル／マルクス

1．各人に属するものを各人に返す「人間の正義」

　ルソーの政治思想，なかでもその中核に位置する一般意志論は従来の研究史で現実の歴史から切り離され，著しく観念的に理解されてきた．そうした観念的理解を象徴するものこそ，ヘーゲルによるルソーの一般意志＝普遍意志という理解である．観念的な解釈の系譜には，ヘーゲルの先駆として，法の普遍性を強調するカントが位置づけられるのだが，ルソーの一般意志論の理解は，ヘーゲルの巨大な影響下にこれまで置かれてきたといわざるをえない．一般意志は普遍意志などではない．本章は一般意志を普遍性の呪縛から解き放ち，ルソーが観念の世界にではなく，現実の世界のなかに，共同的なものを見出し，そうしてつくり出される共同性によって国家を動かしてゆく，いかなる理論を構築したかを明らかにしようとするものである．

　すでに私は正義論考において，一般意志は普遍的正義の規準なのではなく，「人間の正義」の規準であることを論証した[1]．普遍的正義は自然法に妥当する，制裁もなく，相互性の保証されない正義である．ルソーは，彼の思想の成熟過程のなかで，ディドロら百科全書派の，人類の一般意志＝普遍意志という観念から離脱し，独自の正義観念に到達する．それこそが「各人に属するものを各人に返す」「人間の正義」なのであり（E593-594/中210），この正義の実現には革命と全面譲渡が必要である．人間の正義は，固定的で唯一絶対の正義であるどころか，革命→全面譲渡→立法によって建国される契約国家において，動態的に転化する正義である．そしてそれは，制裁の欠如，相互性の欠如を克服し，まさに『社会契約論』の課題である正義と利益（有用性）の一致を果たす正義でもある．

　ところで，一般意志の形成理論は，これまで十分に分析されてきたとは言い難く[2]，神秘的なものであったり，曖昧なままであったりした．本章では，一般意志の導出が，一見，単純な式で表されることを明らかにする．しかし，あらかじめいうなら，こうした一般意志の導出式を，単に実証政治学，とりわけ数理政治学の先駆的業績と位置づけるのでは足りない．というのは，その単純な定式は，深い叡智が込められた政治哲学の結晶だからである．一見，単純に見えるものの

なかにこそ，真実があるのではなかろうか．

　以下，本章では，まず，ルソーの一般意志に対するヘーゲルの理解の誤りを明らかにし，次に，われわれの一般意志の形成理論の解明を行い，さらに一般意志とは何かを「正義と利益（有用性）の一致」というルソーのテーゼを主軸に論考する．そこでは民主主義の根幹にかかわる共同的なものが問題とされる．最後に「固有の力」をめぐって，ルソーを誤解したマルクスとの，ルソー・マルクス関係が浮き彫りにされる．

　2．ヘーゲル批判──一般意志は普遍意志ではないこと

　いかに一般意志＝普遍意志という理解が，一般意志論の理解を混乱させてきたのか，まずはヘーゲルの言葉を聞こう．

　「ルソーには，単に形式上思想である原理（中略）ではなく，形式上だけではなく内容上も思想であり，しかも思惟そのものであるような原理，すなわち意志を，国家の原理として立てたという功績がある．だが彼（ルソー──引用者）は，意志をただ個別意志という特定の形式において捉えただけであり，（中略）普遍意志を，意志の即自かつ対自的に理性的なものとしてではなく，ただ意識された意志としてのこの個別意志から出てくる共通的なものとして捉えたにすぎない」（3-3§258）（Hegel 1955b：209＝1978：481）．

　ヘーゲルはルソーの「一般意志（volonté générale）」に自らの「普遍意志（allgemeine Wille）」概念の先駆を見て取り，その点においてルソーを高く評価する．しかし，先述のごとく，あるいは後にも論じるように，人間の正義の規準が一般意志であるならば，一般意志＝普遍意志という理解は否定される．つまり，一般意志＝普遍意志という理解は，そもそも誤解である．そして，ルソーの一般意志の説明（「すべての個別意志から出てくる共通的なもの」）がヘーゲルの理解と齟齬を来すため，ヘーゲルはルソーに批判を加えた（見当違いの批判）．つまりヘーゲルは，そもそも誤解に立脚して，ルソーがせっかく一般意志を普遍性を体現する意志と捉えておきながら，共通性で理解せざるをえない側面を混在させてしまっているとして，ルソーを批判するのである．さらにヘーゲルは，はっきりと次のようにも述べている．

　「単なる共通的なものと真に普遍的なものとの区別は，ルソーの有名な『社会契約論』のうちで適切に言い表されている．すなわち，そこでは，国家の法律は普遍意志から生じなければならないが，だからといって決して万人の意志（volonté de tous）で

ある必要はない，といわれている．もしルソーが常にこの区別を念頭に置いていたら，彼は国家論に関してもっと深い業績を残したであろう．普遍意志とはすなわち意志の概念であり，もろもろの法律は，この概念に基づいている意志の特殊規定である」(Hegel 1955a：360＝1952：129)（下線は引用者）．

　「国家の法律は普遍意志（ルソーの著作における定訳は一般意志—引用者）から生じなければならないが，だからといって決して万人の意志（同じく定訳では全体意志—引用者）である必要はない」――最初に一言，引用文中の下線を付した部分に触れておきたい．ここに捉えられた意志の普遍性なるものが問題なのである．ところで普遍と不変は混同されているのではないだろうか．確かにルソーは，一般意志は不変である（inaltérable）とするが（CS438/146），この不変性の意味，つまり何が一体変わらないのかを，私は5節で明らかにする．ここでは不変性は普遍性を意味しないという結論のみを予告しておくにとどめる．

　さて，ヘーゲルが引用文中にいう「単なる共通的なもの」とは，個々の個別意志のなかに等しく存する抽象的普遍を指すものと考えられる．抽象的普遍は，確かに個々の個別意志のなかに存するもの（共通性）であるが，単なる観念であるから，国家の意志として取り出せない，つまり現実化できないとヘーゲルには思われたはずである．そして，そうであるからこそ，実際には，結局のところ，国家の結合契約は，恣意から発した偶然的で主観的な合意にすぎぬものとしてしか現れえない，と考えられた.[3]　それに対して「真に普遍的なもの」とは抽象的普遍ではなく，現実化される具体的普遍を指し，この具体的普遍からこそ，国家の意志＝法律が生じなければならないとヘーゲルは考えたのである．

　ところで全市民の個別意志からしか，一般意志がつくり出されえないことは，改めていうまでもなく，ルソーの一般意志論の核心，ルソー的デモクラシーの根本思想である．ヘーゲルがこの点の真の意義を理解せず（理解しようともせず），自らの普遍意志概念に引き寄せてルソーの一般意志論を曲解して伝えたことの罪は，現代に至るまで，歴史的に余りにも大きいといわざるをえない．しかし，翻ってヘーゲル国家論に即してみれば，個別には普遍と特殊が内包されており，「普遍的なものは，諸個人の特殊的利益や知と意志の働きを抜きにしては効力を持ちもしないし，貫徹もされない」といわれる(3-3§260)(Hegel 1955b：215＝1978：489)．そして，特殊と普遍との真の統一を課題とする近代国家において――といってもヘーゲルが念頭に置いているのは，君主権，統治権，立法権の三権が「一個の個体的全体」をなす有機的国家においてなのだが（3-3§272-273）(Hegel 1955b：233-

239＝1978：516-525）──真の普遍性を現実化する担い手は，ルソーの場合のように
すべての市民＝人民ではなく，結局のところ，国家官僚ということになるので
ある．がしかし，ヘーゲルは時代の画期に登場するカエサルやナポレオンのよう
な英雄＝「世界史的個人」が人民の自覚的意志とは異なる，人民自身には自覚
されえない人民の意志（人民の直接的純粋意志）を体現するというチャンネルを残し
てはいる[4]．とはいえ具体的普遍の体現者は，歴史上稀なる，例外的な「世界史的
個人」を除けば，恒常的には国家官僚に帰着する．

　ところで，そもそもヘーゲルは『法の哲学』序文の後半で，同書の主旨を次の
ように述べている．

> 「それは哲学的な著作として，あるべき国家を構想するなどという了見からは最も遠
> いものであらざるをえない．そのなかに存しうる教えは，国家がいかにあるべきか
> を国家に教えることを目指しているわけはなく，むしろ，国家という倫理的宇宙が，
> いかに認識されるべきかを教えることを目指している」（Hegel 1955b：15-16＝1978：
> 171）．

　このテクストは，まさにヘーゲル国家論の本質を示すものであり，あるべき国
家の構想と対極にある国家論を目指すというその言葉は，ヘーゲルのルソー国家
論への全面対決を宣言するものに他ならない．もとより，ヘーゲルがあるべき国
家の構想という時，ルソーの契約国家の構想は，現実の歴史から切断され，きわ
めて観念的なものと決めつけられていたことは明らかである．私は『不平等論』
と『社会契約論』との間に革命が置かれ，人類と契約国家の歴史過程が，実は，
接合されていると理解するのであるが[5]，そのような理解をヘーゲルが持つ余地は
ない．しかし，ヘーゲルによれば，こうした観念的構築物（ルソーの国家論）の影
響力が現実のフランス革命を引き起こす力となったとされるのである．ルソーの
国家論の理論面での歴史との切断的理解と，彼の国家論の持つ革命への情熱の喚
起という現実的作用に対する認識とは分裂していた．理論と実践はある意味でつ
ながっていた．しかし真の意味では十全につながっていなかった．ともあれ，ヘー
ゲルにとって，国家とは現存する国家であり，歴史の連続性が主張されるのであ
り，すでに倫理的宇宙である国家がいかに認識されるべきかが問題とされるので
ある．

　国家の市民社会への関係は，周知のように，外面的必然性と内在的目的という
二重の関係として捉えられている（3-3§261）（Hegel 1955b：215＝1978：489）．ヘー
ゲルの眼前にある社会は，まさに欲求の体系である市民社会であって，そこに生

きる人々は，私利私欲に踊らされるいわゆる「あるがままの人間」であり，ヘー
ゲルが市民の個別意志として念頭に置くものは，ほとんどこうした「あるがまま
の人間」の意志でしかない．このような個別意志から，ヘーゲルにとって価値的
な（世界精神に即した）国家の意志が抽出できないのは，ある意味で無理からぬこ
とである．しかしヘーゲルのこのような理解こそが（後に述べるように，マルクスに
よるルソー理解の偏向をもたらし），ルソーの解釈者たちのなかで「あるがままの人
間」という言葉を独り歩きさせ，通説的見解を導いてしまったのだが，私はルソー
の真の前提をそのようには考えない．ルソーは個別意志を単に「あるがままの人
間」の意志にすぎぬものと捉えない．なぜなら，ルソーが『社会契約論』冒頭で
「あるがままのものとして」捉えた人間とは，物質的なものだけではなく，精神
的な大転換，歴史の大きなうねりを経験し，革命を経て，全面譲渡をまさに目前
にした，大きく変動しつつある人間，すなわちルソーのいう「社会人」＝『不平
等論』で描かれた疎外された人間（いわゆる通説的な「あるがままの人間」）から，「あ
るべき人間」への志向性を持つに至った人々，つまり社会人 → 社会的人間 （＝
『エミール』で論じられた人格の発展の第二段階の表象，市民になるための人間）なのである．[6]
そうして，こうした「あるがままのものとして」捉えられた人間，（社会人 → 社
会的人間）は遂に全面譲渡によって，[7] 立法者から市民性を付加され，自らの「社
会人 → 社会的人間」性のみならず市民性をも合わせ持つに至る．このような人々
の意志こそが，ルソーの個別意志なのである，と私は解する．それゆえ，ルソー
の個別意志は，決してヘーゲルの見た，市民革命後に展開した欲求の体系である
市民社会下に生きる私利私欲に従う「あるがままの人間」の意志ではないことは
もちろん，革命前の専制国家下に生きる私利私欲に狂奔する「あるがままの人間」
のそれでもないことを強調しておかなければならない．こうした議論は 4 節で再
び論じることになる．だが今はヘーゲルの立論に戻らなければならない．

　さてヘーゲルが見た現実からは，国家の外面的必然性が，より強く意識される．
だが，同時に，ヘーゲルは，自立的な個人を成員とする市民社会の肯定的な側面，
欲求の充足も他者関係を媒介にしてでなければ実現されえないがゆえに，個別の
なかに特殊のみならず普遍が内在する点も見て取っていた．この点からは，この
特殊と普遍との統一という国家の内在的目的が立ち上ってくる．そして（上述の
ように）ヘーゲルは，価値的な国家の意志の表出を最高官僚の叡知に期待したの
であった．

3．一般意志の導出

「この原始契約（社会契約―引用者）の場合を除けば，大多数の人の意見は，常に他の
すべての人々を拘束する．これは（原始）契約そのものの帰結である」（Ⅳ-2）（CS440
/149）[8]．
「……一般意志のあらゆる特長が，依然として，過半数のなかに存していることを，
前提としている．それが過半数のなかに存しなくなれば，いずれの側についても，
もはや自由はないのである」（Ⅳ-2）（CS441/150）．

　こうしたルソーの説明から，一般意志は全員一致の社会契約を前提とはするも
のの，多数決の結果，過半数を得て可決された法案のなかに表現されると読め，
そこから，一般意志の原理は単なる多数決原理とどこが違うのかという問いが発
せられてきた．もし，結局，そこに多数決原理しか認められないのなら，人民集
会における法案に対する賛成票，反対票が数えられるだけで，一般意志の有無は
確かめられ，かつ，一般意志が特定されることになろう．しかし，ことはそう単
純ではありえない．
　「……一般意志を見分けることの難易と，国家の衰退の程度に応じて，投票を
計算し，意見を比較する方法が定められねばならない」（Ⅳ-2）（CS440/148）――
この言葉に注目すべきである．一般意志を見分けることの難易は，国家の衰退の
程度とともに，特別の考慮の対象となるとはどういうことだろうか．一般意志と
は一体何だろうか．一般意志論解明の鍵は，ルソーによる以下の2つの規定をど
のように解釈するかにかかわっている．

　①「……これらの個別意志（個別意志の総和＝全体意志―引用者）から，相殺しあう過
　　不足を除くと，相違の総和として，一般意志が残ることになる」（Ⅱ-3）（CS371/
　　47）．
　②「ある法が人民の集会に提出される時，人民に問われていることは，正確には，彼
　　らが提案を可決するか，否決するかということではなくて，それが人民の意志，
　　すなわち，一般意志に一致しているか否かということである．各人は投票によっ
　　て，それについての自らの意見を述べる．だから投票の数を計算すれば，一般意
　　志が表明されるわけである」（Ⅳ-2）（CS440-441/149-150）．

　①の規定から，一般意志の形成に際して，各々の個別意志の間にある，意志の
質――方向性・強弱――の差が感じられる．ルソーによって，意志の過剰・不足
の存在，そしてそれらの意志の過不足の相殺が述べられているからである．意志

の質——方向性・強弱——は，単に賛否に分かれる投票の数に還元されえない．ここに人民集会において提起された法案に対する全市民の意志の分布の存在が予測される．ところで，果たして人間の意志を数量化して表すことは可能なのだろうか．ある問題を漠然とどう考えるかと問われた時，各人の意志はさまざまであり，そうした多種多様な意志を数直線上に一列に並べることができるかどうかは定かでないように思われる．しかし，もし，ある問題に対する具体的な基準となる意志が提示されるならば，その意志に対して各人の判断（意志）の合致，隔たりは意識化され，意志の分布は数量化できるのではないだろうか．私が，ある問題に対する具体的な基準となる意志といっているのは，人民集会における政府提出法案のことなのだが，ここで意志分布をイメージしやすくなる例を挙げてみることにしよう．それは，人民集会における一般意志の形成とは次元も内容も異にするが，刑事裁判における検察官による求刑に対するそれぞれの裁判官の，求刑の妥当性，量刑の適否について示す判断に関するものである．刑事被告人に対し量刑の適否を各裁判官が判断する時，その判断（意志）は，意志分布を形成する．示された量刑（求刑）に対して，それぞれの裁判官がその適・不適，軽重を判断した結果，各裁判官が妥当と考える各自の量刑が見出され，それらの量刑の意志分布が想定されるであろう．繰り返すまでもなく，刑事裁判と人民集会とは次元も内容も異なる．しかし，人民集会における個別意志の表明者である市民のことを，ルソーが裁判官であり同時に当事者である者と位置づけていることはきわめて示唆的である．裁判官＝当事者としての市民という問題は，後に改めて論じるが，たとえ，意志を数直線上に並べる意志分布が存在することの証左としてであれ，裁判の量刑を例とすることは，あながち，的外れなことではないのである．

　一般意志が最も識別されやすい例として，ルソーは樫の木の下に集うがごとき幸福で素朴な人々を挙げて次のように述べている．

　「こういうふうに（素朴に）治められている国家は，きわめてわずかの法律しか必要としない．そして，新しい法律を発布する必要が生ずると，この必要は誰にも明らかになる．新しい法律を，最初に提出する人は，すべての人々が，すでに感じていたことを，口に出すだけだ」（Ⅳ-1）（CS437/144-145）.

　そのような場合の意志分布は，ある発議が中央に置かれ，その中心軸に発議に一致する（完全に賛成する）意志が分布し，そこから左右に移動するにつれ，少しずつ発議から意志が隔たってゆき，まず左の方向に進むにつれ，弱い賛成の意志，さらに進むと反対に転じて，まず弱い反対の意志，左の極に強硬な反対の意志が

分布する．また逆に右の方向に進めば，賛成ではあるが発議より強硬に推進すべしという意志が，さらに右の極には，最も強硬な推進的意志が分布する．分布は，人数が多ければ多いほど，左右対称のつりがね状となる．もし，このような意志分布を完全に反映させる意志の表明を実現させようとするならば，それは全市民の1人ひとりに発議に対する意志そのものを直接，聞き取らなければならないだろう．それは余りにも煩雑な作業であるから不可能であるというのなら，次善の策として，提案を1つにせずに，意志の偏差を考慮に入れ，1つの極から他の極に至る少なくとも4，5案が提示され，それらの案のうちから，自らの意志により近い1つを選ぶ，せめて4，5択の意志表明であるべきであろう．しかし，ルソーはそのような個別意志の表明を主張しない．人民集会において表明を求められるのは，②にあるように，政府提出法案に対する賛否いずれかの投票 (二者択一) なのである．それゆえ，①でその存在が意識，予測された意志分布は，投票[9]時に市民の心のなかに潜在的に存在するが，それ自体の表明の直接的な機会は持たないのである．それでは結局，①と②との間，つまり意志の分布 (質的なもの) と投票の数 (数量的なもの) との関係は，どのように解されうるであろうか．

　ここで改めて，先に例を挙げたような，発議の位置に最多数者の意志が分布するつりがね状の分布曲線について独自に考えてみることにする (図2-1a)．このグラフ全体は，全市民の個別意志が集まった全体意志を表している．この場合，中央とその周囲に分布するA (法案を許容しうる範囲にある意志) とその右側に分布するA⁺が投票において，発議に賛成票を投ずる．それに対して左端のA⁻が反対票である．ところでA⁺は賛成に回っているとはいえ，意志の隔たりという点ではA⁻に匹敵しているのであって，全体意志 (A＋A⁺＋A⁻) から，過剰なあるいは不足する意志部分 (A⁺＋A⁻) を相殺しあった残余であるAだけが一般意志である，と解することができる (図2-1b)．賛成票のなかには，反対票 (否定的な隔たった意志) と同数，肯定的な隔たった意志が伏在すると推定されるからである．

　このような理解が許されるとすれば，一般意志は「過半数のなかに存している」のは事実だとはいえ，それだけでは，まだ一般意志が絞り込まれているわけではなく，反対票と同数存在していると考えられる，賛成票に含まれる，発議から隔たった強硬な意志を賛成総数から引き去った後に，初めて一般意志が導き出されることになるのである．

　　一般意志＝賛成票－反対票＞0

　これを一般意志の導出式と呼ぶことにしよう．

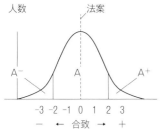

図2-1a
政府法案に対して想定される意志分布

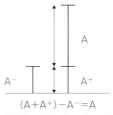

$$(A+A^+)-A^-=A$$
賛成票－反対票＝一般意志
賛成票の中には，反対票（否定的な隔たった意志）と
同数，肯定的な隔たった意志が伏在すると推定される

図2-1b
投票数の計算＝一般意志の導出

　ところで，今取り上げた例は，発議がきわめて適切であり，かつ，国家に部分社会が存在せず（あるいは少なくとも，部分社会が存在するにしても，多数のものが分立している状態で），意志分布が左右対称のつりがね状の一山をなしている場合である．そこでは，多数の賛意が得られ，一般意志がはっきり表出される．しかし，あらゆる場合に，一般意志がかくもはっきりと表出され，それを見分けることが容易であるとは限らない．例えば，発議が最多数者の意志の分布する分布曲線の中央にではなく，その右側にずれ，①あるいは②，③の位置にある意志と合致するような内容のものであったとしよう（図2-2）.

　発議が，人々の意志からこのようにずれてゆくにしたがって，分布曲線の左側に分布する反対票にまわる人々の数はふえてゆく．反対票を投ずる人々の分布 A^-（意志の不足，否定的な隔たり）と相等しい意志の過剰分 A^+（肯定的な隔た

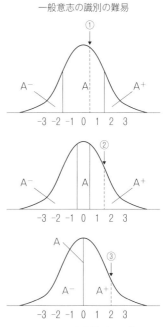

一般意志の識別の難易

図2-2　　政府法案のずれ

り）が想定できる．A^+ と A^- を相殺して残った A の部分が一般意志である．①→②→③と進むにつれて，一般意志が，はっきりと現れず，見えにくくなってゆくのがわかる．発議が左側にずれてゆく場合には，分布曲線の右側に反対票が分布するが，一般意志の導出については，上記と同様のことがいえる．

　以上のことから，次のことが明らかとなった．意志分布の全体が全体意志（個別意志の総和）である．そこから，一般意志を導出するには，単に賛成票と反対票を数えるだけでは足りない．というのは，一般意志は，確かにルソーのいうように，過半数のなかに存しているとはいえ，その導出は単なる多数決によるものではないからである．一般意志の導出と単なる多数決との違いはどこにあるかといえば，単なる多数決では過半数を占めた賛成票が重要であり，反対票は封じ込まれてしまうだけである．ところが，ルソーの一般意志の導出の場合は，反対票がむしろ鍵を握っている．というのは反対票は政府提出法案に対する意志の不足を直接，数量化しており，この数量化された反対票によって意志分布の反対側にある賛成票中に伏在している，法案に対する意志の過剰分を推定することができるからである．反対票は，推定された過剰分（反対票と同数と考えられる）と相殺されることを通して，国家の（人民の）共同性を抽出することに直接，寄与する．それゆえ，反対票は，少数意見の尊重というような，民主主義の１つのルールといった意味において意義を持つのではなく，法案に何らかの修正や部分的変更をもたらしたりはしないのである．そうではなくて，反対票はそこで表出されうる共同性の大きさ，共同性の指標を明らかにするという意味で重要な意義を持っている．すなわち（賛成票－反対票）の数が，投票総数に近づけば近づくほど，表出された共同性の大きさは大きいといえるし，０に近づけば近づくほど共同性は小さいといわなければならない.[10] 以上のように共同性の指標を明らかにする反対票には，数量的でかつ政治哲学的な意味があるのである．したがってこれまで幾多の研究者によっても解明されず，曖昧で神秘的なものとされてきた先のテクスト①の「過不足の相殺」の意味が明らかになる．一般意志は単なる平均でもなければ最大公約数（すべての者に共通的なもの）でもないのである．

　ただしこのような一般意志の導出には，次のような一般意志形成の前提条件が必要である．それは「人民が十分に情報を持って審議する」こと，「市民がお互いに意志を少しも伝え合わない」ことの２点である（Ⅱ-3）(CS371/47).　第一点は，法案を的確に判断しうるだけの正確で十分情報が等しく各市民に提供されなければならないということである．このように第一点は現代政治においても，その徹底が求められる点であるが，次の第二点は，われわれの常識にむしろ反しているように思われる．第二点は，まさに，人民集会でなぜ長い審議が不可とされるのか，あるいはなぜ雄弁家はいらないのかという問いへの回答ともなるのだが，集会において術策，雄弁による誘導の余地をつくらないこと，そしておそらく集会外での利益誘導，説得をもできる限り排除して，あくまでも，各市民が独

立して,自らの良心と理性とに従って判断しなければならないということである.言い換えれば,各市民の意志が個別意志であるべきで,個別意志が団体意志化することをできる限り抑制しなければならないことである[11].

　ところで,先に述べたように,政府提出法案が意志分布の最多数者の位置する中心からずれることによって,一般意志の識別が難しくなる.上述の一般意志形成の前提条件がまだ失われていない場合であれば,そのずれは,偶然的なもの,あるいは,大きなずれが常態化するとすれば,政府の堕落を示すものと見なされうるが,そうした大きなずれの常態化は,政府を交替（変更）すべきシグナルであろう.しかし事態が,ある政府の腐敗の問題を超えて,国家（人民）の堕落過程の進行と直接的につながっている場合,つまり,部分社会が成長し,団体意志が頭をもたげ,個別意志の表明が阻まれる局面での,より深刻（本質的）な「疎外」の進行によって,一般意志の識別が困難になる場合も考えられる.こうした点については,5節で論じることにする.

4.「あるがままの人間」論批判——一般意志の目的

　通説的見解では,『社会契約論』における基本的図式は私利私欲に従う「あるがままの人間」とあるべき法（もっといえば,あるべき法に従うあるべき人間）との二項対立である.あるべき理想的人間＝市民によって構成される政治体の理論は,容易に観念的構築物と見なされてきた.そして同時に,多くの論者は,一方のあるべき法・人間を余りにも高い理想であるとしたために,他方の「あるがままの人間」（彼らの捉える,社会契約時に前提とされる人間）を「正義」と無縁の自己利益のみに従う,浅ましい人間と捉える傾向を持った.しかし,このような「あるがままの人間」論を展開する論者にとっては,全面譲渡の意味がルソーの思想体系から浮いてしまう.人間はあるがままであって,どうしてそれまで持っていたすべてのものを全面譲渡することができるだろうか.先に述べたように,社会契約時に前提とされる人間は革命を経た人間であり,革命を経たからこそ,全面譲渡を受け入れられるのではなかろうか.

　従来のルソー研究における「あるがままの人間」論は,19世紀の市民社会における矛盾に満ちた現実の人間を直視し,批判したヘーゲルおよびマルクスの理解に引き寄せられすぎているのではなかろうか.ヘーゲル,マルクスのなしたルソーの「人間—市民」概念の理解のゆがみが,大きな爪痕を残しているのではなかろうか.本章ではマルクスについては,「固有の力」をめぐって6節で改めて論じることにする.

　さて，このような「あるがままの人間」論の理解に従ったままでは，真の意味で『社会契約論』の主題を捉えることはできない．それは，正義と有用性の結合，あるいは「権利が許すことと利益が命ずること」との結合であり，周知のように同書第１編冒頭に掲げられている．この正義と有用性（利益）の一致（調和）というテーゼを見落とすことはなくても，このテーゼの観念的でない，真の把握は，なされてきたといえないように思うのである．

　そこで，正義と利益の結合の問題は，裁判官であることと当事者であることの問題に帰着することを，以下に論証してゆきたい．ルソーはこの問題にかかわる重要な主張を『社会契約論』（Ⅱ-4）において展開している．それは，対象の個別性・一般性と一般意志の形成条件の有無とを論じる考察のなかにおいてである．ルソーは周知のごとく，個別的対象を持つ問題に対して，一般意志形成の条件を与えないが，両者の差異の比較が，正義と利益の関係を明らかにしてくれる．問題のパラグラフはこれである．

> 「以上，述べてきたことから，意志を一般的なものにするのは，投票の数よりもむしろ，投票を一致させる共同の利益であることが，理解されなければならない．なぜなら，この制度においては，各人は，他人に課する条件に必然的に自分も従うからである——公共の決議に公平の性格を与える利益と正義とのすばらしい調和．ところが，すべて個別的な事柄を議論する場合には，裁判官の行動原理と当事者のそれとを一致させ，同じものにする共同の利益が存在しないから，この公平は消えてしまうのだ」（CS374/51-52）.

　パラグラフの後半部分でルソーが直接，論述しているのは，問題が個別的な対象を持ち，一般意志の形成条件を持たない場合についてである．ところで，この文章は常識からすると，きわめて奇妙に思える．というのは，通常，裁判官は当事者とは異なる第三者であることが要件とされ，裁判官の第三者性は，裁判の公平を保証する，唯一のではないとしても，重要な条件であるからである．ところがルソーの説明は，そうした常識を見事に裏切って，第三者である裁判官と当事者との間には共同の利益がないから，公平が失われるとするのである．それはルソー独自の立論であることに，まずは注意を喚起しておきたい．

　さて先の言説を裏返して，問題が一般的対象を持ち，一般意志が形成される場合を考えてみたい．結論を先にすれば，それは次のようにいえるだろう．

　すべて一般的な事柄を議論する場合には，裁判官の行動原理と当事者のそれとを一致させ，同じものにする共同の利益が存在するから，この公平は存在するの

だ，と．

　この結論は，ルソーが直接語っているわけではないものの，きわめて重要である．この結論がこれまでの研究史で十分に論じられてこなかったのは，ルソーが個別的な対象を持つ問題について反転して語っているために，そしてまた，その説明が公平性に関する常識的な理解と隔たっているために，一般意志の形成論のなかで捉え返されず，見落とされてしまったからではなかろうか．

　さて，それではなぜ，共同の利益と公平性が存するといいうるのだろうか．裁判官であることと当事者であること，それはそれぞれどういうことだろうか．

　まず，当事者であるとは，問題が一般的な対象を持つ場合，個々人はすべて，この問題の解決を自分の問題，自分が直接，利益を受け，あるいは害をこうむりうる問題として，真剣に考えざるをえない存在であるということである．個々人はすべて，自分が利益を得るように，そして不利益をこうむらないように考えることをなんら阻止されない．自分のために考えること，自分のことをまず考えることは肯定される．これは自己愛の赴くところである．ルソーは次のようにいっている．

　「およそ人たるかぎり，このそれぞれの人という言葉を自分のことと考え，また，全部のために投票する場合にも自分自身のためを考えずにはおられないからではないか？　このことは，次のことを証明する――権利の平等，およびこれから生ずる正義の観念は，それぞれの人が自分のことを先にするということから，したがってまた人間の本性から出てくるということ」（II-4）（CS373/50）．

　自己愛に基づく自己保存，自己充足には，実は，他者の保存，充足を損なわない限りにおいてという限定がつく．というのは，自己愛は憐れみの情と対になった生得感情であり，これら2つの感情の関係から，やはり生得感情である良心が発現するとされるからである[12]．そうして自己の，そして自己とともにある同胞＝他者の権利の平等を前提にする限り，そこには「正義の観念」が確かに生じてくる．しかし，人はたとえ契約国家の成員となった後であっても，他者の保存，充足を踏みにじってでも自己保存，自己充足を優先させたいという感情，つまりルソーのいう自尊心（自己愛の変質した感情）を根絶させることはできない．その自尊心は，革命前の専制国家の社会＝国家システムと結びついていたままのそれではない．とはいえ，それは新たな国家の政治的・経済的・社会的条件のなかで，再び抱かれ，次第に人々の心中に勢いを増す危険性を多分に持っている．それゆえ，先の当事者の持つ自己愛（と良心と）に基づく権利の平等，あるいは「正義

の観念」は，揺るぎないものであるのではなく，自尊心の作用によって常に脅かされており，個々人の当事者性は，自尊心と良心とのせめぎあいを特徴としている．

　それでは裁判官であるとは，どういうことだろうか．ルソーは次の章（Ⅱ-5）で，主権者のことを「裁判官および法の上にある者」と呼んでいる．しかし，それは，犯罪者に特赦をする権利について述べた部分であり，主権を行使する総体としての主権者が裁判官であると捉えられているのである．では，私たちが問題としている局面，すなわち一般意志をつくり出すために人民集会に集合した各市民が，個別意志を表明する時，裁判官であるとはどういうことなのだろうか．ここで再度，先に揚げたテクストに戻らなければならない．

　　②「ある法が人民の集会に提出される時，人民に問われていることは，正確には，彼
　　　らが提案を可決するか，否決するかということではなくて，それが人民の意志，
　　　すなわち，一般意志に一致しているか否かということである（以下，略）」（Ⅳ-2）．

　実際に表出されるのは，政府法案に対する賛否いずれかの投票であるにもかかわらず，各市民に問われていることの真の意味をルソーは質的に異なる次元に連れて行く．引用文の後半は，とりわけ注意深く読まれなければならない．というのは，そもそも一般意志は人民集会において，まだつくり出されておらず，当の問題についてまさにつくり出されようとしているにすぎぬのに，主権者の一部を構成するにすぎない各市民が，あたかも主権者を代表するかのように，各人の判断によって，（まだ形成前の）一般意志を想定することを求められているからである．ここで，裁判官としての各自の判断とは，政治体がその時点で持っている法体系を規準として，市民の理性（立法者の立法を受け入れることによって獲得された，発達した理性）とその市民的理性の発達を待って発現する市民の良心（ルソーはそれを祖国愛と呼ぶ，より発達した良心）との働きによって下される判断のことであると私は解する．こうして各市民がきわめて能動的に想定した「一般意志」と政府法案とを対比してみて，法案がそれと合致しているか否かの判断を求められているとルソーはいっているのである．[13] 投票に際して，意識されるのは，政府法案からの，自らの意志（自らの想定した一般意志）の隔たりである．政府法案に対する自らの意志（個別意志）の位置がどこにあるのか，一体，それは法案に対して許容範囲内に位置しているのかを自覚することがまず求められ，その結果，賛否いずれの側に投票するかが決せられる．賛成票のなかにすら質的な差異がある．②で「各人は投票によって，それについての自らの意見を述べる」と語ったルソーの真意

は，このように解されるべきであろう．これらの投票が集まって，可決・否決が結果として出てくる．結局，裁判官とは，政治体の法を規準として自らの市民的理性と市民的良心とを働かせることによって，自ら能動的に政治体の正しい方向性（契約国家の正義＝人間の正義）を見出そうとする存在なのである．

　個別意志を表明する市民は，以上述べてきたような当事者性と裁判官性をメダルの両面のように合わせ持つ存在である．もし人民の心中から自尊心が根絶されえたなら，「それぞれの人が自分のことを先にする」，あるいはまた「全部のために投票する場合にも自分自身のためを考えずにはおられない」正義の観念，言い換えれば，自己をまず考えることを通して，自己の含まれる全体の利益を追求することに，矛盾は孕まれず，自分の問題＝全体の問題という図式が妥当する．しかし実際には，当事者性に自尊心と良心とのせめぎ合いという矛盾が孕まれているために，自己の利益を追求する当事者性と共同の利益を志向する裁判官性とが，それぞれの市民のなかで少なからず葛藤することになる．そのため個別意志には，少なからぬ偏差が生まれる．

　そこで以上のことを改めて捉え返すと，全体意志とは，それぞれ当事者性，裁判官性の双方を合わせ持つ，換言すれば「社会人 → 社会的人間」性と市民性とを合わせ持つ人間の個別意志の分布のすべてであり，つりがね状のグラフ全体である．全体意志から法案に対して否定的な隔たった意志＝意志の不足のみならず，肯定的な隔たった意志＝意志の過剰をも引き去ることによって（すなわち過不足を相殺することによって），すべての成員に共通的なものではなく，全成員にとって共同的なものと見なされる共同利益が見出される．それこそが一般意志である．一般意志は，すべての個別意志から意志の過不足を相殺した後に見出される共同利益（共同的なもの）に他ならない．

　　「一般意志があらゆる人々に適用されるには，あらゆる人々から発生したものでなければならないこと」（Ⅱ-4）（CS373/50），
　　「なぜなら，個々人の利益の対立が社会の設立を必要としたとすれば，その設立を可能なものとしたのは，この同じ個々人の利益の一致だからだ．こうしたさまざまの利益のなかにある共同のものこそ，社会の絆を形づくるのである」（Ⅱ-1）（CS368/42）．

　ルソーは以上のように，正義と利益の一致という課題を，当事者であり裁判官でもある，あらゆる市民の個別意志から，その偏差にもかかわらず，というよりむしろ，その偏差のゆえに，自尊心に引きずられた判断が生じることも織り込ん

だ上で，すべてに共通的なものとは異なる共同的なもの（共同利益）をつくり出す一般意志導出論を構築することによって解いたのである．

5．一般意志はなぜ誤らず破壊されえないのか

ルソーは「一般意志は誤ることがありうるか」と自問して，「一般意志は，常に正しく，常に公共の利益を目指す」（Ⅱ-3）と自答する（CS371/46）．それゆえ，この答えは一般意志の普遍的な正しさをルソーが主張しているものと解すべきなのだろうか．そうではない．なぜなら，この自答に続けて，彼は次のように明言するからである．

> 「しかし，人民の決議が，常に同一の正しさを持つ，ということにはならない．人は，常に自分の幸福を望むものだが，常に幸福を見分けることができるわけではない．人民は，腐敗させられることは決してないが，ときには欺かれることがある」（Ⅱ-3）（CS371/46-47）．

ルソー自らが，常に正しいが，にもかかわらず，常に同一の正しさを持つわけではないと語っている一般意志の正しさは，絶対的な正しさではなく，相対的な正しさである．このことは，従来の研究史で，十分解明されてこなかった点なので，強調しておかなければならない．もう少し，敷衍すれば，相対的な正しさとは，ある条件，ある状況下にある契約国家の，その時，その段階の人民の人格の質に規定された正しさである．個別意志を表明する時，個々の市民は，腐敗させられることはないといわれるものの，欺かれることがあるとされる．人民が欺かれる——それは市民が1人で自尊心に引きずられるのではなく，市民を欺く者が存在して，その者の教唆によって，自尊心が増大させられ，市民が誤った判断を下すような事態を指している．人は1人では他人の利益を踏みにじってまで，自己の利益を貫くことは難しい．他人を巻き込んで，徒党が組まれ，団体が形成されてこそ，自分（たち）だけの利益が実現される可能性が高まってくる[14]．そこでルソーは前述したような，一般意志形成の前提条件を示したのである．もし，こうした前提条件が損なわれていなければ，つまり，市民を欺くことが組織的になされること（団体意志の形成）が大幅に進行しなければ，一般意志は正しく（相対的に正しく）形成される[15]．個々の市民が独立に判断する時，自尊心に引きずられることがあるのが，ここでの問題ではない．すでに述べたことだが，一般意志の形成には，そのような個々人のレヴェルの偏向は織り込みずみだからである．もちろん，個々人のレヴェルであっても，自尊心に引きずられる市民の数が多くなれ

ば，一般意志の識別が難しくなる．とはいえ，意志が団体意志の影響を抑えられ個別意志として表明される限り，そこから生み出される共同的なものは正しい．国家の設立後，ある期間は（その長短はさまざまであろうが），各人の個別意志は自尊心と祖国愛とのせめぎあいを前提とするとはいえ，総じて祖国愛の優勢下に，市民の理性を働かせ意志形成しうる状況が存続すると考えられているのである．ルソーはこのように相対的に正しい一般意志（人間の正義）を国家に集った人々がつくり出し，その時々に，人々が自らの共同的なものを決定する仕組みをわれわれに提示したのである．

　ところで，一般意志は誤らないというテーゼの次に問題とすべきなのは，一般意志は破壊されえないというテーゼである．ルソーは「国家が滅亡にひんして」いる時期を取り上げる．ルソーのいう国家の滅亡期とは，①「社会の結び目が緩み，国家が弱くなりはじめると，また，個人的な利害が頭をもたげ，群小の集団が大きな社会に影響を及ぼし始めると，共同の利益は損なわれ，その敵対者が現れてくる」時期を経て，②「最後に，国家が滅亡にひんして，もはやごまかしの空虚な形でしか存在しなくなり，社会の絆が，すべての人々の心のなかで破られ，最もいやしい利害すら，厚かましくも公共の幸福という神聖な名を装うようになる」時期のことである（Ⅳ-1）（CS438/146）．そのような国家滅亡期において「それだからといって，一般意志が破壊あるいは腐敗したということになるであろうか」とルソーは問う．彼の答えは「否，それは常に存在し，不変で，純粋である」である（Ⅳ-1）（CS438/146）．ここでルソーのいわんとしていることを誤解なく受け取るために，次の点に注意を喚起しておかなければならない．常に存在するとは，一般意志が先験的に存在するという意味では決してない．一般意志は常につくり出されるものなのである．それは国家（そして人民）の動態的な歴史過程の推移とともに変化を遂げてゆくものでもある．また先に予告したように，不変を普遍（universalité）と取り違えてはならない．なにが不変であるかといえば，私の理解によれば，一般意志の中身が不変であるのではなく，一般意志のつくり出され方が不変なのである．すなわち，各市民の意志の操作を許す長々しい討論，議論がなされず，また水面下での利益誘導なども入り込まず，法案に対して判断を下すに十分な情報が等しく開示されているなかで，各市民が独立して自らの意志（個別意志）を表明する場合に，変わることなく一般意志はつくり出されるということである．結局，ここでいう不変は，一般意志のつくり出され方の不変性のことを指し，一般意志の中身の不変性を意味しないし，ましてや一般意志の普遍性をまったく意味しないと，私は結論づける．しかしルソーは法について次のよう

に述べている.

> 「さらに, 法は意志の普遍性 (universalité) と, 対象のそれとを1つにしている以上, 誰であろうと, 1人の人間が自分だけの権力で命じたことは, 法ではないということがわかる」(Ⅱ-6) (CS379/59).

これをどう考えるべきだろうか. このような表現のあることが, ヘーゲル的解釈を許す一因となった点は否めないだろう. だがルソーのいわんとしたことは, 法はすべての市民の意志から生み出されなければならないという意志の一般性であり, それはすでに以下のテクストやそこに付された原注 (意志の一般性 généralité) のなかで的確に表現されている.

> 「意志は一般的 (générale) であるか, それともそうでないか, すなわち, それは人民全体の意志であるか, それとも, 一部分の意志にすぎないか, どちらかである」(Ⅱ-2) (CS369/44).

誤解を招かぬためには, ルソーは généralité というタームで統一した方がよかった. 用語の不統一は, 他のタームでも少なからず存在するが, ルソーはここに大きな誤解が生じることを予測していなかったために, 用語の選定に注意深くなかったといえるだろう. そして, これはあくまで私の推測であるが, 同章 (Ⅱ-6) の先行テクストで「普遍的正義 (justice universelle)」について語った箇所があったために, universalité いう語が連鎖的にルソーの心中に浮かび, それを表記したのではなかろうかと思うのである.

ところで一般意志 (法) の普遍性が否定されることは, 例えば「立法の種々の体系について」(Ⅱ-11) 中の以下のテクストも証左になる.

> 「そして, まさにこれらの関係 (自由と平等の関係―引用者) に基づいて, 各国民に, それ自体としては, 恐らく最良のものではなくとも, それが用いられるよう予定されている国家にとっては最良であるような制度の特殊な体系をあてがわねばならない」(CS392/78).

そしてルソーははっきりと次のようにも述べている.

> 「国家は, 法律によって存続しているのではなく, 立法権によって存続しているのである. 昨日の法律は, 今日は強制力を失う」(Ⅲ-11) (CS424/126).

あるいはまた『ポーランド統治論』では, 普遍的な法を立てることの不可能性

を，円積問題 (作図不能問題) の比喩で語っている (CP955/『全集』Ⅴ363)[16].

　さて，国家滅亡への①の段階では，共同の利益の敵対者，つまり，ルソーが警戒する部分社会が (まだ分立した形ではあるが) 目立ってきて，彼らの団体意志が，個々人の個別意志の表明を徐々に難しくさせる．対立や論争がこの段階の特徴である．そしてまさに国家の滅亡期である②の段階では，最も卑しい利害が共同の利益を装うという事態，もっといえば，ある部分社会が他を圧倒するほど巨大化し，その巨大団体意志が国家を蹂躙し，それが一般意志の名を騙る事態に立ち至る．

> 「すべての人々は，人にはいえない動機に導かれ，もはや市民として意見を述べなくなり，国家はまるで存在しなかったかのようである．そして，個人的な利害しか目的としないような，不正な布告が，法律という名のもとに，誤って可決されるようになる」(Ⅳ‑1) (CS438/145‑146).

　もはや一般意志が形成される条件は失われている．こうした事態に至っても一般意志が破壊されえないのだとすれば，一般意志はどうなってしまっているというのだろうか．ルソーはいう．

> 「その時には，一般意志は黙ってしまう」，「一般意志は，それに打ち勝つ他の意志 (巨大団体意志—引用者) に従属せしめられているのだ」(Ⅳ‑1) (CS438/145‑146).

　これを，片方に大きな団体意志があり，もう片方に小さな一般意志がある，などと解してはならない．一般意志が顕在化するには，できる限り，個々の市民が独立して個別意志を表明しなければならないのだから．上記の場合，大きな団体意志が一般意志と僭称され，真の一般意志は決して現われない．ルソーは投票を金銭で売る人の心のなかでさえ，一般意志が消え去ったといわない．

> 「……それ (金銭で投票を売るという行為—引用者) によって彼は，自己の心中から一般意志を消滅させたのではなく一般意志を避けたのである」(Ⅳ‑1) (CS438/146).

　破壊，腐敗，消滅させられず，沈黙すること，あるいは避けられることのみ可能な一般意志．誤ることができず，心中から消し去ることができず，沈黙することのみ可能なのは，ルソー思想のなかで，ひとり一般意志のみではなかった．それはいうまでもなく良心であって，例えば前掲のテクストは，一般意志という言葉のかわりに良心を置いても文意が通じるのである．それゆえ，一般意志と良心との類似性について主張する論者もある[17]．しかし，両者の類似性については語ら

れるものの，両者の差異を含めた構造的な分析は，果たされているとはいえない．意志は良心（感情）そのものではない．理性と感情との相互補完作用によって意志は形成されるが，ルソーの体系においては，自己完成能力の働きによって，理性のみならず感情も発達・転化を遂げる．良心を固定的に捉えてはならない．良心は発達してゆくものであり（良心→市民的良心），質的な差異がある．それゆえ，良心と一般意志との関係は，単なるアナロジーとして語られるのでは不十分であり，自己完成能力を原動力として動態的に転化する人格論のなかに捉えられなければならないのである．さてそれでは，議論を元に戻して，一般意志は潜在化したのであって，消え去ったのではないとするルソーの真意はどこにあるのだろうか．ルソーの体系では次のように考えるのが自然である．

　1つの契約国家において潜在化した一般意志は，自己完成能力のさらなる活動によって，生存の危機に直面するに至った人々が，良心を覚醒させ，新たな革命，建国のプロセスを遂行することにより，新たな契約国家において再び，顕在化，再生することができる，と．

　ルソーは「最もよく組織された国家にも終わりがある」（Ⅲ-11）と明言しているが（CS424/125），残念ながら，国家の死滅の後に来る新たな革命，建国については語っていない．しかし，一義的方向性を持つ自己完成能力の絶えざる活動が続く以上，一般意志の沈黙，潜在化は，疎外されてきた多くの人々の手によって克服され，一般意志は，復活，再生を果たす．そしてそれはより高次の「人間の正義」の実現を意味する，と考えられるのである．[18]

6．固有の力をめぐって——ルソー／マルクス

　本章では，これまでルソー研究に支配的であった「あるがままの人間」論を批判することを，ルソー思想それ自体の体系的把握から押し進めてきた．がここで，マルクスの理解を，主に「固有の力」をめぐる問題に限定して，比較思想史的に考察することにする．問題のテクストを掲げる．

> 「あらゆる解放は，人間の世界を，諸関係を，人間そのものへ復帰させることである．政治的解放は人間を，一方では市民社会の成員，利己的な独立した個人へ，他方では公民，精神的人格へと還元することである．
>
> 　現実の個体的な人間が，抽象的な公民を自分のなかに取り戻し，個体的な人間でありながら，その経験的生活，その個人的労働，その個人的諸関係のなかで，類的存在となったとき，つまり人間が彼の「固有の力」（forces propres）を社会的な力として認識し組織し，したがって社会的な力をもはや政治的な力というかたちで自分

から分離しないとき，そのときはじめて，人間的解放は完遂されたことになるのである」(Marx 1957 : 370 = 1974 : 53).

　マルクスは周知のように，政治的解放と人間的解放とを峻別して，まず，フランス革命を典型とする，政治的解放を実現する革命は，一方に市民社会において私利私欲に従う利己的な人間と，他方に抽象化された政治的人間とへ，人間を分離させたにすぎないと批判する．前者 (市民社会に生きる利己的な人間) は「人間 (homme)」と呼ばれ，後者 (抽象化され人為的につくられた政治的人間) は「公民 (citoyen)」と呼ばれる．そしてマルクスは，ここにおいて政治的革命によって生じた人間と公民との分裂を克服する，真の人間的解放がまさに必要であることを訴えているのである．人間的解放とはここでのマルクスのテクストに従えば，「人間の世界を，諸関係を，人間そのものへと復帰させること」，「現実の個体的な人間が，抽象的な公民を自分のなかに取り戻し，個体的な人間でありながら，その経験的生活，その個人的労働，その個人的諸関係のなかで，類的存在とな」ること，あるいはまた「人間が彼の「固有の力」(forces propres) を社会的な力として認識し組織し，したがって社会的な力をもはや政治的な力というかたちで自分から分離しない」こと，である．これらの言葉からわかることは，「人間」が自らの「固有の力」を自覚し，組織し，社会的な力として結集することが，真の人間的解放──個体的な人間であり，かつ，類的存在になること──をもたらすとマルクスがいわんとしていることである．『ユダヤ人問題によせて』の当のテクストには，まだプロレタリアートという言葉は現れていない──その言葉は『ユダヤ人問題によせて』の直後に執筆された『ヘーゲル法哲学批判序説』に登場する──が，「彼の「固有の力」を社会的な力として認識し組織」することを求められている「人間」とは，ブルジョア国家下に政治的無権利状態に置かれ，ブルジョアジーの徹底した搾取によって劣悪な生存条件を強いられているプロレタリアを指すものと解することは難しくない．とすれば，労働者が彼の本来持っていた「固有の力」を認識し，真の解放運動 (プロレタリアートの革命運動) に，自らの力を組織し，結集することができれば，人間と公民との分裂は克服され，人は真に解放されるという見解にマルクスがほとんど到達していたと解することができる．マルクスによって「固有の力」が，社会的な力をつくり出す前提となる力として，肯定的・積極的に捉えられていることに注目しておこう．

　ところでマルクスは，「固有の力」を論ずるに先立って，ルソーを引き合いに出し，ルソーを政治的人間の抽象化をその著作でなした人物とする．そして『社

会契約論』（Ⅱ-7）中のテクストを引用するのだが，そもそも「固有の力」とは，その引用文に用いられているルソーの言葉なのである．

> 「1つの人民に制度を与えようとあえて企てるほどの人は，いわば人間性を変える力があり，それ自体で1つの完全で，孤立した全体であるところの各個人を，より大きな全体の部分に変え，その個人がいわばその生命と存在とをそこから受け取るようにすることができ，人間の骨組みを変えてもっと強くすることができ，われわれ皆が自然から受け取った身体的にして独立的な存在に，部分的にして精神的な存在を置き換えることができる，という確信を持つ人であるべきだ．一言でいえば，立法者は，人間から彼自身の固有の力を取り上げ，彼自身にとってこれまで縁のなかった力，他の人間たちの助けを借りなければ使えないところの力を与えなければならないのだ」（Ⅱ-7）（CS381-382/62-63）（傍点は引用者）．

マルクス自身が引用した，このルソーのテクストは，周知のように，立法者について述べた章にある．立法者は，新国家設立の社会契約に際して，全面譲渡を遂行する局面にある．全面譲渡──それは文字通り，これまで各人が持っていた心身両面のすべての能力や財産を政治共同体全体に譲渡することである．そこにおいてルソーが，後の引用者であるマルクスとははっきり異なって，「固有の力」を奪われるべき力として捉えていることを確認すべきである．「固有の力」という概念の発案者ルソーは，社会人から社会的人間への志向性を持つに至り，専制国家を打倒する革命に従った人々が，契約国家の設立に参加する時，持っている（したがって，疎外期の残滓をまだ引きずっている）自らの力を「固有の力」と表現し，こうした「固有の力」は奪われなければならないと明言しているのである．言い換えれば，「固有の力」とは「あるがままのものとして」捉えられた人間の力である．「彼自身にとってこれまで縁のなかった力，他の人間たちの助けを借りなければ使えないところの力」すなわち「共同の力」は，「固有の力」をいったん徹底して奪われた後でなければ，新しく与えられない，獲得されえないとされるのである．ルソーにとっては「固有の力」を集めただけでは，新たな疎外国家をつくることにしかならず，「共同の力」を持つ契約国家をつくり出し，歴史の新しい循環を生み出すことはできないのである．この歴史の転回点を切り開くことは人々の自力のみでは果たせない．ここでこそ，種の自己完成能力の促進者が必要になってくる．種の自己完成能力の促進者であり，第三者（外国人）であり，一時的介在者である立法者の存在しなければならない必然性が生じるのである．[19]「固有の力」を奪うことと全面譲渡とは同じ事を二方向（立法者側と人民側）から表

現するものである．ルソーの「固有の力」概念の真意を，そしてそれゆえに「共同の力」をつくり出すためにこそ「固有の力」の奪取（全面譲渡）が必要であることの意味を，マルクスは理解しなかった．思想史上，ある概念がある思想家から他の思想家に受容される時，その概念が誤解されたり，部分的にしか理解されなかったりする例は枚挙にいとまがない．ルソー／マルクス関係を考える時，「固有の力」が，その 1 つの例となる．もとより，社会契約＝全面譲渡の前提として，物質的，精神的大転換である革命が置かれていたというルソーの歴史過程の体系的な把握をなしえなかったマルクスにとって，立法者が「固有の力」を奪う過程が，きわめて観念的にしか捉えられず，重大な意味が込められていたことを捉えられなかったとしても無理からぬ面がある．革命がなされていなければ，「固有の力」を徹底して取り上げることがどうして可能であろうか，そうであるからこそ奪い取られることの意味が看過されたのではなかろうか．そしてさらにまた，立法者が立法によって人々の人間性を根底から変えるというきわめて困難な大事業が，そうしたマルクスの目には，政治的人間の抽象化の凝縮されたプロセスと映ってしまったのではなかろうか．

　この「固有の力」の受容をめぐる問題と深くかかわって，「人間―公民」概念もルソーとマルクスとの間では，きわだって差異が存在することも述べておかなければならない．私はマルクスの「固有の力」の捉え方にヘーゲルの弁証法的発想の影響を見るのだが，マルクスの「人間」概念も，ヘーゲルからの色濃い影響下に捉えられたものであり，まさに欲求の体系に生きる利己的人間を指す．他方，「公民」も抽象化された政治的人間とされ，マルクスにとっては止揚の対象でしかない．ところが，ルソーにとっては，厳密に捉えられた場合の「人間」は，『エミール』で論じられているように「抽象的人間」を指し，「自然人」をさらに発達させた人格の第一段階の表象，つまり人が社会関係を持つ前段階で一応の完成を果たした理念的人間のことである．それはマルクスの「人間」概念とは天と地ほど隔たった概念なのである．もし，マルクスの「人間」と類似の概念をルソーの体系中に見出すとすれば，それは，『不平等論』における「社会人 (homme civil)」である．もちろん，ルソーはマルクスに先立つことおよそ100年，利己的人間＝「社会人」は，ルソーにとって直接的には，革命前の疎外期＝専制国家末期の社会に生きる存在ではあったのだが．それゆえ，結論を先にしていえば，ルソーにとって人間＝利己的人間，公民＝抽象化された政治的人間といった単純な二項対立は決して成立しない．疎外がきわまって自己の社会人性を自覚したからこそ，人々は，もはや100％社会人とはいえぬ，社会的人間への志向性を持つに至った

人々に転化し，そうした人々が革命を起こし，新国家設立の前提条件をつくるのであった．先の「あるがままの人間」論批判での議論とつながるのだが，「あるがままの人間」論は，ヘーゲルの市民社会論を批判的に摂取したマルクスの「人間」概念の思想的影響下に，マルクスに余りにも即しすぎた理解であった．このような「あるがままの人間」ではなくて，新国家設立時に「あるがままのものとして」捉えられた人間は，そこから「市民」であることと不可分の存在になるのであって，「社会人 → 社会的人間」性と「市民」性——先の4節の視角から捉え直すと，当事者性と裁判官性——とは，同時に併せ持たれることになる属性なのであった．マルクスの「人間」・「公民」がともに真の革命（プロレタリア革命）によって止揚されるべき分裂態であったのに対して，ルソーの「社会人 → 社会的人間」・「市民」は，ともに革命 → 建国によってもたらされる人間の不可分の両面性なのである．マルクスとここでも異なって，ルソーにとって「市民」は，すでに「固有の力」を全面譲渡した（奪い取られた）上で「共同の力」を獲得した存在である．19世紀中葉の労働者の悲惨な生存条件，労資の鋭い対立，抗争という現実を前にして，マルクスがなした現実の市民革命に対する批判は，なされるべくしてなされた批判であり，その歴史的意義を忘れてはならないことは改めて述べるまでもない．しかし，他方，マルクスが現実の市民革命とルソーの理論とを混同し，思想史上，ルソー理解を結果として大きくゆがめることになった点もわれわれはしっかりと見据えなければならないのである．

　以上のような，「固有の力」概念をめぐる，あるいは「人間—公民」概念をめぐっての受容問題は，思想史上，多数存在する誤った受容の例にすぎないと解する向きも，あるいはあるかもしれない．しかし，この問題はそのような枝葉の問題どころではなく，ルソーとマルクスとの根本的な思想の内容の相違にかかわる重大問題を内包していることを強調しておかなければならない．プロレタリアが自らの本来的な力として「固有の力」を自覚し，自らの階級的な組織化を果たすことが，そのまま人間的解放をもたらす社会的な力をつくることになるとするマルクスには，果たして，体系的な道徳論が存在するのであろうか．私は，ルソーの体系と比べた時，マルクス思想のなかに，体系的道徳論の不在という弱点を指摘せざるをえないのである．さらに，両者を対比させた時，マルクスは，人類を遂に解放する歴史的使命を帯びた階級（プロレタリアート）があることを高らかに宣言するが，ルソーの体系中には，最終的に人類を解放する階級などないのである．ルソーに従えば，自己完成能力によって人類は「人間の正義」を「神の正義」へ接近させるよう運動するが，人類は決して最終的に解放されることなく，何度

も革命 → 建国を繰り返して，永続的にらせんの軌跡を描きながら運動し続ける存在なのである．これまで比較思想史において，マルクス／ルソー関係 (マルクスから見て，ルソーがどう位置づけられるか) が問題とされることが圧倒的に多かったが，私はむしろ，ルソー／マルクス関係 (ルソーから見て，マルクスはどう位置づけられるか) という視点が必要ではないかと思う．いうまでもなく，ルソーがいて，ヘーゲルがいて，そしてマルクスがいたのだから．

注

1) 鳴子 (2001) 第 5 章 2.（1）（2）（3）参照．

2) 例えば，プラムナッツは，一般意志の形成に関するルソーの説明の「不合理」を突くためにそれを否定的にモデル化する．簡略化すると次のようである．

$A = X + a$　$B = X + b$　$C = X + c$　　(A，B，C は各人の意志)

$X =$ すべてに共通なもの＝一般意志←非現実的

$a + b + c =$ 相違の総和＝一般意志←不合理

果たしてルソーの説明が「不合理」なものなのか，私は 3 節で検討する．

また，J・C・ホールの討論における妥協成立過程モデルは，以下のようである．

	C	1／2	1／2	2
ナショナルケーキ	B	1／2	2	1／2
	A	2	1／2	1／2
		A	B	C

3 切れ分のケーキがある時，A，B，C それぞれが自分だけが 2 切れ分取り，他の二者が，1／2 切れずつ取ればよいと考える．結局妥協により，平均して 1 切れずつ各人が受け取ることに決着する．だが，このモデルは適用範囲が狭く，単に量的な平均を導出しているにすぎない．Plamenatz(1963: 393–394 = 1978: 99–100)，Hall(1973: 126–137)，あるいは白石 (1983: 244–245) 参照．

3) 「しかし，近ごろの時代においては君主と国家とのもろもろの権利は，契約の諸対象として契約に基づいたものとみなされ，意志の或る単に共通的なものとして，1 つの国家に結合した者たちの恣意から生じたものとみなされることになった」(1-2 § 75)．Hegel (1955b: 80 = 1978: 277)．

4) Hegel(1955b: 291–292 = 1978: 598)(3-3 § 348)．あるいは Hegel(1928: 59 = 1994: 上58-) 参照．

5) 鳴子 (2001) 第 5 章 1. および 3.（2）参照．

6) 鳴子 (2001) 第 5 章 2.（3）参照．

7) 鳴子 (2001) 第 5 章 2.（1）あるいは本書第 6 章 5 節（2）参照．

8) 『社会契約論』からの引用については本文中に，編・章の数を記す．例：(IV-2) ＝第 4 編第 2 章．

9）しかし②で実は，単なる提案の可否を決する多数決どころではない市民投票の真の意味が述べられているのだが，その点については4節で改めて論じる．

10）ルソーは，一般意志を表すための最もよき割合について，原則を『社会契約論』（Ⅳ-2）で示している．つまり，人民集会で決議するための多数を単純多数としてよい場合以外に，特別多数とすべき重大事項をも示唆している．後者の場合には，一般意志の導出は，賛成票が特別な割合を上回るという条件をクリアしていなければならない．それゆえ一般意志の導出式をより正確にすれば，以下のようになる．

投票総数 ≧（一般意志＝）賛成票－反対票＞0

11）ルソーは，個人的利害の台頭と国家の衰退を告げるものとして，長い討論や紛争，騒々しさを挙げている（CS439/147）．しかしルソーは，個別意志の団体意志化は完全には排除できないことを知っており，それをある程度許容する論理も持ち合わせている．注15参照．

12）人間は，あらゆる観念，あらゆる感情を後天的に獲得するとするエルヴェシウスに対し，ルソーは生得観念を否定し，生得感情は肯定する．ルソーは良心を，2つの自然的感情（自己愛と憐れみの情）とともに生得感情とするが，良心の発現は2つの自然的感情より後れるとされる．良心は理性に先立って存在するが，良心の発現は理性の活動を待って発現すると捉えられているからである．鳴子（2001）第3章3.（2）および本書第6章2節（1）を参照されたい．

13）もちろん，想定された「一般意志」がそのまま当の政治体の「一般意志」となることを，それは意味しない．

14）「ひとりでいるのは悪人だけだ」というディドロの非難に対して，ルソーは次のように反論する．「人間たちを憎んでいる者は，害を加えたいと思うのだが，そのためには人間たちから逃避してはならないのだ．悪人は砂漠のなかではなく，世間にいるのである」（RJJ 788/『全集』138）．悪人だけが徒党を組むという信念は，ルソーの個人生活の次元を超えて政治哲学的信念として，『社会契約論』の個別意志—団体意志論に結実しているのではなかろうか．

15）部分社会（したがって，その部分社会の意志である団体意志）をまったく存在させないことが不可能であるなら，実際には，どこまでなら許容されるのかという問題が生じる．ルソーは次のようにいう．

「一般意志が十分に表明されるためには，国家のうちに部分社会が存在せず，各々の市民が自分自身の意見だけをいうことが重要である．（中略）もし部分社会が存在するならば，（中略）その数を多くして，その間に生ずる不平等を防止しなければならない．こういう用心だけが，一般意志を常に明らかにし，人民が自らを欺かないために有効なものである」（Ⅱ-3）（CS372/48）．

自己完成能力の活動によって，諸能力（生産力）が高まり，それに伴って自尊心が増殖すること，そしてそれが国家の内部に団体をつくり出してゆくことは，市民宗教によって強められ，発達した良心＝祖国愛を喚起する．契約国家においてすらも，結局は阻むことのできない必然的傾向なのである．

16）円積問題とは，円と等積の正方形を作図することが不可能とされる問題のことである．

17）cf. Derathé（1978：236–237＝1986：219–220）.

18）鳴子（2001）第5章（結びにかえて）参照.

19）鳴子（2001）第5章2.（1）および第3章3.（3）参照.

20）鳴子（2001）第3章3.（1）参照.

参考文献

Derathé, Robert（1978）*Jean-Jacques Rousseau et la science politique de son temps*, Paris, Librairie Philosophique, J. VRIN（ロベール・ドラテ著，西嶋法友訳（1986）『ルソーとその時代の政治学』九州大学出版会）.

Hall, John C.（1973）*Rousseau : An Introduction to his Political Philosophy*, London, Macmillan.

Hegel, G.W.F.（1955a）*Sämtlich Werke*, Bd.8, hrsg.von H. Glockner（*System der Philosophie. Erster Teil Die Logik*）（ヘーゲル著，松村一人訳（1952）『小論理学』（下）岩波文庫）.

─────（1955b）*Grundlinien der Philosophie des Rechts*, hrsg.von J. Hoffmeister（ヘーゲル著，藤野渉・赤沢正敏訳（1978）『法の哲学』（世界の名著44）中央公論社）.

─────（1928）*Sämtlich Werke*, Bd.11, hrsg. von H. Glockner（*Vorlesungen über die Philosophie der Geschichte*）（ヘーゲル著，長谷川宏訳（1994）『歴史哲学講義』（上）岩波文庫）.

Marx, Karl（1957）*Karl Marx -Friedrich Engels Werke*, Bd.1, Institut für Marxismus- Leninismus beim ZK der SED, Dietz Verlag, Berlin（*Zur Judenfrage*）（カール・マルクス著，城塚登訳（1974）『ユダヤ人問題によせて』岩波文庫）.

Plamenatz, John（1963）*Man and Society*, Vol. I , London, Longmans,（ジョン・プラムナッツ著，藤原保信他訳（1978）『近代政治思想の再検討III』早稲田大学出版部）.

白石正樹（1983）『ルソーの政治哲学』（上）（下），早稲田大学出版部.

鳴子博子（2001）『ルソーにおける正義と歴史──ユートピアなき永久民主主義革命論』中央大学出版部.

◆コラム **2** 『社会契約論』──「意志は代表されえない」

　ルソーの『社会契約論』という書名は,「一般意志」や「人民主権」という語とともに記憶されているだろう. あるいは「イギリスの人民は自由だと思っているが, それは大間違いだ. 彼らが自由なのは, 議員を選挙する間だけのことで, 議員が選ばれるやいなや, イギリス人民は奴隷となり, 無に帰してしまう」とイギリスの代議制を批判した, 彼の言葉もよく知られている. けれども, 議会や政党による代表制的な議会政治（間接民主制）のもとに生きる私たちには, ルソーがアンシアン・レジーム（旧体制）下の社会とどれほど強い緊張感, 危機感を持って向き合っていたのか, 彼がなぜ議会によらず市民自身が自己立法する直接民主制に強くこだわったのかを想像することは難しいことかもしれない.

ルソーへの弾圧とフランス革命期の受容

　『社会契約論』(1762年) と『エミール』(同年) の刊行は, ジャン=ジャック・ルソーの人生を一変させる.『エミール』にパリ高等法院が有罪宣告を下し, ルソーに逮捕令状が出され, さらに故国ジュネーヴで『エミール』と『社会契約論』が焚書（為政者が書物を禁圧するために焼き捨てること）となる. ルソーの長い逃亡生活の始まりであった. ルソーの死から11年後の1789年7月14日, パリの民衆蜂起によって絶対王政の象徴と見なされたバスチーユ監獄が陥落するが, 革命期には, たとえ文字が読めなくとも, ルソーの思想に直接・間接に影響を受けた人々が存在した. フランス革命は, 国王ルイ16世によって召集された全国三部会を転換させた国民議会（その後, 立法議会, 国民公会と続く）と国王だけが主要な行為者だったのではなく, 議会外の民衆の直接行動も革命の進行に大きな役割を果たした. 中・上層ブルジョワや自由主義貴族などで構成された国民議会では『第三身分とは何か』(1789年) で有名なシエースら主流派によって「直接民主制こそ真の民主制である」とする立場は一蹴されるが, 革命期にはもう一方の側（特に議会外の民衆）に, 直接民主制への志向が流れていたことを見落とすべきではない.

　そこで, 直接民主制を根幹に置く政治は困難であるだけでなく, むしろ危険と見なす人もいる現代人の常識をいったん脇において, ルソーが人類の未来をなぜ直接民主制に賭けたのか, その根本の思想・原理について見てゆくことにしよう.

われわれ全員が奴隷であること

「人間は自由なものとして生まれた，しかもいたるところで鎖につながれている．自分が他人の主人であると思っているような者も，実はその人々以上に奴隷なのだ」．

これは，『社会契約論』冒頭の言葉だ．ここには，『人間不平等起原論』との関連を示す主人・奴隷という語が用いられている（コラム1を参照）．主人とはいつの間にか「神に等しき者」，「王のなかの王」と名乗るようになった為政者を，奴隷とは世襲化した為政者によって名を変えて呼ばれるようになった同胞市民を指す．奴隷は目に見えない社会・国家システムの網目に縛られて本来の自由を失った人を意味するが，驚くべきことに主人は奴隷以上に奴隷だというどんでん返しが用意されている．王のなかの王は，奴隷のなかの奴隷だというのだから．ルソーは続ける．

「ある人民が服従を強いられ，また服従している間は，それもよろしい．人民が軛（くびき）を振りほどくことができ，またそれを振りほどくことが早ければ早いほど，なおよろしい．なぜなら，そのとき人民は，〔支配者が〕人民の自由を奪ったその同じ権利によって，自分の自由を回復するのであって，人民は自由を取り戻す資格を与えられるか，それとも人民から自由を奪う資格はもともとなかったということになるか，どちらかだから」．

革命期の人々はルソーのこの言葉を見逃さなかった．

啓蒙の世紀（18世紀）フランスは，モンテスキュー，ヴォルテール，ディドロをはじめとする幾多の啓蒙思想家を輩出したが，彼らの批判はいかに鋭くともルソーのような根底的な体制変革を志向してはいない．とはいえ，ルソーは革命の扇動者でも革命家でもない．「ある人民が服従を強いられ，また服従している間は，それもよろしい」という服従を肯定する文言が真っ先に置かれ，「権力を打倒する／奪取する」ではなく「軛を振りほどく」という表現が用いられるのはなぜだろうか．ルソーはロックのように革命権を人民に与えず，単なる騒擾（そうじょう）を革命とは呼びはしない．一部の者ではなく多数の人々（民衆）が，服従を脱する時が来たことを自覚し「軛を振りほどく」直接行動に出る事態だけが，例外的に，事後に，革命と呼ばれうるとルソーは考える．そして「軛を振りほどく」という表現にも，自分の外側にある専制君主（奴隷のなかの奴隷）を打倒しさえすれば戦争状態は終結するのではなく，自身のなかにある，これまでの社会＝国家システムを支え，加担してきた奴隷性を捨て去らなければ戦争状態は終わらないという深い革命観が表れているのである．

平等が先になければ自由は存続できない

　専制君主の軛を振りほどいた人々が設立する新たな国家（契約国家）の究極目的は，「すべての人々の最大の善」，つまり自由と平等に帰する，とルソーはいう．「自由――なぜなら，あらゆる個別的な従属は，それだけ国家という［政治］体から力をそがれることを意味するから．平等――なぜなら，自由はそれを欠いては持続できないから」と言い切っている．専制君主（主人）を再登場させないのは当然として，議員を選出して立法を委ねることもひと握りの者の意志への従属を意味するので，ようやく自由を取り戻した人々が再び奴隷状態に陥らないためには避けなければならないとルソーは考えた．ルソーのいう自由と平等のあり方は，市民自ら直接立法する人民集会においてくっきりと現れる．市民は，個別意志を表明すること，具体的には独立した個人として投票することを求められる．すべての市民が十分な情報を持ち，しかも市民同士は決して相談しないで投票しなければ，一般意志（全市民の共同意志としての公共の利益）は発見されないとルソーは主張する．平等とは，人民集会で政府（ルソーが唯一，肯定した団体）の提出する法案に対して，例外なく全市民が賛否の投票を行い，その表決によって一般意志を発見することを意味する．人を選ぶ選挙ではなく，法を作る場で全市民が投票する平等を欠いては，自由は存続できないということだ．平等を破壊する巨大な事物の力（経済の力・市場の力とほぼ同じ）に対して，立法の力が平等を維持する防波堤とならなければ，自由の存続はないことをルソーは見抜いていたのである．グローバル化によって拡がり続ける経済格差や貧困に苦しむ現代人にとって，ルソーの闘いは私たちの自身の問題でもあり続けているように思われる．

第3章　ルソーの人民集会論とフランス革命
──ルソー対ロベスピエール

1．フランス革命期に一般意志は見出せるのか

　フランス革命は議会と議会外の民衆の動きの双方がつくり出すダイナミズムのなかに進展した．フランス革命は周知のように，その当初から，全国身分会議から転成させた国民議会を持ち，革命期に議会制の存続が脅かされることはなかった．他方，少なくとも1793，94年頃まで，決定的な局面で革命を進展，深化させたのは議会外の民衆の直接行動，蜂起であった．革命期には，代表者の意志ではなく人民の意志が政治を支配しなければならないとする直接民主制的な志向が一方に存在した．この直接民主制的志向と代議制とのせめぎ合いは，とりわけ1789年夏の国民議会での闘いや1793年を頂点とするヴァルレらセクションの活動家＝アンラジェと国民公会との闘いのなかに見出される．前者は，［シエースに代表される代表委任（一般的委任）論］対［命令的委任論］の争いであり，後者は［国民公会］対［命令的委任論や人民の裁可権の主張を携えたヴァルレらアンラジェ］の闘いである．これらの闘いのなかで，直接民主制的志向を持つ陣営は，少なからずルソーから影響を受けた，ルソー主義者と捉えられることが多い．ルソー主義！しかし一口にルソーからの影響といっても，革命のシンボル・ルソーから革命的心情を汲み取ることから，ルソーの著作を理論的典拠とすることまで，さまざまなレヴェルがあるし，理論的典拠とすることのなかにも質的な差異が横たわっている．本章ではシエース，ペティヨン，そしてヴァルレ，ロベスピエールの主に言説が検討の対象とされる．ルソーの何が継承され，何が継承されなかったのか．われわれは『社会契約論』で展開される直接民主制論である人民集会論そのものの思想の担い手，運動の展開者をフランス革命期に見出せないという事実を踏まえつつ，それにもかかわらず，人民集会はその萌芽も見出せないのか，という問いをあえて発する．そして革命のシンボル・ルソーと同じように，独り歩きしてしまった「一般意志」の，ルソーにおける原意，真意を問い直し，「一般意志」を革命の諸過程に見出すことができるのか否かを改めて問うことにしたい[1]．

2．1789年夏──議会での闘い[2)]

　1789年8月26日の人権宣言の「法は，一般意志の表現である．すべての市民は，自らあるいはその代表を通じて，法作成に協力する権利を持つ」(第6条) との規定には，立法が直接，全市民によってなされるのか，それとも代表者によってなされるのか，つまり直接民主制と代表制との対決が，まだ決定的な局面を迎えておらず，最終的な結着がついていない状況が現れている．ただし89年7月7日，8日には，国民議会で「命令的委任 (le mandat impératif)」が禁止されるべきか否かをめぐって審議がなされていた．しかしこの時，命令的委任の語で意味されていたものは，本来の命令的委任だけでなく，「議会の決定に対する選挙区の拒否権」と「議会の決定の適用に対する選挙区の免除権」をも含んでいたのであって，国民議会は，そこでは，拒否権と免除権の禁止を確認するにとどまった．本来の命令的委任については，なんら決せられることはなかったのである[3)]．しかし，9月の初めから国民議会において「代表制 (le gouvernement représentatif)」と当時「真の民主制 (la véritable démocratie)」と呼ばれた，直接民主制との対立が，激しく展開されるに至る．代表制の代表的論者がシエース (Emmanuel-Joseph Sieyès, 1748-1836) であり，直接民主制的志向の代表者がペティヨン (Jérôme Pétion de Villeneuve, 1756-1794) である．ペティヨンは9月5日に，シエースは9月7日に演説しているが，ペティヨンの主張は，一言でいえば，代表制必要悪論，命令的委任論であり，シエースのそれは，代表制論，命令的委任禁止論であった．後にジャコバン・クラブの議長やパリ市長となり，さらにその後ジロンダンとしてロベスピエールと対決することになるペティヨンは，当時ロベスピエール，ビュゾ (後，ジロンド派)とともに議会内少数派の急進的デモクラットの一員であった．それゆえペティヨンの主張は，少数派の急進的デモクラットを代表する主張であったため，議会内の広範な支持を得ることはできなかった．9月7日に命令的委任禁止論を主張したシエースの前に破れ去るのであるが，ペティヨンの主張とは，どのようなものであったのだろうか．

　①「共同体を構成するすべての個人は，法律の作成に参与する不可譲かつ神聖な権利を持っている．そしてもし，各人がそれぞれの個別意志を聞かせることができるならば，これらすべての意志の結合が，真に一般意志を形成するであろう．これこそ政治的完成の最終段階であろう．いかなる口実の下でも，いかなる政府においても，誰もこの権利を奪われてはならない」(AP, t.8 : 582)[4)]．

　まさにこの発言からはルソーの主権論の提唱者が見出されるように思える．しかし，それに続いて，ペティヨンは諸国家において，もちろん当のフランスにおいて，代表を選ぶ現実を次のように語る．

②「なぜ諸人民は，代表者を自分たちのために選ぶのだろうか．それは，自ら行動することの困難さが，ほとんど常に克服しがたいほどであるからである．なぜなら，もしこれらの巨大な団体が，たやすく，かつ規則的に活動するように構成されえているとしたら，代表などというものは無用であり，いやそれどころか危険なものであろうと私はいおう」(AP, t.8 : 582).

　ペティヨンがこの部分で語っているのは，諸国家で，とりわけ大国フランスで，代表を認めないで市民が自ら行動することの技術的，物理的困難があること，そしてこうした困難からやむをえぬもの，必要悪として，代表制が採られることの確認，許容である．そこで本来は直接制が最善の方策なのだが，次善の策として，代表制を採る大国フランスは，せめて人民の意志の拘束を人民の代理人としての議員に課すべく，議員と選挙人との関係を受任者─委任者の関係とすべしとする命令的委任論を展開するのである．

③「立法府の成員は，受任者である．彼らを選んだ市民は，委任者である．したがってこれらの代表者は，自己の任務と権限とをそこから受け取っている人々の意志に拘束される」(AP, t.8 : 582).

　ペティヨンの，直接制の技術的困難を理由とした代表制必要悪論（②）は，全国身分会議が反特権の闘いの中核として，革命的に転成して国民議会となってまだ間もない，大国フランスの歴史的現実からは，無理からぬ主張であるように思える．そしてまた，歴史的現実的条件のみならず，ルソー思想とのかかわりという観点からは，ルソー側の問題も存在していた．その問題とは一言でいえば，『社会契約論』におけるルソーの抱えたジレンマがそれである．シエースのところで改めて述べるように，ルソーは『社会契約論』で代表制を全面否定して，全市民の直接参加する立法集会である人民集会の理論を展開しているのだが，この『社会契約論』の直接民主制論（人民集会論）は小国に適合すると明言され，小国モデルしか明示的には展開されていないのである．「代議士または代表者」という題の第3編第15章の小括「すべてをよく検討すると，都市国家がきわめて小さくないかぎり，主権者が，その権利の行使を保存することは，われわれの国では今後は不可能であろうと，私は思う」を一読すると，ルソー自ら大国・人民集会を不

可能視しているように読める．確かに，大国の直接民主制（人民集会）には，参集する市民の数の多さや会場への距離の遠さ等，物理的困難があることは間違いなく，ルソーのなかで主権の原理性を高く保持することと，原理の適応範囲を広く持つこととの間には，ジレンマが存在する．しかしテクストを注意深く読むと，ルソーはその物理的困難にもかかわらず，人民集会の可能性を大国から奪っていないのである．人民集会のユートピア性を笑う人々に，ルソーは400万以上もの市民さえ擁した古代ローマの例を示し（Ⅲ-12），さらに，「国家を適当な限界にまで縮小することができない」（Ⅲ-13）場合の一方策として，首府移動とそれと連動する集会の開催地の移動とを示唆さえしたのである．このように，ルソーは『社会契約論』において代議制を原理的に全面否定する姿勢を貫くとともに，小国に直接制の適合性を認めつつも，ぎりぎりのところで人民集会論から大国を排除していないのである．この点は是非とも強調しておかなければならない．以上のように『社会契約論』の直接民主制論を捉えるならば，ペティヨンの代表制必要悪論（②）は歴史的現実を踏まえた現実論としては理解できるものの，『社会契約論』の原理論からはすでに一歩抜け出た言説であるとしなければならない．そして彼の③に示された命令的委任論は『社会契約論』のではなく，まさに『ポーランド統治論』で展開された理論を典拠とするものである．『ポーランド統治論』では，大国ポーランドの政治のあり方が述べられ，国会が国政の中心に位置し，「代表者」が選挙人の指示に従って行動し，かつ選挙人に彼らの行動を報告する義務を課す，命令的委任が提唱されているのである．ところで命令的委任の考え方は，革命以前に，全国身分会議に送り込む議員を，各地方，各身分の利益を託された代理人と位置づける原理として，伝統社会のなかにすでに存在していた．しかしこの原理が革命後，議員に人民の意志への拘束を課そうとする新しい意味内容を帯びて主張される．そうした主張の理論的典拠として，『ポーランド統治論』の命令的委任論が採用されたのは，現実の歴史から見た場合，自然のことだったように思える．しかし，われわれは，ここでルソーの思想全体から，その思想体系のなかで『社会契約論』と『ポーランド統治論』とが，それぞれどこに位置づけられるかを改めて考えてみる必要がある．私は，鳴子（2001）の正義論考ですでに，ルソーの人類と国家の歴史過程をらせん状に展開する長い射程を持った歴史過程と捉える論考をなしたが，両著の論ずる，対象とする国家の位置は，革命を画期として，前者が人類史の二巡目に位置し，後者は人類史の一巡目の終わり近くに位置するものと捉えられる．すなわち，『社会契約論』をわれわれは，革命，全面譲渡を伴う契約国家の建国論＝原理論と位置づけるのに対して，『ポー

ランド統治論』は，革命，全面譲渡を伴わない，現実国家＝疎外国家の改革論＝
現実論と捉える．ルソー的な比喩でいうなら，『ポーランド統治論』は老人の「杖」
＝延命策なのである．このように位置づけるならば，ポーランドがフランス同様
大国であり，そこにある種の現実的な大国改良論が見出されるからといって，革
命フランスに，なんの留保も，なんの疑問もなく，ただちに『ポーランド統治論』
の立論を援用，適用してもよいのか，という疑問が生じる．このように考えてゆ
くと，ペティヨンの命令的委任論がルソーの１つの著作（『ポーランド統治論』）に
典拠を持っていることが事実だとしても，ペティヨンがルソーの直接民主制の原
理の体現者であるとは，単純にはいえないことが明らかになってくるのである．

　さて，こうした命令的委任論を議会内で圧倒したシエースの主張とはどのよう
なものだったのだろうか．シエースは，これまでいくつかのパンフレット（「見解」
や「第三身分とは何か」等）のなかで代表制を採る理由を物理的，技術的困難（国土
の広さや人口の多さ）を理由に挙げ，また命令的委任に対しても，許容するか，あ
るいは少なくとも曖昧な態度を採ってきた．しかしいまやシエースは，彼の本性
である民衆不信を露呈させ，「労働の機械」である多数の人々，「十分な教育も暇
も持たない」人々の，立法能力を疑い，彼のいうところの「自由な階層」，つま
りブルジョア内部の教養，見識ある少数者の立法能力に期待する，固有の立論を
展開する．彼はもはや代表制をやむをえぬものとしてではなく，よりよい制度と
して積極的に肯定する．一部の者＝代表者の意志の方が優れたものであるとすれ
ば，代表者に選挙区の意志という足かせをはめる命令的委任が否定されるのは当
然である．その論拠としてシエースは「全国民の代表」という観念を持ち出して
くる．「議員は全国民の代表である．全市民が彼の委任者である」（AP, t.8：584）
と．

　この「全国民の代表」論の根拠としてシエースは「全国民の意志」と選挙区の
意志とを対比させて次のようにいう．

　　「さてあなた方は，選挙された者が，多数者の希望に反して少数者の希望を引き受け
　　ることを，選挙区の集会では望まないであろうから，なおのこと，王国の全市民の
　　議員が，全国民の意志に反して，一選挙区または一市町村の住民だけの希望を聞く
　　ことは望んではならない」（AP, t.8：584-595）．

　シエースの述べるこの論拠は，明らかに欺瞞を含んでいる．一方の選挙区の集
会での多数者の意志，少数者の意志は，実際に表出される実体ある意志であって，
多数者の意志に従うことは，単に多数決の原理に従うことを意味しているだけで

あるのに対し，他方の，全国民の意志と一選挙区（一市町村）の希望，意志は，後者こそ実体あるものといえても，前者は観念的，抽象的な意志であるにすぎない[7]．にもかかわらず，シエースは暗黙の前提として，観念的，抽象的な意志を共同善への指向性を持つものとし，後者を一地域の特殊利害の追求という恣意，偏向を伴うものとしているようにみえる．しかし，抽象的，観念的な意志の指向性は問えないものだし，また，一地域の意志が常に恣意的である保証，必然性はどこにあるのだろうか．われわれはここにシエースの巧みな論理のすり替えがあるように思う．確かに，革命前の王国では命令的委任は，各身分，各地域の特権，利権の中央への表明，主張であった．しかし，革命後の命令的委任は，伝統的な観念との連続性が皆無とはいえないものの，選挙区民の意志という拘束を議員に課すことによって，議会に人民の意志をより反映させようとする方策として，革命的な意味内容の転化を伴っていた．それゆえ選挙区の意志＝選挙区民多数の意志は，革命前の各身分，地域の特権の主張とは同視しえないのは明らかであり，それを恣意的で偏向を伴う意志であるとすることは，論理のすり替え，欺瞞であるといっても言い過ぎではないだろう．シエースは，伝統的な命令的委任を切り捨てることで，反特権の闘いを遂行して近代化に寄与したといえるかもしれないが，同時に革命後の命令的委任を切って捨てることによって，民衆排除のもくろみを成就させることにも力があったのである．われわれは，シエースのこの論理のすり替えは半ば意図的に行われたであろうと考えるのであって，ここにシエースの本質が透けて見えると思う．井上すゞ氏は，命令的委任論の伝統世界からの連続性を強調され，シエースの国民代表論＝命令委任禁止論が近代を切り開く側面を評価されているが，われわれは，井上氏は命令的委任論の革命的転成の側面を軽視あるいは看過されていると思う[8]．

　結局，「全国民の意志」なる抽象物は，代表者個人の意志でしかないことを，シエースは正直にも次のように自ら語っている．

　　「したがって，議員が国民議会に属しているのは，そこで，すでに形成されている彼らの直接の委任者の希望を述べるためではなく，議会が各議員に提供しうるあらゆる知識によって啓発された自己の現在の意見に従って，自由に審議し，投票するためであるということは，異論の余地がない」(AP, t.8 : 595)（傍点は引用者）．

　それゆえシエースは，彼がその立法能力を疑う多数の人々の意志の影響力，拘束力から離れて，彼が期待したブルジョア内部の教養，見識を兼ね備えた「自由な階層」から選ばれた議員個人の意志──「自己の現在の意志」──が自由に表

明されることを求めていたのである.

　以上みてきたように, シエースは積極的に代表制を肯定した. そう主張する彼の思想の根源には何があるのか. それはシエースの革命観, つまりシエースは革命によって何を実現させたいのかを問うことである. シエースの革命観とルソーのそれとを比較, 対照させることによってシエースの思想の特徴をきわだたせることにしよう. シエースは, 1788年末から89年7月にかけてのいわゆる「法律革命」の時期にきわだった活躍を示した理論家である. 彼は, 聖職者であるにもかかわらずパリの第三身分の代表として全国身分議会に選出され, 武力を伴わずになされた, 身分制議会 (全国身分議会) から国民議会への転成を主導した中心人物の1人であった. 6月17日に, 全国身分議会の, 第三身分部会は, シエースの提案に従って自らを「国民議会 (l'Assemblée nationale)」と名乗ったのである. 国民議会は7月9日に「立憲国民議会 (l'Assemblée constituante)」たることを宣言し, シエース自身も憲法委員となった. シエースにとって革命とは, 第一義的に「憲法制定権力 (le pouvoir constituant)」としての国民議会を創設し, 反封建, 反特権を成就する憲法を制定することであった. このように, 生まれの差別を否定する反特権の闘いに対しては限りないエネルギーを注いだ彼だったが, 能力の差別に基づく私的所有 (ブルジョア的所有) については, それを当然のこととして容認する. シエースは, このような所有権を生命, 自由とともに自然権として認め, 譲り渡せない権利として個人の側に留保する. ここに彼が若き神学生時代から親しんできたロック思想の影響が強く現れている. それゆえ, シエースにおいては, 自然権たる所有権は, 手つかずのまま個人に残され, 主権の行使される限界が引かれるいわば「部分譲渡」が想定されている. したがってシエースにとっての革命は, 封建的特権, 身分制こそ否定するが, 封建的所有と区別される私的所有 (ブルジョア的所有) は手つかずのまま容認され, 守られることになり, 社会的, 実質的不平等は存続することになる.

　ところで他方, ルソーの革命観とはどのようなものだったのか. ルソーは, 革命によって何を実現させたいのか. 私が正義論考で捉えたルソーの歴史過程に従えば, 新国家の設立は, 革命を前提とする. 革命は現実国家のシステムが人々の生存を危機に陥らせ, 疎外が極まった時に, 生存様式を根底的に変えなければもはや生存不能な状態に陥ったことを自覚した少なからぬ人々によって遂行される. このような理解によれば, 新国家の設立＝社会契約の締結は, 革命に従った覚醒した全参加者の「全員一致」の合意でなければならないことになる. ルソーは次のようにいう.

「その性質上，全員一致の同意を必要とする法は，ただ1つしかない．それは，社会契約である．なぜなら，市民的結合は，あらゆるもののなかで，最も自発的な行為であるから」（VI-2）（傍点は引用者）．

　彼の社会契約への全員一致の同意——この契約に不同意の者は外国人と見なされ，契約に含まれない——は，覚醒した人間の意志の自発性を特徴とする．社会契約とは覚醒者全員の自発的結合のことである．疎外国家における人々の生存の危機，いわば臨界状態が存在するという客観的条件があることは当然なのだが，そうした客観的条件だけでは，ルソーにとって革命 → 建国のプロセスの進展には十分ではない．革命，建国への道に進むためには客観的条件に加えて，そうした客観的状況を捉え，その突破，克服にしか生き残る術はないと悟った人々の専制国家打倒とそれに続く人々の自発的な意志に基づく自発的な結合がなければならない．人間の意志の領域が，片方に広く横たわっている．われわれは，マルクスの史的唯物論の必然論と対比させる時，ルソーの歴史観の特徴の1つの大きな表れをここに見るのである．

　ところでルソーは所有権を自然権とは見なさない．生命，自由，財産そして人格そのものですら，個人に留保されるべきものではなく，社会契約締結時に，全成員が物心両面のあらゆるものを国家に一時的に譲渡する，いわば一時的「国有化」が，ルソーのいう全面譲渡である．人々の生存の危機，臨界状態の自覚とそれを前提にした革命行動を踏まえなければ，決してルソーのいう「全面譲渡」の意味は捉えられないだろう．ルソーの歴史過程がこのように捉えられていないがゆえに「全面譲渡」論の軽視や看過，あるいはアングロサクソン流の「部分譲渡」的解釈が跡を絶たないのであろう．だが，そうしなければ，もはや生存不能であるという突き詰められた人々の（覚醒以来持ち続けている）危機意識こそが，全面譲渡を可能にする．人々が「白紙化」して新国家の法を立てる．どのような条件でなら，人々は共に生きてゆくことができるのか．完全な社会的平等は難しいとすれば，どの位の幅，範囲でなら，この国家は許容しうるのか，そうした条件をつくってゆくのである．「すべての人がいくらかのものを持ち，しかも誰もが持ちすぎない」（I-9）というレンジを新国家は全成員によって具体的に決定しなければならない．なぜ契約国家はなにも持たぬ人をなくし，持ちすぎた人をなくさなければならないのかといえば，この国家こそ「各人に属するものを各人に返す」「人間の正義」を実現させる場であると考えられるからである．現実国家には，各人が本来，神から与えられている人格をはじめとする物心両面の諸物を不当に

も奪われている人々がいる．それらを本来の持ち主に返すことなくして「人間の
正義」の実現はあり得ないからである．だから所有権の神聖性という言葉は，立
法がなされた後，国家によって保証された所有が尊重されるということであって，
最初から自然権としての所有権が手つかずのまま尊重されるという意味ではな
い．ルソーに従えば，立法によって人々は一時的国有状態を離れる．法の定める
ところに従って私有が認められるからである．しかも今は，物質的な側面を先に
述べたが，全面譲渡は精神的な諸物をも対象に持っているのだから，精神的な諸
物，例えば宗教の革命的転化をも決してゆかなければならない．新国家の法はそ
れゆえ，新しい生存可能性を物心のどのような条件の下でなら見出せるのか，そ
の時々の人々の判断によって決してゆく条件のリストなのである．

　さて，シエースは能力に基づく社会的，実質的不平等を許容する国家を肯定し，
他方，ルソーは，財産を含むすべてのものを全面譲渡（一時的に凍結）して，市民
間の実質的不平等を許容する幅をどこまでにするか，全員参加の意志によって決
定する国家を構想した．それでは社会的不平等へのスタンスの違いに続いて，政
治的な権利，参政権についてはどのようであろうか．シエースは能動的市民と受
動的市民とを区別して，受動的市民から，あらゆる参政権を奪い，かつ，能動的
市民多数にも単に議員を選ぶ選挙権を認めているにすぎず，実際の立法を担うの
は「自由な階層」から選ばれた一握りの議員なのである．すなわち，代議制のな
かでも，能動的市民という限られた人々が，議員という，さらに限られた人々を
選ぶ制限選挙制が是とされたのである．それにもかかわらず，現代のわれわれか
らは奇異に映るが，シエースは，政治的権利の平等を主張する[10]．なぜこのような
制限選挙制の構想が，政治的権利の平等であると主張されたのだろうか．特権者
と非特権者との間に断絶がある身分制と異なって，人的所有と物的所有の関係は
切断的でなく，勤勉や能力の錬磨等々により，いかなる人間にも物的所有への機
会可能性は開かれていると彼には考えられ，したがって，すべての市民は物的所
有者となることによって能動的市民になりうる機会が与えられていると見なされ
たからである[11]．しかし，シエースの政治的権利の「平等」論は，現代のわれわれ
の用語では，明らかに形式的平等すら認められない政治的権利の不平等論でしか
ない．繰り返すまでもなく，実質的に民衆から政治的権利は奪われているのであ
り，シエース的政治世界は民衆排除を特徴とする世界である．シエースの社会的
分業論は政治の世界にも拡張され，彼はもはや高度の専門性を有する一握りの議
員に立法を託した方が，よりよい選択であると確信しているのである．シエース
のこのような「立法」には，確かな正当性根拠が見出せるだろうか．それに対し

てルソーは，立法の正当性根拠を根深いところに持っている．１つは建国時の，自発的な全員一致に，そしてもう１つは立法集会である人民集会への全員参加にである．

> 「この原始契約の場合を除けば，大多数の人の意見は，常に他のすべての人々を拘束する」（Ⅳ-２）．

特別多数を必要とする特殊な場合を除いて，人民集会の過半数の表決に人々が拘束されるのは，主権（立法権）の行使に際して人々が代表を持たず，全員が自らの意志を投票に託すからである．

> 「人民は代表者を持つやいなや，もはや自由ではなくなる．もはや人民は存在しなくなる」（Ⅲ-15）．
> 「主権は譲り渡されえない，これと同じ理由によって，主権は代表されえない．主権は本質上，一般意志のなかに存する．しかも，一般意志は決して代表されるものではない．一般意志はそれ自体であるか，それとも，別のものであるからであって，決してそこには中間はない」（Ⅲ-15）．

政治的権利が民衆から奪われることは起こりえない．多数者である民衆の保存こそが国家建設の目的に他ならないのだから，時々刻々，変わりうる自らの生存条件を，代表という名の他人に決めてもらってよいのだろうか．人々は集会して，自らの運命を決しなければならない．

ここから必然的に両者の共同意志形成過程は，質的に巨大な隔たりを持たざるをえない．まずシエースはその過程を次のように述べている．

> 「この試練のなかで（この討論のなかで）有益な意見と有害であろうところの意見とが分かれて，後者は落ち，前者は活動しまた，互いに拮抗し合うことを続けて，相互の努力によって修正され，悪い点が除かれ，これらの有益な意見がついに調和して１つの意見にとけ合うのである」（Sieyès 1789: 91）．

それに対し，ルソーの一般意志の導出過程はどのように説明されているのか．

> ①「ある法が人民の集会に提出される時，人民に問われていることは，正確には，彼らが提案を可決するか，否決するかということではなくて，それが人民の意志，すなわち，一般意志に一致しているか否か，ということである．各人は投票によって，それについての自らの意見を述べる．だから投票の数を計算すれば，一般意志が表明されるわけである」（Ⅳ-２）．

②「人民が十分に情報を持って審議する時，もし市民がお互いに意志を少しも伝えあわないなら（徒党を組むなどのことがなければ），わずかの相違がたくさん集まって，常に一般意志が結果し，その決議は常によいものであるだろう」（Ⅱ-3）．

③「これらの個別意志から，相殺しあう過不足を除くと，相違の総和として，一般意志が残ることになる」（Ⅱ-3）．

　両者のテクストを見比べてみて，シエースがルソーを意識しているのは，ほぼ確実であり，一見すると両者のある種の類似性を感じる向きも，あるいはあるかもしれない．しかし，両者の共同意志形成の場，つまり一方が代議制，他方が直接民主制（人民集会）を選んでいたという前提の決定的差異はもちろん，その過程そのものもきわめて異質である．シエースの意志形成過程の最大の特徴は，議員間（議会内）の討論の重視にあり，討論こそが1つの意志を導き出せるという「楽観」が存在する．表決（議決）は，シエースにとっては討論の成果の追認にすぎない．活発な討論によって意志形成が可能であるという「楽観」を彼が持てたのは議員選出時の民衆排除という「装置」があってこそである．均質性の確保された議員間の意見のぶつかり合いのなかで，淘汰され，あるいはすり合わせられて手にする共同意志とは，ルソーが，革命を経て創設される契約国家にではなく，富者の協約に基づいてつくられた現実の疎外国家のなかに見出した「強者の正義」の再生にすぎないのではないか．それに対してルソーは「ジュネーヴ草稿」（『社会契約論』第1草稿）において「最初の人為が自然に加えた悪を，完成された人為が償う」（傍点は引用者）と悲観することなく人類史のプロセスを前進し，不可逆的な悪の克服過程として高らかに宣言する．現実国家（最初の人為）が契約国家（完成された人為）によって乗り越えられることこそ，悪の是正＝人間の正義の追求なのであった．

　他方，ルソーの一般意志形成論の特徴は，人民集会における討論への懐疑，消極的評価であり，それに比して投票（表決）が重視される．もちろん，ルソーは人民集会を構想したのであって，それは討論抜きの人民投票と同義ではない．しかしなぜルソーが討論を懐疑したかといえば，それが雄弁家，扇動家の活動の温床となって，利益誘導や意見の操作の場，個別意志の自由な表明を蝕む団体意志の増殖の場となると考えたからである．「長い討論や，紛争や騒々しさ」（Ⅳ-2）は一般意志形成にとって悪しき兆候である．こうした危険を避けて，個々の市民が十分な情報の開示を受けた上で，独立して自由な意志を表明することをルソーは望んだのである．個々人の意見表明は，あくまで政府提出法案に対する投票と

いう形で行われる．ルソーはそれぞれの市民に，問題の当事者であるとともに裁
判官でもあることを求めた．通常，裁判官は利益関係者以外の第三者であるが，
ルソーの契約国家の全成員は当事者であり，かつ人民集会での表決の結果，見出
され，討議の過程ではまだ存在しない一般意志を表決に先立って推測する裁判官
たることを同時に求められるのである．それは市民に単なる提案の可否を問うこ
とではなく，各人が先立って推測する「一般意志」と一致しているか否かを問う
ことである．問題は，「人間の正義」の抽出なのであるから．

3．ヴァルレの命令的委任論

　ジャック・ルーやテオフィル・ルクレール等とともにアンラジェ（enragés＝過
激派）の指導者に数えられるジャン・ヴァルレ（Jean Varlet, 1764–1832）は1792年夏
から1793年の夏まで，出身セクション（ロワ・ド・シシル→ドロワ・ド・ロム）やエ
ヴェシェ（旧司教館）を拠点とした．セクションから派遣された委員たちの集う
中央委員会の活動を主導した経歴で，パリのサン・キュロット運動のみならず，
フランス革命に存在感を示した活動家として知られている．ところでわれわれが
ここで問題とするのは，ヴァルレの運動そのものというより，１人の傑出したサ
ン・キュロット活動家が持ちえた共同意志形成論についてである．それは，1792
年９月末に発表された「国民公会における人民の受任者に対する特殊的命令的委
任案」（いわゆる「命令的委任案」）と1793年５月発表の「社会状態における人間の権
利の厳粛な宣言」（いわゆる「厳粛宣言」）というそれぞれ二十数ページのパンフレッ
トに展開されている．[14] ヴァルレの構想した共同意志形成論は，代議制を前提とし
た命令的委任論であるが，その命令的委任論は，意志形成の彼固有のダイナミズ
ムを特徴としている．ヴァルレのいう命令的委任は，単に各議員がセクション集
会からの委任に拘束されるだけのものではない．彼の命令的委任の流れをわかり
やすくするために，ここではキャッチボールにたとえることにしよう．彼の考え
では，意志というボールは一方向に１回だけ投げられるのではない．セクション
集会からの議員への委任が１回目の意志の投球だとすれば（①セクション集会→議
会），今度は，議会から「法律案（décrets）」という意志のボールがセクション集
会に返球される（②議会→セクション集会）．①，②をまとめると各セクション集
会から委任を携えた議員が議会で一堂に会し，議会での討議の結果，法律案（デ
クレ）が作成され，今度はその法律案（デクレ）が議会から各セクション集会に示
されるのである．さらに今度は，セクション集会においてその法律案が検討され，
その賛否が決せられて，各セクション最後の意志のボールが議会に投げ返される

（③セクション集会→議会）．議会で作成された法律案は，そのまま議会で表決に付されるのではなく，セクション集会に持ち込まれ，それぞれのセクション集会において，その賛否のいずれかが決せられなければならない．議員はこの賛否いずれかの意志を再度，セクション集会の訓令として議会に持ち帰る．そしてこうしたセクション集会・議会間の3度目のボール，つまり各セクション集会の賛否の票が数えられた結果，法律案はようやく法律になるのである．すなわち，議会はセクション集会の賛否の票を数えるだけであって，最終決定権はセクション集会にあることになる．ヴァルレの命令的委任案がペティヨンに代表される革命初期の命令的委任論に比べて前進，深化したことは明らかである．ヴァルレは代議制を必要悪として受け入れつつも，いかにして人民の直接的な意志を法律に反映させるかを，議会の外にあって，下から（セクションのレヴェルから），独自の命令的委任論として構想したのである．92年9月の「命令的委任案」と93年5月の「厳粛宣言」の方向性は，こと命令的委任論に関する限り，一貫しているといえると思うが，セクション集会を「命令的委任案」では「第一次集会」と呼んでいるのに対して，「厳粛宣言」では「主権者集会（ASSEMBLÉES SOUVERAINES）」と呼んでいることからもわかるように，93年段階においてヴァルレは，セクション集会が主権を持つことに確信を抱き，臆することなくそれを主張しているのである．まず，「命令的委任案」では次のようである．

　「法律は，真面目であるよりは概して詭弁を弄する弁説家たちのつくり出す印象からの帰結であるべきではなく，第一次集会の通告する訓令の調査収集であるべきである．（中略）人民がすべてである国家においては，主権の第1の行為は選挙することであり，第2は，当選者に対する代理権と委任を示すことである」（杉原 1978：48, 河野 1989：347）（傍点は引用者）．
　「人民主権とは，第一次集会に会合した市民がもっている自然権，つまり仲介者なしに全公務員を選挙し，みずからその利害を討議し，法律制定のために委任を受ける代議士に委任を定め，その代理権を逸脱しもしくは委任者の利益を裏切る受任者を召還しかつ処罰する能力をみずからに留保し，最後にデクレ——特定の状況から［採択を］余儀なくされるものを別として，すべてのデクレは第一次集会における主権者の承認に付された後でなければ法律としての効力をもちえない——を審査する，自然権のことである」（杉原 1978：50; 河野編 1989：350）（傍点は引用者）．

　それに対して「厳粛宣言」は次のようである．

　第23条　主権者たる国民が社会状態を形成する時，その諸セクションは説明つきの

　　委任状を携えた代議員を派遣する．この代理人たちは一緒に集合して，かれらの
　　委任者たちの意向を詳しく述べ，委任者たちに法律の提案をする．もし委任者た
　　ちの多数がそれを受け入れるなら，この根本協約は，社会契約と呼ばれる１つの
　　法典を形成する．
　第24条　法律は，一般意志の表明である．この意志は主権者集会(ASSEMBLÉES SOU-
　　VERAINES)に集合した市民がセクションごとに表明する部分的な希望を対比し，
　　比較し，調査することによってのみ明らかにされうる (Varlet 1793: 20-21)（傍点
　　は引用者)．

　ところでサン・キュロットの活動家たちは，法律を裁可する権利は人民にある
とする人民の裁可権の主張を繰り返した．彼らが援用したのは「人民が自ら承認
したものでない法律は，すべて無効であり，断じて法律ではない」(Ⅲ-15)とい
うルソーの言葉であった．ルソーのこの言葉は代議制を全否定する文脈のなかで
発せられているのだが，革命期の援用者たちは，その前提を欠いた状態にあり，
現にある議会の議決を事後的に人民が裁可する権利として原義と意味内容を変え
て，それを主張したのである．こうした民衆の要求の強さは，93年憲法に，人民
による裁可権が組み込まれたことのなかにも示されているが（第59条，第60条，第
115条)，このようなサン・キュロット活動家あるいは民衆に一般的だった人民の
裁可権の捉え方とヴァルレの命令的委任論とはどのような関係にあるのだろう
か．ヴァルレのなかにも人民の裁可権という考え方はあるが，それが一般的な捉
え方と異なっている点は，裁可権行使が議会の議決後にではなく，議決前に法律
案の段階で，つまり共同意志形成過程のただなかに組み入れられていることにあ
る．このような人民の裁可権の事後的でない行使は，法律案議決後の裁可権行使
が現実に持ちうるかもしれないアナーキズムへの傾向（可能性）を伴わない．例
えば議会から示された法律案に，あるセクション集会が否と答えたとしよう．に
もかかわらずその法律案が可決されたとしよう（可決は各セクション集会の法律案に
対する賛が否を上回っていた結果である)．この場合，その法律はすでに人民の裁可を
受け，人民の承認を受けた後なので，当然，当のセクション集会は，その法律を
受け入れなければならないのである．ヴァルレの事前的人民の裁可権行使は，共
同意志形成過程への人民の参加度を高め，共同意志の正当性を高めようとしたも
のである．このように一方で人民の主権者性の内実をできる限り押し上げ，他方，
法律案の提案によって，議会に集合作用，統合作用を担わせ，一定程度の指導性
を帯びさせている．われわれはこうしたセクション集会─議会間の意志のキャッ
チボールの過程を内容とするヴァルレの命令的委任論，共同意志形成論を動態的

命令委任論，動態的共同意志形成論と呼ぶことにしたい．

　しかしヴァルレの構想，体系のなかに「命令的委任案」にはなく「厳粛宣言」において登場する「蜂起権」の問題を問うことを次に行わなければならない．というのはヴァルレの共同意志形成論は，彼の動態的命令委任論の展開に終始しえなかったからである．ヴァルレの蜂起権の理論化を促したものは，92年段階では，なお残されていた議会への期待が，セクション活動の自律性と議会の主導権を巡る闘いのなかで，議会への不信，敵対へと変わってゆく，93年5月31日から6月2日にかけての蜂起を頂点とする状況変化であることは間違いない．蜂起権を規定した「厳粛宣言」第22条にいう．

> 「圧制に対する抵抗とは，貴重な蜂起権のことである．この権利は，必要という法以外の法を認めるべきではない．（中略）創設された諸機関が社会契約の定める限界を越える時は，圧制が存在する（後略）」(Varlet 1793: 19-20)．

当然のことながら92年においても，議会が命令的委任を受け入れる状況は生まれていなかった．しかし8月10日の蜂起の成功で，パリのセクション活動は，勢いづいていた．そのなかで生まれた1つの理論的成果が，ヴァルレの「命令的委任案」だった．しかし93年に至って，議会との主導権争いのなかで，ヴァルレ等セクション活動家の先鋭的部分にとっては，議会がセクション活動の自律性を奪う，好ましからざる方向へ進んでいるという反発，敵意が醸成されつつあった[15]．ヴァルレにとっては「創設された諸機関」のうちの「第一の機関」であるはずの議会が「主権者集会」であるはずのセクション集会やセクションの活動を圧迫してくることは，議会による反人民的行為，圧制に他ならないと考えられるようになったのである．

　ところでヴァルレの「厳粛宣言」第22条のなかで，特にわれわれが注目すべきものは，彼が蜂起の要件としては「必要という法以外の法を認めるべきではない」と断じている点である．ヴァルレは，蜂起する権利を「必要」にのみ依拠させる．そこから，人民主権を掘り崩す圧制が存在すると，1人もしくは少数者が認識すれば，蜂起は正当な権利の行使として容認される理論的可能性を持つことになる．このようなヴァルレの蜂起権の考え方とルソーの蜂起（革命）に対する考え方とは，対照的である．また，われわれの注目する『社会契約論』冒頭の革命肯定論が問題となる．

> 「もし，私が力しか，またそこから出てくる結果しか，考えに入れないとすれば，私

は次のようにいうだろう——ある人民が服従を強いられ，また服従している間は，それもよろしい．人民が軛を振りほどくことができ，またそれを振りほどくことが早ければ早いほど，なおよろしい」（Ⅰ-1）．

ルソーはここで人民の先鋭的な少数者のみの蜂起，人民の多数者の覚醒と力の結集を伴わずになされる蜂起（いうなれば部分的蜂起）の無益さを説き，人民の多数者によって惹き起こされる蜂起，いわば全体的蜂起＝革命でなければ人民にとって有益でないことを示唆しているように捉えられる．それでは，圧制は存在するが，なおその圧制の打倒を多数の人民が思い至らない間の，覚醒者，心ある人々はどうすればよいのか，相当数の人々が覚醒し，立ち上がる程，圧制（疎外）が極限に近づかないと人々は救われないのかという問題がそこには横たわっている．しかしルソーはここはある意味では現実的で冷静な革命論者であり，いたずらに少数者が蜂起に走らないことを促しているように思える．そもそもルソーの革命肯定の思想——それは全体蜂起の思想と言い替えてもよいかもしれないが——は，革命権，抵抗権，蜂起権といった理論的構成を持たないのである．ルソーとは異なって蜂起権，抵抗権の思想は，人間には国家や共同体に対してであろうと，断じて譲り渡せない自然権があり，国家や政府を設立するにしても，自己保存の十全な保証にのみその目的があり，国家や政府の権限，機能にはおのずと制限があり，その機関が自己保存を阻害する存在に転じれば，抵抗権に訴えるのは当然であるという発想に基づいている．それは自然権思想，部分譲渡の思想に結びつくものである．しかるにルソーの体系は自然権的構成を持たず，全面譲渡の思想を特徴としていたことはすでに述べた．ルソーの歴史体系のなかで捉えれば，まず，革命前の疎外期の終盤には，国家は最強者の法だけが支配する過度に腐敗した自然状態に陥っているので，そこでは「暴動」によって専制君主がたびたび交替する[16]．そうした疎外の進行のなかで，遂に少数者ではなく多数者による全体的蜂起，つまり革命が人民の多数者によって惹き起こされる．これはあくまで人民の力によって，非合法化した専制権力を倒す，力によって力を倒す問題である．しかしルソーの理論体系では，ひとたび，革命によって契約国家が誕生すれば，一般意志の形成条件が満たされている国家の誕生，成熟期において，人民は一般意志形成に自ら参加しているので，国家への蜂起，抵抗が考えられる理論的余地はない．しかしまた，一般意志の形成条件が損なわれる契約国家の衰退期に入ると，国家は遂には再び腐敗した自然状態，非合法的な状態に陥るので，腐敗した権力，新たな圧制の打倒は，再度，力と力の問題となる．以上のように蜂起権な

いし蜂起に関して，ヴァルレの立論とルソーのそれとを比較対照させると，ヴァルレの過激派の過激派たる所以があるように思われる．ヴァルレの蜂起権の規定の仕方に，すでに蜂起が部分的なものにとどまらず，成功する条件——つまり相当数の人々が状況，事態を認識し，自覚し，力を結集しうるか——を考慮しない，あるいは軽視する特徴が表れている．

　さて，ヴァルレの主権者集会は，代議制を前提にした上で，セクションを単位にした部分集会なのであって，直接的な立法集会として国家を単位とした全体集会である人民集会とは，もちろん決して同じものではない．このことは何度でも確認しておかなければならない．にもかかわらず，われわれにとってヴァルレのこの集会論が一種，魅力的なのはなぜだろうか．ルソーの人民集会と対比させてその意義と限界について考えてみよう．ルソーが全人民参加の人民集会で法案を提示するものとしているのは政府である．他方，ヴァルレが議案を提示するものとしたのは，受任者集団としての議会である．行政府と立法府とは峻別されなければならないが，ヴァルレにとっては議会を構成しているのは受任者集団であり，かつ，この受任者集団の意志（議案）は必ずセクション集会にその賛否を問われる．ところでルソーの人民集会においては，政府提出法案は直接，全市民の賛否を問われるので，個別意志の数は，——もし部分社会が形成されていなければ——市民数と相等しいことになる．他方，ヴァルレの場合は，それぞれのセクション集会で議会提示の法律案の賛否が問われるので，セクション集会で多数を占めた賛否いずれかの表決がセクション集会の意志（ある種の団体意志）となる．したがってセクション集会の数と同数の団体意志が議会に持ち帰られることになる．ところで，セクション集会は，ルソーが『社会契約論』で危険視した部分社会とは異質なものである．なぜなら部分社会とは，私的利益に糾合された徒党を指し，特殊利益に導かれ，恣意性を帯びた集団を指すが，セクションは特殊な利害に糾合された集団なのではなく，地域的に分割された国家の一小片だからである．それゆえルソーのいう部分社会の団体意志とセクション集会の団体意志とは位相を異にするが，全体集会としての人民集会における個別意志の数に比して，セクション集会ごとに，議会に持ち帰られる意志（団体意志）の数はセクションと同数となり，意志の数は大きく減少する．表出される意志の数が多ければ多いほど，形成される共同意志の正当性は高まる．それゆえ，ヴァルレの動態的命令委任論における意志形成の一般性の高さは，ルソーの人民集会におけるそれと比べると，低いのは明らかである．しかし，部分社会が存在しないのが最善であるとした当のルソーでさえ，そうした理想形態の存続することを信じ切ることはできなかっ

た．ルソーは部分社会がないに越したことはないが，もし部分社会があるなら，その数をできるだけ多くして，１つの部分社会（団体意志）の影響力を下げるよう，次善の策を示唆することを忘れなかった．ルソーが単なる原則論者でなく，柔軟な構想力を持った政治哲学者であったことは，部分社会に対する姿勢からも明らかなのだが，問題はヴァルレへの評価である．ルソーの理論とヴァルレのそれとの位相の差異にはどこまでも留保が必要だが，たとえ市民の数よりはるかに少ないセクションの数に減ぜられた意志を持ち帰るのであっても，現実のなかで苦闘したヴァルレが，次善の策として，議会に民衆の意志を届け，しかもそれが全体の最終表決となる策を構想したことは，彼が「神聖なるルソー」と呼んだ，その人の精神，すなわち意志の一般性をできるだけ高めようとする精神に従ったといえるのではなかろうか．ヴァルレの構想は，住民投票を活性化させて地方レヴェルで，われわれの意志を直接反映させる政治を模索している現代のわれわれにとっても，意味深い示唆を与えてくれるように思われる．

４．「ルソー＝ジャコバン＝全体主義」は正しいのか

　４節ではロベスピエールの主に言説が検討の対象とされ，ルソーの論理と比較，対照される．ルソーの一般意志論とロベスピエールの論理とは，本当に連続しているのだろうか．冷戦期にタルモンがルソーを左翼全体主義の源流に位置づけたことは知られている．あるいはまた，フランス革命の見直しというコンテクストのなかで，フランソワ・フュレはオギュスタン・コシャンに注目しつつ，改めてルソーをジャコバンの源流に置いた[17]．が，われわれは世に流布する「ルソー＝ジャコバン＝全体主義」という定式に強い疑念を抱く．このような言説が一方に力を持ってきた根源には，一体何があるのだろうか．われわれはその根源に立ち戻って，ルソーとジャコバンとの間のイコールを外し，全体主義の呪縛からルソー思想を解放しようと思う．根源に立ち戻ることは，逆説的に聞こえるかもしれないが，古典的な読解に替えて，現代政治に活用しうる新しい共同理論を「発見」する新しい読解を提示するためにこそ，なされるのである．

（１）ロベスピエールの論理

　ロベスピエール（Maximilien-Marie-Isidore de Robespierre, 1758-1794）の，1794年２月５日の「共和国の内政において国民公会を導くべき政治道徳の諸原理について」と題された演説は，モンターニュ派内部のセクトであるエベール派とダントン派という左右両派を，それぞれ偽の超革命派，穏和派と名づけ，公然と２つの国内

の敵として批判，論難し，さらに自らの主導する，いわゆるジャコバン独裁を正当化する「徳と恐怖」の原理を持ち出したことで知られている．徳と恐怖の原理は次のように語られる．

> 「平時における人民政府の原動力が徳であるとすれば，革命時における人民政府の原動力は，徳と恐怖の双方である．徳なくしては恐怖は有害であり，恐怖なくしては徳は無力である」（AP, t.84: 333）．

この演説が行われたのが，94年2月というまさにジャコバン独裁のまっただなかであり，かつ直接的に，独裁への敵対派を糾弾する意図が前面に出ているがために，ロベスピエールの擁護しているものが，ジャコバン独裁の原理だけであるように思われるかもしれない．しかし，同時にこの演説にはロベスピエールの代議制に対する見方，代議制擁護の原理も見出せる．ジャコバン独裁は革命が内外の敵——反革命勢力の活動と対外戦争——に直面して，持った諸困難のゆえに，代議制のなかから生まれた政治体制であったのだが，後述するように，ロベスピエールは代議制と独裁との間の矛盾を深く認識していなかったように思える．それではロベスピエールは代議制についてどう語っているのか．彼は立法府を「人民によって任命された第1の機関」と呼ぶ（AP, t.84: 332）．「議会の一般意志の支配」という確固たる表現のなかに，代表機関が一般意志を発見するとする原則が肯定されていることをわれわれは確認する（AP, t.84: 337）．とすればそれは，堂々たる代議制擁護ではないか．もし，直接民主制の主張者をルソーイストと呼ぶなら，あるいは代議制を認めるとしても必要悪としてであり，少なくとも代議制よりも直接制の方をよりよいものと見なす直接民主制への志向を有する者を，より広い意味でルソーイストと呼ぶなら，このロベスピエールをどのようにしてルソーイストと呼びうるのであろうか．代議制擁護の1点においてだけなら，ロベスピエールは，ルソーの弟子というより，むしろシエースの仲間といった方がよいのではないだろうか．

　ロベスピエールが正当性を有するものと認め，守ろうとするもの，それは「民主的または共和的な政府」である．彼のいう「民主的または共和的な政府」とは何か．ロベスピエールは，民主制ではない国家として次のような国家を挙げる．それは「人民がたえず集会し，すべての公務を自分自身で規制する国家」ないし「人民の10万もの分派が，孤立した，性急な，矛盾した施策によって社会全体の運命を決するような国家」である（AP, t.84: 331）．まず，「人民がたえず集会し，すべての公務を自分自身で規制する国家」とは，セクション集会の常設制の主張

に込められた，サン・キュロットのセクション活動の自律性の確保された国家，より具体的には常に議会を監視し，地区の行政機能をも自らの下に置いた国家のことである．もっといえばセクション活動の自律性，さらには反議会的立場からセクションの国民公会への優越まで主張し，行動さえしたジャン・ヴァルレ等アンラジェの目指した国家のことである．こうした国家（構想）をロベスピエールは真っ向から民主的ならざる国家であるとして否定するのである．94年2月は，93年に最盛期を迎えたアンラジェの活動が，93年6月の蜂起時のヴァルレ構想の破綻，ダントン主導の9月（9日）の地区総会の常設制禁止（総会を週2回に制限）の決定を経て，決定的に力を削がれ，アンラジェへの弾圧も顕著になった後の段階に当たっていた．事実，獄中にあったジャック・ルーはすでにこの時，1度は自殺未遂に終わったものの，自殺（2月10日）の直前にあり，ジャン・ヴァルレは2月は拘禁の身ではなかったものの，93年9月から11月にかけて4度目の投獄を経験済みで，活動力を落としており，ルクレールも93年9月に1度目の拘禁を受け，『人民の友』の発行は終わりを告げていた．さて，ロベスピエールの否定する国家構想を通して代議制擁護論の性格が鮮明に浮かび上がってくる．ヴァルレですら，代議制を前提とするという意味では代議制論者に加えうる．が，そのヴァルレは，代議制をやむをえぬものとして受け入れ，その上で人民主権の内実を確保するためにセクション集会の位置を議会に対して高める努力をしたのであった．それに対してロベスピエールは，代議制をやむをえぬものであると考えるどころか，その反対に，人民の代表者の意志こそ，一般意志をつくるものであって，代表者集団としての議会を尊重せず，議会と対抗しようとする動きは，革命に背くものであると考えたのである．

　ところでロベスピエールは民主的ならざる国家を「人民の10万もの分派が，孤立した，性急な，矛盾した施策によって社会全体の運命を決定するような国家」ともいっていたのであった．94年2月のこの時，自らに敵対する分派，その「孤立した，性急な，矛盾した施策」が国家を混乱に陥れようとする分派と，彼の目に映ったものは何だったろうか．93年の6月蜂起時に民衆の力を借りて，すでにジロンド派を追放し，かつまた民衆蜂起の力は活用しても，民衆の自律化は妨げるためにアンラジェは弾圧し，さらにモンターニュ派内部の権力闘争で，左右両派（エベール派，ダントン派）を追いつめつつあった．したがってこの時，ロベスピエールの前の，主要な敵とはモンターニュ派内部のエベール，ダントン両派であった．「人民の10万もの分派」とは彼の誇張した表現であろうが，両派の策動を中心とする，パリと地方との錯綜するあらゆる反対勢力が，ロベスピエールの革命

政府（ジャコバン独裁）にとって，反革命の好ましからざる勢力と映ったのであろう．彼は上記のような民主的ならざる国家状態は人民を専制主義に連れ戻すと警告する．そしてロベスピエールは，こうした民主的ならざる国家と区別される民主制国家を次のように規定する．

> 「民主制は，主権者たる人民が，自らの作品である法によって導かれて，自身がよくなしうるすべてのことを自らが行い，自身がなしえないすべてのことを代表を通じて行う国家である」（AP, t.84: 331）．

彼のいう民主制国家は行政のみならず立法も代表を通して行う代議制国家であることがここから明らかである．「主権者たる人民が，自らの作品である法によって導かれて」とあるが，ここでいう「自らの作品である法」とは文字通り，人民自らがつくり上げた法なのではなく，内実は人民の代表者がつくり上げた法である．それにもかかわらず，それが人民自らの作品である法と表現されているのである．そこには，法は，文字通り，人民自身がつくり上げるより，その代表者が人民に成り代わってつくり上げる方が優れた法たりうるというエリーティズムが伏在していると考えられる．

ところで，改めてこのようなロベスピエールの民主制，そしてそれと同義とされる共和制概念は，彼が師と仰いだルソーの民主制，共和制両概念と，全く異なるものであることを確認しておかなければならない．両者の差異を決定づけている点は，共和制の意味内容にある．ロベスピエールにとって共和制とは民主制と同義であることから，代議制国家を指すことになるが，ルソーのいう共和制とは代議制を全否定した，人民集会によって立法する直接民主制国家を指す．一般意志＝法が，直接，人民の参集する人民集会で形成される国家だけが，共和制と呼ばれうる．しかもこの直接民主制国家（共和制）であることを前提として，そのなかの政府形態のバリエーションが民主制，貴族制，君主制なのであった．民主制，貴族制，君主制は，共和制を上位概念とする下位概念である．その政府形態の区分は，単に政府構成員の数の多寡にあるにすぎなかった．というわけでルソーの共和制は高度の理念性，正当性を有する概念であり，例えば共和制下の貴族制とは，行政を担当する者こそ少数であるが，立法集会としての全市民の人民集会が保証され，この立法集会に政府は毎回審査される，従属機関であるにすぎない．ロベスピエールはこのようにルソーとは全く異なる民主制，共和制概念を持った．ルソーの概念が原理性が高くユニークなものであったのに対し，革命家ロベスピエールの概念は現実的で通用力のある概念であったことは認められよう．しかし，

こうした両者の差異を白日の下に晒してみるとロベスピエールがルソーの弟子を自認していただけに，両者の概念が混同され，ルソーの共和制概念や民主制，貴族制，君主制概念が誤解される一因をつくったことは否定できないように思われる．

　さて次に，ジャコバン独裁固有の原理の検討に移ろう．ロベスピエールの思考のなかでは，代議制の原理とジャコバン独裁の原理との矛盾は深く認識されておらず，平時ならざる革命時においては，徳のみではなく，徳とともに恐怖をも原理とすることは「祖国の最も緊急の必要に適用される民主制の一般原理の帰結」（傍点は引用者）と認識されていた（AP, t.84: 333）．そしてまた「恐怖は専制政府の原動力である」という声を自ら引き，それに反駁する形で，「革命政府は，圧政に対する自由の専制主義である」と恐怖の原理を正当化してみせるのである（AP, t.84: 333）．「徳と恐怖」はジャコバン独裁体制を貫く表裏一体の原理であるが，それぞれの原理を象徴，体現するものこそ，94年6月8日の最高存在の祭典とそのわずか2日後の6月10日に可決されたプレリアル法とであった．

　一方の徳について．ロベスピエールのいう徳とは「祖国愛を喚起し，習俗を純化し，魂を高め，人間の心の情念を公共の利益の方へ導く」ものである（AP, t.84: 332）．ロベスピエールは祖国の祭壇に身命を賭することを誓う市民の育成を，一方では公教育の任務と考え，他方では老人から幼子まで年齢や性を問わず祖国愛を湧き起こさせる源泉として，人民の宗教である最高存在の崇拝を位置づけ，その祭典を広範な民衆の支持の下に挙行したのである．

　もう一方の恐怖について．公安委員会のクートン立案のプレリアル22日法は，6月10日に国民公会で可決された．この法によって，ロベスピエール（派）が自らの反対者，敵対者であると判断する人々は，革命裁判所で訊問もなく証人もなしに，「単なる心証で」裁かれ，ただちに処刑される事態に至った．プレリアル法は，ジャコバン独裁体制の行き着く先であったが，歴史のねじを少しだけ前に巻き戻して，ジャコバン独裁体制の誕生前の時点を振り返ってみよう．その時，民衆の，「強い政府待望論」があったことは一面の事実である．ジロンド派が力を持った立法議会の時代，そして国民公会初期においても，当局は反革命派に対して断固たる姿勢を採ることができず，反革命派の勢力を一掃することができなかった．それゆえ民衆の側に，ジャコバン独裁体制の誕生を許すいくばくかの要因があったことは否定しえないのである．強力な指導力を持った強力な政府——公安委員会はこうした要請に応える形で出現したのであり，ロベスピエール（派）だけにその責を帰するのは，一面の事実を見落とすことになりかねない．しかも

この公安委員会は12人すべてのメンバーが1カ月ごとに改選される仕組みを持っていたことも事実である[18]. とはいえロベスピエールの「恐怖」の原理がわれわれにとっておぞましく感じられることにちがいはない. そのおぞましさは, 革命派と反革命派との線引きがロベスピエール (派) の独断, 独善によってなされることから生じる. 恐怖は内発的な感情ではなく, 外部の原因によって呼び起こされる, 凍りつくようなおぞましい感情である. 人間の判断には絶対的なものはない. 決定権者の数を限りなく狭めてゆくことは, たとえそれがいかに優れた個人であろうとも, 少なくとも政治上の判断である限り, 独善の弊を免れない. ところでロベスピエールの唱えたのは「徳と恐怖」だが, ルソーは徳と恐怖をセットにして語ったことなどない. ホッブズならぬルソーにとって恐怖のごとき外発的な感情が, 彼の原理になるはずはないのである. それではなぜルソー＝ジャコバンという定式が世に流布してしまったのか. ロベスピエールが自らをルソーの弟子と公言したからなのか. それもないわけではなかろうが, より理論的レヴェルでの, ルソー受容にも問題があったと考えるべきである. 各個人が「自由であるように強制される」(I-7) という余りにも有名な言葉が, 不幸なことに「徳と恐怖」と類似した, あるいはほとんど同一の原理と捉えられてきた歴史があるのである. われわれは「徳と恐怖」と「自由と強制」との非相似性を強調しなければならない. 問題なのは「徳」と「自由」ではなく, もちろん「恐怖」と「強制」との差異である. 先に述べたように「恐怖」は外からやって来る. 外在的で, 恣意的な他者の独断によって死の危険に晒される者の感情である. それに対してルソーの「強制」は内発性, 自発性の領域に属する概念である. それは自ら一般意志の形成に参加する時には, 当事者であるだけでなく裁判官たれとする内面への倫理的要請であり, それはまた自身がその形成に参加した一般意志＝法が定まったなら, その法には従えという倫理的＝政治的要請なのである. 法形成時に裁判官たれといわれることは, 国政の方向性 (人間の正義の規準) を決する責任を分有せよと求められることである. それはそんなに窮屈なことだろうか. そしてまた自身も参加して決定した法に拘束されることはそんなに息苦しいことであろうか. ソクラテスは街中に死刑囚や追放者が跋扈するアナーキーで混乱した, 眼前にあるアテナイの状態を批判的に語った[19]. 法に従わなくてよいのなら, 国家にどのような秩序がありうるのであろうか. 歴史の皮肉というべきか, 悲劇というべきか, 反革命派を処刑するためのプレリアル法は——疑心暗鬼がモンターニュ派内部に, 反ロベスピエール派の結集を促し——彼らに逆用されて, ロベスピエール自身の命をも奪う結果となった. 人間を独断によって革命派と反革命派に分けて, 前者に

は徳を求め，後者には恐怖を与える独裁制の論理と，全員が自由と自発性の領域にあって，自ら正義を生み，守ることを求められる徹底した共和制の論理との裂け目はどれほど深いものであることだろう．ロベスピエールが，誰によって，いつ，どのようにして処刑されるに至ったかは，さまざまな偶然の重なった上でのことだったかもしれない．しかし，自らのつくった法で自らが命を落とすという彼の悲劇は，排除の論理を推し進めた者の運命であったという意味では，必然的なものであったのだろうか．

（2）ルソーとロベスピエールの論理

　ルソーの一般意志論とロベスピエールの論理の対比，対照をする上で，わが国においてロベスピエール研究に多大な貢献をされている社会経済学者の遅塚忠躬氏の解釈をまず検討することにしたい[20]．遅塚氏はルソーの理論とロベスピエールのそれとの論理的な差異を一方で指摘されるとともに，他方でルソーとロベスピエールとの連続性をも指摘される．われわれは遅塚氏が両者の論理の差異，不連続性を指摘されている部分を①とし，両論の連続性を指摘されている部分を②とし，これら2点に分けて氏の解釈を検討する．①②の検討を通じて遅塚氏の理解とわれわれの理解とが異なっていることを明らかにする．われわれが遅塚氏の解釈に対して異議を申し述べるのは，ひとえに氏のルソー解釈に対する，われわれの反論のゆえである．そしてこのような作業を通じてわれわれは，しばしば同一線上に理解されるロベスピエールの「徳と恐怖」の原理とルソーの「自由と強制」の原理との巨大な差異を明らかにし，世に流布する一方の言説，非常に根深い解釈の1つの系譜である「ルソー＝ジャコバン＝全体主義」のなかの，イコールをはずし，ルソー＝全体主義という誤解に満ちた呪縛からルソーを解放したいと思う．まず遅塚氏の解釈をわれわれなりに再構成してみよう．

　① 遅塚氏は，ルソーの一般意志を通説的な理解の線に沿って解する．ヘーゲルに個々の個別意志のなかの「単なる共通的なもの」と批判された，あの伝統的な解釈の系譜上に，である．すなわち，表出された個別意志を集めた全体意志のなかで，意志の共通部分である共通利害こそが一般意志であるというものである．一般意志とは「もろもろの個別的利害のなかの共通部分を抜き出したもの」ということになる．（ルソーの一般意志＝共通利害（intérêt commun））（遅塚1997：137）．ところでロベスピエールの前には(ルソーが否定したはずの)議会があり，ロベスピエールは建前としては議会が一般意志を発見する「議会の一般意志の支配」を主張した．ところが共通の利害を発見すべき議会は，それを発見しえない困難に直面し

ていた．遅塚氏はその理由を，① 革命の担い手間の深刻な利害対立と，② 代表制の欠陥，機能不全（92年まで，民衆は全く代表されず，92年以降も民衆の利害を考慮しようとする党派はあっても，その党派（モンターニュ派）は彼らの代表たりえず）の 2 点にまとめている．ロベスピエールは建前と現実の乖離に苦悩する．その苦悩のなかで彼は，議会の通常の審議を通して共通利害を発見するのではなく，自派の見解だけを正当化し，敵対派のそれを排除してゆく論理を徐々に見出してゆく．人民の代表によって人民の意志を見出すのではなく（代議制），そこからさらに，自派のみが人民に成り代わって，人民の意志を表出することを是とする，独善論，独断論への道を歩み始めたのである．自派が表出するのが「一般的利害（intérêt général）」であるのに対し，敵対派が主張するのは「個別的利害」であるという論理によって．ところで「一般的利害」の概念が見出されるのは，ジャコバン独裁期よりかなり以前の，ル・シャプリエと対抗関係にあった91年であったが（遅塚 1997: 133-135），ジャコバン独裁期のまっただなかの，まさに前出の94年 2 月 5 日の演説では「公共の利害（intérêt public）」という概念を用いて「公共の利害」の他の個別的利害への優越を説くに至る．「公共の利害」は「一般的利害」よりさらに排他性を強めた概念であった．このように①の遅塚氏の解釈では，ルソーとロベスピエールの論理が分化してゆく，あるいは乖離してゆくプロセスが捉えられているといってよいと思う．

　しかし，次の②では，遅塚氏はルソーの論理のなかにロベスピエールの論理を生む素地が見出せるとし，むしろルソー → ロベスピエールの流れを検出している．それは氏がルソーには多数決原理への懐疑が見出される，もっといえば，少数意見のなかに一般意志が示されることがありうると理解する点にかかわっている．これは遅塚氏にのみ見出される理解なのではなく，古くからのルソー解釈の主要な争点の 1 つにかかわるものである．例えばそれはグレトゥィゼンが問題提起した種類の問題であり，[21] わが国では政治思想史家の福田歓一氏がルソーの一般意志論をわかりにくくしている元凶とされている部分でもある．[22] 遅塚氏はこの古くて新しい問題に関して，ルソーの次のテクストを論拠に，ルソーには多数決原理への深い懐疑があり，ルソーは多数意見のなかではなく少数意見のなかに一般意志が見出される可能性を認めたと主張する．そのテクストとは以下のものである．

　「意志を一般意志たらしめるものは，投票の数であるよりも，むしろ投票を結びつける共通の利害である」（Ⅱ-4）．

「一般意志は，常に正しく，常に公共の利益を目指す．しかし，人民の決議が常に同
じように正しいということにはならない．［なぜなら］，人は，常に自分の幸福を望
むのであるが，自分の幸福が何であるのかを常に見分けることができるとは限らな
い［からである］．人民は，けっして腐敗させられることはないが，しばしば欺かれ
ることがある．そして欺かれている時にだけ，人民は，悪いものを望んでいるよう
に見えるのである」（Ⅱ-3）．

　ここで予告すれば，われわれはルソーに多数決原理への懐疑が存在するという
理解も，したがって少数意見のなかに一般意志が見出されうるとの理解も採らな
いのである．われわれは後に，福田氏の理解とあわせて，これに反論することに
しよう．
　本論に戻ると，遅塚氏はルソーが少数意見のなかに一般意志が見出される可能
性を認めたとの理解から，ルソーの論理のなかに，敵対派の意志を排除して，自
派の意志のなかに「一般的利害」さらには「公共の利害」を見出すロベスピエー
ルの論理を準備する素地，共通の地盤を「発見」するのである．以上のように，
遅塚氏は①で，いったんは両論の差異を指摘し，ルソー → ロベスピエールとい
う単純な連続性を否定したものの，②でルソー → ロベスピエールという連続性
を改めて「発見」し直したことになる．このような遅塚氏の理解を受け入れる限
り，件の「ルソー＝ジャコバン＝全体主義」を結局は否定し切ることができない
ように思われる．それではここから，（上述の①②になるべく対応をつけながら）われ
われ自身のルソー理解を明らかにし，同時に遅塚氏や福田氏の理論に反駁してゆ
くことにしよう．まずわれわれは福田氏や遅塚氏をはじめとする通説的見解を有
する論者と異なって，ルソーの一般意志を決して個別意志のなかの共通部分であ
る共通利害であるとは考えない．福田氏がいわれるように「この一般意志という
観念は大変わかりにくい」のは確かに事実であるが，われわれはルソーの一般意
志を謎や神秘のままにしておくわけにはいかない（福田 1985: 430-431）．仮に，ル
ソーの一般意志が共通利害であるとしたら，そうした利害は革命期だけでなく平
時においても（例外的な事例を除いて）ほとんどの場合，見出すことが不可能であ
る．というのは人々の間に共通する利害は，革命の担い手の間で，そして革命期
の議会の党派の内外に，調整困難な利害対立があるから見出せないのではない．
平時においてさえ，ほとんどの問題で利害の対立，分裂は存在するのではないか．
例えば現代のわれわれの直面する問題を例として考えてみることにしよう．安全
保障，原発，環境，臓器移植，人工妊娠中絶……いずれの問題であってもよいの

だが，ここでは死刑廃止問題を例としよう．仮に政府提出法案が，死刑制度を存続するというものだとすると，当然，死刑存続賛成派と死刑存続反対派＝死刑廃止派が存在し，両派のなかでもさまざまなニュアンスの意見が存在するだろう．こうした死刑存続賛成派と反対派の間には，意志の共通性が見出せるだろうか．意志の共通性が発見できないのは，革命期のような危機の時代であるからではなく，いついかなる時でも，そうなのではなかろうか．もし，ルソーの一般意志が共通利害であるという見解を捨てないなら，ルソーは現実に役立たない空疎な理論をわれわれに残したことになってしまう．もしそれに空疎ではない意味を見出そうとすれば，結局，人民集会での個別意志の表出から一般意志をつくり出すという導出論から逃れて，立法者をカリスマ性を持った機械仕掛けの神のような存在に祭り上げて，ヘーゲルが一般意志を理解したような理想の法，至高の法たる「普遍意志」の発見者とするしか道がないことになりかねない．しかし，われわれは，このような袋小路に迷い込まずに，一般意志が共通意志ならぬ共同意志であることを，これから論じてゆくことにする．これはすでにわれわれが本書第2章の一般意志論考で見出した解釈である．われわれの解釈とは，ルソーの鍵となる次の2つの規定を分析することを通して見出されたものである．2つの規定とは以下の通りであった．

①「……これらの個別意志（個別意志の総和＝全体意志—引用者）から，相殺しあう過不足を除くと，相違の総和として，一般意志が残ることになる」（Ⅱ-3）．
②「ある法が人民の集会に提出される時，人民に問われていることは，正確には，彼らが提案を可決するか，否決するかということではなくて，それが人民の意志，すなわち，一般意志に一致しているか否かということである．各人は投票によって，それについての自らの意見を述べる．だから投票の数を計算すれば，一般意志が表明されるわけである」（Ⅳ-2）．

この2つの規定を念頭に置きながら，先に挙げた例（死刑制度廃止問題）を使って再び考えてみることにしよう．仮に死刑廃止について，漠然とあなたはどう思うかと問われたとしたら，千差万別の答えが出され，その個々の意見を1つの方向にまとめることは至難の業であろう．だがこの問題について，「死刑制度を存続する」という叩き台（政府提出法案）が示され，それについてどう思うかと問われたなら，賛否，さらに賛否のなかでも，叩き台との意志の一致や隔たりの度合いが各自に意識されるだろう．このようにして政府提出法案（叩き台）に対する各自の個別意志の隔たりを示す意志分布を，われわれは想定することができる．

②の規定に従えば，各人に問われていることは，各人がまだ形成されていない（見出されていない）一般意志はこうではないかと思う意志と法案とが一致しているか否かの判断である．死刑存続という政府法案に対する賛成者のなかでも，その最も強硬な者は，例えば，社会秩序を守るためには，厳罰主義を採ることが最も有効であり，現行の刑罰規準をより厳しい方向へ変更して死刑者の数をもっと増やすべきであるという意見を持つかもしれない．あるいは逆に政府法案への反対者のなかでも，最も強硬な意見の持ち主は，例えば人が人を死に追いやる権利はないという信念から，たとえ何十人，人をあやめた凶悪犯であろうとも死刑に処せられてはならない，死刑制度はこの地上から廃絶されなければならないと考えるかもしれない．このような場合，典型的には，

　左端の死刑存続の強硬な反対者——（死刑廃止に共感と理解は持ちながらも，現状では死刑存続もやむなしと考えるような）政府法案への消極的賛成者——政府の死刑存続案の一致者——政府法案よりやや強硬な死刑存続の推進者——右端の最も強硬な死刑存続の推進者

という意志分布が存在すると考えられる．これらの個々の意志が個別意志であり，こうした意志分布の全体が全体意志である．そして，このような状況にある時，投票（自らの意見をそれによって述べるもの）が行われる．そこで実際におもてに現れるのは，賛否の票であり，そのうち特に重要なのは反対票である．なぜなら，賛成票中に含まれる政府法案から隔たった強硬な推進者の意志（の大きさ）は反対票によって，推し測るしかないからである．賛成票から反対票を引いて，その差を算出することは，それゆえ，①の規定にいう，「相殺しあう過不足を除」いて一般意志を抽出することを意味する．われわれはすでに本書第２章で一般意志の導出式を次のように定式化した．

　賛成票－反対票＝一般意志

そしてこの差の数値の大きさは，一般意志の共同性の大きさの指標となる．政府提出法案が人々の意志からずれて出された時（意志分布の中央から大きくずれていた時），——例えば同じ死刑存続案でも，厳罰主義に傾いた強硬な存続案だったとしたら——反対票が賛成票を上回って，法案が否決され一般意志がつくられないか，たとえ賛成票がかろうじて反対票を上回って可決され，一般意志が見出せても，その共同性は小さいことになる．以上から，われわれのいう共同意志の「共同」は，すべての人の意志の共通性を指すどころか，反対票に示された意志の差

異に基づいて抽出された意志の合意点を意味するものである.

　それでは今度は先の②の問題, つまりルソーに多数決原理への懐疑があるかどうか, 少数意見のなかに一般意志を見出しうるか否かという問題に移ろう. すでにわれわれの立場の予告は少ししておいたが, ルソーは多数決原理を前提としており, また, いかなる少数者も全人民に成り代わって一般意志を見出しえないというのが, われわれの見解である. ルソーの一般意志は, すでに論じた共同性抽出のプロセスからもわかるように, 単なる多数決原理に還元されえないものではあるが, ルソーは決して多数決原理を否定することなく, それを前提としていた. 彼は躊躇することなく, 次のように断言する.

　　「この原始契約 (社会契約—引用者) の場合を除けば, 大多数の人の意見は, 常に他の
　　すべての人々を拘束する. これは (原始) 契約そのものの帰結である.」(IV-2).
　　「……一般意志のあらゆる特長が, 依然として, 過半数のなかに存していることを,
　　前提としている. それが過半数のなかに存しなくなれば, いずれの側についても,
　　もはや自由はないのである」(IV-2).

　ルソーがこのように明言しているにもかかわらず, それではなぜ多数決原理への懐疑が存在すると主張されるのであろうか. それは, 一般意志の形成の前提条件の有無の問題を考察すること, あるいは別にいえば, ルソーの契約国家の歴史過程 (さらにはより大きな人類史全体の歴史体系) を考察することによって解かれる疑問である. それでは改めて一般意志の形成の前提条件とは何だったか. それは「人民が十分に情報を持って審議する」ことと「市民がお互いに意志を少しも伝え合わない」(II-3) ことの2点であった. もしこの2つの条件が整っていて, 全員参加の人民集会で一般意志がつくられる場合には, ルソーはこの意志＝法の正しさを疑わない. それでは「一般意志は, 常に正しく, 常に公けの利益を目指す」が「人民の決議が, 常に同一の正しさを持つ, ということにはならない」(II-3) とはどういうことだろうか. われわれはルソーの信じて疑わない一般意志の正しさとは, その意志が神ならぬ人間のつくったものであるがゆえに, 絶対性を持たず, 相対的な正しさを意味していると解する. しかしもし, この2つの前提条件が失われていたら, たとえ形式的に全員参加の「人民集会」で「一般意志」なるものがつくられたとしても, それはもはや一般意志ならざる他の意志 (巨大団体意志) でしかない. したがってこの局面では, 意志の正しさは問題外のことになり, 表面的な多数決の原理の有無を論ずることにもほとんど意味がない. ところでわれわれはここで何を語ろうとしているのだろうか. それはルソーの展望した

契約国家の歴史過程，さらには人類史の歴史過程である．それはすでに正義論考で追究された．いったん創設された国家も，必ず老い，そして死ぬ．ルソーはよく知られているように，国家の歴史過程を誕生—幼年期—青年期—老年期—死滅という有機体的な説明，生命体のアナロジーで語る．しかしルソーの歴史観はこうした生命体のアナロジーのスケールをはるかに超え，ヘーゲルやマルクスの歴史観に匹敵するどころか，ある意味では，それらをも超えたような壮大な体系を持っているのである．それはユートピアなき永久民主主義革命論ともいうべきものである．なぜあらゆる国家は衰退し，死滅する運命にあるのだろうか．ルソーは人類には最初，自由と自己完成能力が与えられたと述べ，これら2つをいわば人類の初期条件とした．ルソーはこれら2つ（自由と自己完成能力）を歴史の動因とする独自の歴史観を持つのだが，このうち自由を動因とした歴史観を展開したのが，後のヘーゲルであり，自己完成能力の引き出す諸能力のうちの1つである生産力を中心とした歴史観を展開したのが，ヘーゲルの観念的歴史観を批判したマルクスの唯物史観であった．さてルソーは，人類史を，想像力の活動を待って活性化する，さまざまな潜在能力を引き出す特異な能力である自己完成能力が，自由に活動する結果，生み出される軌跡と見た．が，この自由と自己完成能力の体系は，自己完成能力が感情の領域（道徳領域）とリンクして運動するがゆえに，無制限の自由に陥らず，極端な悪から自らを解放する，いわば自動メカニズムを伴った独自の体系でもあった．それは「善」の弁証法とでもいうべきものである．「最初の人為（現実国家—引用者）が自然に加えた悪を，完成された人為（契約国家—引用者）が償う」のである[23]．人類史を貫くこの運動は，契約国家の歴史もその例外としない．その運動は，想像力の絶えざる働きとそれに伴う生産力を含む諸能力の開花，発展を促し，必然的に人々の間に新たに自尊心（利己心）を生み，増殖させる．ルソーは生産力という言葉を使わずに，その代わりに「事物の力（la force des choses）」という語を使うが，「事物の力は，常に平等を破壊する傾向がある」（Ⅱ-11）と断言する．不平等の拡大と偏在しつつある富を守ろうとして部分社会とその団体意志とが形成されてゆき，団体意志は，個々人の自由で独立した個別意志に次第に取って代わってゆく．この過程は自己完成能力が人間に備わっている以上，不可避的な流れである．とすると，一般意志形成の前提条件が次第に失われてゆくことは契約国家に不可避的であり，遂にはその国家が死に至るのも，必然的ということになる．そうだとすれば，『不平等論』の読者が特にそう語るように，ルソーの歴史観はペシミスティックなものであると考えてよいのだろうか．否．国家が不可避的な自尊心の増殖プロセスをたどった後に，人々

は再び，良心という感情の再生のメカニズムを開始し，極端な悪（疎外）から自らを解放する革命に向かうであろう．ルソーの明晰な頭脳は現実世界の矛盾を深く認識し，その余りにもセンシティヴな感受性は大きな苦悩を味わった．しかしそれにもかかわらず，否，それだからこそ，ルソーは決して人間に絶望し切ってしまわず，人間は悪を避けえないけれども，必ずそれを克服するとする，彼独自の人間性善説を貫いたのであった．

　ところで福田氏は次のように発問されていた．

　「一般意志の一般性をどこまで機構の問題として解決できるか，どこまでがそれ以上の神秘な何物かであるか」（福田 1985: 430-431）．

　それに対して氏は，ルソーは機構の問題としてそれを解決し切れなかったとして，以下のように結論づけておられる．

　「今日，手垢に汚れた理論の体系の硬直性に対して，ルソーの未完結でどこか一貫性を欠いた体系が，逆に瑞々しいある魅力を甦らせていることは深い意味をもっている」（福田 1985: 437）．

　ルソーの深い歴史観，壮大な歴史体系が捉えられない時，ルソーの体系は福田氏のごとく首尾一貫しない綻びの体系と見えてしまうのかもしれない．

　さて，遅塚氏が多数決原理をルソーが懐疑している論拠として挙げていたテクストを思い起こそう．

　「一般意志は，常に正しく，常に公共の利益を目指す．しかし，人民の決議が常に同じように正しいということにはならない．[なぜなら]，人は，常に自分の幸福を望むのであるが，自分の幸福が何であるのかを常に見分けることができるとは限らない[からである]．人民は，けっして腐敗させられることはないが，しばしば欺かれることがある．そして欺かれているときにだけ，人民は，悪いものを望んでいるように見えるのである」（Ⅱ-3）．

　ルソーの一般意志の形成の前提条件の有無，あるいは契約国家の歴史過程のどの段階に当たっているかで，事柄を分けなければならない．一般意志の形成条件が満たされている国家の前半期は，一般意志は常に相対的な正しさを帯びて生み出される．ルソーは部分社会が国家内に存在しないことを最善としながらも，部分社会の発生を阻むことを不可能視して，次善の策として，その数を多くする条件で，部分社会の存在をある程度まで許容した（Ⅱ-3）．それゆえ，自らの幸福

を誤認して，欺かれる者のあること，したがって個別意志の自由と独立とが脅かされ，団体意志が一部混入してしまうことも，織り込み済みであった．そしてまた人々が腐敗させられることがないとは，人々は欺かれても，腐敗し切ってしまうことはないこと，矛盾，疎外が行き着くところまでいけば，人々は遂に覚醒し，革命を起こして新たな国家建設へ向かうことを暗に示している．以上から，一般意志の形成条件が満たされている時，ルソーはあくまでも多数決の原理に忠実だったし，形成条件が失われた時，おもてに現れた偽りの「一般意志」に対して，少数者の意見に真の一般意志が存するなどとは考えなかった．国家の疎外期において，一般意志は沈黙してしまい，決して現れないのである（Ⅳ-1）．

　遅塚氏が多数決原理への懐疑の論拠として挙げたもう1つのテクストは「意志を一般意志たらしめるものは，投票の数であるよりも，むしろ投票を結びつける共通の利害であることが，理解されなければならない」（Ⅱ-4）であった．遅塚氏は，投票の数が軽視されている言葉として，これをピックアップされたように思う．が，われわれは，それを多数決の原理は決して否定されず，前提されているものの，多数決の原理に還元されない，個別意志を表明する際に人々に求められていることは何か，という政治哲学的な問いに答えている段落の一部と考える．というのはこの段落は，個別意志の表明者の裁判官性と当事者性との同時存在を示しているからである．人々は単なる賛否の投票者ではなく，人々が一般意志であると自ら思えるものを規準として法案を判断する裁判官たれといわれる．それはなぜか．それはつくられる法が「人間の正義」の規準だからである．人間の正義とは何か．それは「各人に属するものを各人に返す」ことであった．本来各人に属するものであったのに，奪われているものを返すことであった．奪われているもののなかには物質的なものばかりでなく，精神的なものも，当然，含まれるのである．財産，人格，生命，あらゆる力（E840／下300）．それゆえ裁判官という言葉は，たまたまの比喩で使われたのではなく，ルソーの正義論の核心がここに現れているとしなければならない．誰が一体，人間の正義を見出すのか．神のような特別の存在者か，卓越した能力を持った人間か．そのいずれでもない．他の誰でもない人民1人ひとりしか正義の発見者はいない．ルソーはロベスピエールのエリーティズムと対立する．共和国の正義の発見の責任を1人ひとりが分有するのである．宇宙を統べる神の正義に比べ，人間の正義は時代によっても国家によっても変わりうる，相対的な正義でしかないが，よりよい正義の発見のために，人々は自らの責を全うしなければならない．ここからいかなる少数者も（ロベスピエールも）全人民に成り代わって人間の正義を見出すことはできないという結

論が導き出せ，われわれの理解によれば，ルソーのなかにロベスピエールの論理の萌芽を見ることはできないことが明らかになるのである．

5．現在と未来に開かれたルソーの体系

　われわれの議論は直接的には，確かにフランス革命期を対象としたのだが，それはあらゆる人を排除しない共同意志形成論，直接民主主義の論理の追究に他ならないのである．だが，ルソーの合意形成論の限界を指摘する声が発せられるであろう．例えば，ルソーの構想した共同体においては，排除されざる「あらゆる人」のなかに，女性は入っていないのだと．然り．なるほどルソーが直接，構想した共同体に視野を限ると，理論の矛盾や限界を問題とせざるをえないだろう．しかし，ルソーの理論体系を現代に応用，活用させようとするなら，小国の同質的な男性市民による厳格な共和制モデルという，通説的，古典的な読解に替えて，現代に生かしうる新しい読解を提起しなければならない．1つの政治共同体の抱えた矛盾，限界は，革命を経た新たな共同体によって克服される．とはいえ新しい共同体も新たな矛盾，限界を抱えるのだが，このような遠大なルソーの歴史体系にまで視野を広げると，矛盾や限界は克服されうる．結局，彼の歴史体系はユートピアなき永久民主主義革命論と呼ばれるにふさわしいものである．問題は性に限らない．われわれは地球大に移動し，性や民族や宗教を異にする多種多様な人々の集う新しい共同体の理論，柔軟な共同理論モデルをそこに「発見」できると思う．ソ連，東欧の体制崩壊後，混迷を深める現代政治は，多元論，多元・共存論に押され続けている[24]．長らく歪められ，誤解されてきたルソーの共同理論に新しい光を当てることによって，現代政治にダイレクトに響く，魅力的な共同理論を提示する，これは準備作業でもあるのである．

　注
1）本章において『社会契約論』からの引用は，注を付さず本文中に編章のみを，例えば（Ⅱ-2）などと表記した．
2）本章では，89年の夏の闘いを議会内に限り，ディストリクトの問題を考察の対象としていない．パリ・ディストリクトにおけるルソーの影響については，ジャンティ（1993）を参照されたい．
3）浦田（1987: 174–180）参照．とはいえ，いくつかの人権宣言私案のなかには，代表制と直接制との対立の構図は現れつつあった．シエースは，自らの人権宣言案である「憲法前文．人および市民の権利宣言の承認および理論的解説」（＝7月草案）および「社会における人の権利の宣言」・「憲法草案」（＝8月草案）において，直接民主制の可能性を

否定した．それに対して8月には，トゥーレやデュポールの人権宣言案では，直接民主制の論理的可能性が承認されていた．浦田（1987：180-192），浦田（1993：440-442）を参照されたい．

4）*Archives parlementaires de 1787 à 1860*：recueil complet des débats législatifs et politiques des chambres françaises, 1 ère série（1787 à 1799），Kraus Reprint, 1969については，以下 AP と略記し巻数を t.で表わす．

5）鳴子（2001）第5章3．（2）参照．あるいは社会思想史学会編（1997：103-107）参照．

6）浦田（1987：131-174）および浦田（1993：435-440）参照．

7）浦田（1987：198-199）参照．

8）井上（1972：115-127）参照．

9）シエースは所有を人的所有と物的所有とに分け，前者を人格と労働力の所有，後者を物的手段の所有とする．

10）浦田（1993：442）参照．

11）シエースには，公的組織に貢献する（納税する）市民，つまり能動的市民だけが，社会的大企業の真の株主であるとする「納税者株主論」がある．この論理に従えば，いかなる人も物的所有者となって納税すれば，株主（能動的市民）になりうるわけである．

12）（DI187/121）参照．

13）（CS288/『全集』Ⅴ），作田啓一訳『社会契約論（ジュネーヴ草稿）』280頁参照．

14）ヴァルレの命令的委任論については，杉原（1978）第1篇第1章および辻村（1989）第3章第4節参照．

15）岡本（1973）参照．

16）こうした「暴動」のことをルソーは「短い頻繁な革命」と呼び替えてもいるが，もちろんこの「革命」は人民の力によって専制権力を倒す本物の革命のことではない．（DI191/127）参照．

17）cf.（Talmon 1952＝1964）or（Furet 1983：212-259＝1989：295-366）．

18）ただし現実には若干のメンバーの交替を除いて，同一人の再選が繰り返された．

19）プラトン（1979：203-207）参照．

20）遅塚（1997）参照．

21）cf.（Groethuysen 1949＝1978），especially chapter 3.

22）福田（1985：430）参照．福田氏のルソー理解については同書の他，福田（1971）特に第1部第4章ならびに第2部第3章を参照されたい．

23）注13参照．

24）樋口（1989），樋口（1999）を参照されたい．樋口氏はルソー＝ジャコバン型国家とトクヴィル＝アメリカ型国家という類型論を展開する．前者が統合型（レピュブリカン），後者が多元・共存型（デモクラット）に対応していることは，いうまでもなかろう．

参考文献

Archives parlementaires de 1787 à 1860：recueil complet des débats législatifs et politiques des chambres françaises, 1 ère série（1787 à 1799），Kraus Reprint, 1969.

Furet, François（1983）*Penser la Révolution française*, Paris, Gallimard（フランソワ・フュ

レ著，大津真作訳（1989）『フランス革命を考える』岩波書店）.

Groethuysen ,Bernhard（1949）*J.-J. Rousseau*, Paris, Gallimard（ベルンハルト・グレトゥイゼン著，小池健男訳（1978）『ジャン＝ジャック・ルソー』法政大学出版局）.

Talmon, Jacob Leib（1952）*The origins of totalitarian democracy*, London, Secker & Warburg（タルモン著，市川泰治郎訳（1964）拓殖大学海外事情研究所）.

Sieyès, Emmanuel-Joseph（1789）*Vues sur les moyens d'exécution dont les représentants de la France pourront disposer en 1789.*

Varlet, Jean-François（1967）*Déclaration solennelle des droits de l'homme dans l'état social*, Paris, Editions d'Histoire Sociale, Reprint of the 1793 ed.

井上すゞ（1972）『ジャコバン独裁の政治構造』御茶の水書房.

浦田一郎（1987）『シエースの憲法思想』勁草書房.

————（1993）「シエースの国民主権」中央大学社会科学研究所編『フランス革命とは何か』中央大学社会科学研究所研究報告第12号.

岡本明（1973）「三月蜂起とアンラージェ」『史林』第56巻第3号.

河野健二編（1989）『資料フランス革命』岩波書店.

社会思想史学会編（1997）『社会思想史研究』（社会思想史学会年報）第21号，北樹出版.

ジャンティ，モーリス（1993）「ルソーと1789–1790年におけるパリ・ディストリクトの経験」中央大学社会科学研究所編『フランス革命とは何か』中央大学社会科学研究所研究報告第12号.

杉原泰雄（1978）『人民主権の史的展開』岩波書店.

遅塚忠躬（1997）「ルソー，ロベスピエール，テロルとフランス革命」札幌日仏協会編『フランス革命の光と闇』勁草書房.

辻村みよ子（1989）『フランス革命の憲法原理』.

鳴子博子（2001）『ルソーにおける正義と歴史——ユートピアなき永久民主主義革命論——』中央大学出版部.

樋口陽一（1989）『自由と国家——いま「憲法」のもつ意味——』岩波新書.

————（1999）『憲法と国家——同時代を問う——』岩波新書.

福田歓一（1971）『近代政治原理成立史序説』岩波書店.

————（1985）『政治学史』東京大学出版会.

プラトン著，藤沢令夫訳（1979）『国家』（下），岩波文庫（改版）.

◆コラム **3**　代議制と受動性──フィヒテ・ルナン・第三帝国

　2021年10月31日に行われた総選挙では，投票率の相変わらずの低さ（55.93％），特に20~30代の低投票率が顕著であった．日本のジェンダーギャップ指数を押し下げている女性議員比率も改善されるどころか減少した（10.1％→9.7％）．さまざまな場から「投票に行こう」とのメッセージが発せられても，なぜ投票率はいっこうに上がらないのだろうか．他方，2021年11月9日，作家で天台宗僧侶の瀬戸内寂聴さんが99歳で亡くなった．寂聴さんは毀誉褒貶に晒された激しい人生を歩み，弱者や虐げられた人々の側に寄り添って社会矛盾の解消のために闘った．彼女は若者たちに向かい，人生は「恋と革命だ」と叫ぶ．寂聴さんの動と若者の静．なぜ彼女はそこまで行動するのだろうか．総選挙から寂聴さんへ唐突に話題が転換したと思われるかもしれない．だが，寂聴さんと私の研究対象である18世紀のジュネーヴ生まれの思想家ジャン＝ジャック・ルソーとの間には意外な共通点がある．生きた時空も性も異なる2人にどのような共通点があるのだろうか．その種明かしは後ほどにして本題に入らせていただこう．

「代議制こそが独裁制を生む」

　本論考のテーマは人々の「意志」と代議制の関係についてである．人々の受動性の源を突き止めることと言い換えてもよい．ルソーの政治思想・理論の中核には「意志 volonté」，「一般意志 volonté générale」概念があるが，私は「意志」を一種の定点に見立て，ルソーの一般意志を分析視座として，仏独二国でフランス革命からナチス第三帝国までの間に意志がどのように変容していったのか，4点で定点観測を試みた（鳴子 2016）．第1の定点はフランス革命期の最高存在の祭典で表された意志（1794），第2の定点は仏軍占領下の19世紀初頭のベルリンでフィヒテの「ドイツ国民に告ぐ *Reden an die deutsche Nation*」（1807-08）に表された意志，第3はアルザス＝ロレーヌをドイツに奪われた第三共和政期のソルボンヌでルナンの「国民とは何か *Qu'est-ce qu'une nation?*」（1882）に表された意志，第4は第三帝国のニュルンベルク・ナチ党大会（1934）で表出された意志である．私は仮説「代議制こそが独裁制を生む」を立てた．独裁は，通常，大衆社会下で代議制が機能不全を起こし，議会の頭越しに指導者が人民投票といった直接民主制的な手法を用いて大衆の同意，支持を取り付けることと結びついて理解される．つまり一般的な理解では，問題なのは代議制なのではなく代議制の機能不全であると見なされるので，私の仮説

はその対極にあるものであった.

ナチス「意志の勝利」

　歴史順からすれば最後の第4の定点観測から始める. レニ・リーフェンシュタール監督の「意志の勝利 Triumph des Willens」(1935) は, ヒトラーが政権を獲得した翌年の1934年にニュルンベルクで開催されたナチ党大会を記録した長編映画である. 高い技術力と芸術性を兼ね備えた彼女の映画は, 軍の誇る最新鋭の武器にではなく意志を持つはずの人間に焦点を当てる. ナチ党大会で表出されたのは誰の意志なのか, 誰の勝利なのか. ナチスの政権掌握の過程は, 全権委任法によって政府が議会の有する立法権を簒奪し, 政府の立法権は結局, ヒトラーただ一人の独占に行きつく. ヒトラーは国際連盟脱退と総統の創設および自身の総統就任という2つの人民投票により国民の「同意」「承認」を取り付けた. ルソー的視座から結論づければ, ドイツ国民は2つの人民投票によってウルトラ似非立法者ヒトラーに人格譲渡, 人格放棄してしまったことになる. ヒトラーの説くドイツ民族の神話, ドイツ生存圏の思想,「力＝正義」教の前に, ドイツ国民は良心と理性とをともに働かせて自ら判断する能動性を放棄し, 教祖の判断, 意志に従うだけの受動的な存在と化した. 代議制国家には多元的な団体意志が存在するが, 第三帝国の創設では, まず議会の団体意志殺しが強行され, さらにそれに取って代わった政府の団体意志がただ一人の独裁者の意志へと縮減され, ヒトラーの意志が第三帝国を統御する巨大団体意志となった. 意志は, ただ一人の主人の意志に縮減され, 20世紀の主人―奴隷関係が出現してしまったのである.

　ここで, 第4の定点と第1の定点の1794年6月の最高存在の祭典とを対照させてみよう. 最高存在の祭典はジャコバン独裁期に挙行され, 主宰者はロベスピエールであったが, ナチ党大会のごとき独裁者への熱狂は存在しなかった. 厳粛さを伴った喜びの感情が人々を自由な者とした人民の神 (最高存在) に向けられた. 祭典には男女がともに参集し, パリのみならず各都市で同時開催され, 広範な人々の下からの発意があった. ルソーは『社会契約論』の実質的最終章で市民宗教を論じた.「人民が, それによって人民になる行為」のそれとは, 社会契約の締結を指すものと解されるが, 突き詰めれば, それは市民宗教の受容に他ならず, 国家創設時の最初の人民集会は市民宗教を受容する集会でなければならない. ルソーは, 人民集会に全市民が参集し, 政府の提出法案に対して賛否の投票を行い, その表決によって一般意志 (法) を発見する人民集会論を展開した (鳴子 2001). 最高存在の祭典は立法集会ではなかったが, 人民が人民になる行為に人類が最も近づいた瞬間だったと言えよう.

フィヒテ「ドイツ国民に告ぐ」

次に時間を巻き戻して第2の定点「ドイツ国民に告ぐ」に表された意志に焦点を当てる．「ドイツ国民に告ぐ」は，フィヒテが1807-8年に，ナポレオン率いるフランス国民軍占領下のプロイセンの首都ベルリンで一般の聴衆に向けて行った連続講演である．占領下の講演が国民国家フランスに対する抵抗の言説であることは疑えないが，フィヒテが喚起する国民意識とは何だろうか．彼が重視するのは言語と教育である．ドイツ語によるドイツ国民教育が国民意識を育むことが強調される．フィヒテは種族や民族を生物学的レヴェルで問題にしないが，フランス語を死せる言語，ドイツ語を生ける言語と呼び，生ける言語の優位性を力説する．教会に代わり国家が，宗教に代わり哲学と詩作が重視される．彼はドイツ語圏を1つの国家に団結，連結する政治構想を提示してはいないが，「世界の基幹民族」としての誇りを喚起し，ドイツ語圏の一体性を繰り返す講演は，分立したドイツ諸国がより大きなドイツ国家へと拡大する希求の培養器となった．それでは，彼のいう国民意識とは国民の能動的な意志と言えるのか．答えは否である．国民意識は国家の意志を受け入れ，下支えする被治者の受動的な意識である．フィヒテは国家創設の立法者ではなく，内面的，精神的側面で国家の再編強化を促す上からの改革的な提言者と言えるだろう．

ルナン「国民とは何か」

講演が行われた1882年は帝国主義時代の前夜にあたる．三十年戦争以降，仏領であったアルザス＝ロレーヌは普仏戦争後，ドイツに割譲された．鉱産資源に恵まれたこの地の帰属問題は2つの国民国家（第三共和政フランスと第二帝国ドイツ）の国益がぶつかり合う対峙点であった．ルナンは，国民とは「一つの精神的原理」であり，近代の国民は記憶と忘却に基づく歴史的な産物であるとする．彼は，種族や言語は国民の精神的原理の創造にとって不十分なものであり，逆に不可欠なのは意志だとする．彼は係争地の帰属を主張しうるのは係争地の住民自身であるとして，国民の存在は「日々の人民投票」だと訴える．ルナンの「日々の人民投票」という訴えは，精神的なメッセージであり，現実的な提案ではなかったが，その主張には，確かに今日の住民投票や国民投票につながる契機が含まれている．しかし，彼の主張をナイーヴに受け止めるだけでは物事の一面しか見ないことになる．なぜなら仮に住民投票が実際に行われ，フランス参入への多数の賛意が示され，独仏政府が住民の意志を受け入れてこの地をフランスに帰属させたとしても，住民はそれ以後，すでに存在する国民国家フランスの政治的意志決定のシステムに服属することになるからである．結論を示そう．ルナンの「日々の人民投票」は意志のレトリックである．

第3の定点で喚起される住民の意志は，真の能動，創造とは結びつかない．そこに，国民国家への「同意」，受動への促しが隠されているからである．

受動から能動へ

　日本の戦争を聖戦と信じ込んでいた寂聴さんは北京で終戦を迎える．一夜にして変わった世界，外地からの引き揚げが，何事も自分の目で見て自身で判断したことしか信じない新しい人間を生み出した．寂聴さんの反戦，反原発は筋金入りである．そろそろ種明かしをしよう．ルソーは生まれた子を次々に孤児院に置き去りにし，寂聴さんは夫のもとに幼い娘を置いて出奔した．価値観の一変する歴史の大転換を予感し，あるいは遭遇したこと，わが子を捨てたこと，命を削って著した作品で迫害・バッシングを受けたこと，2人の共通点は少なくない．

　『社会契約論』刊行から数えて27年後，フランス革命が勃発する．革命期には少なからぬ人々が真の民主主義は直接民主主義であるとの認識を共有していた．女性たちも能動化して家族領域から飛び出し政治行動を繰り広げた．女性たちの能動化，公領域への登場は，女性に，家族のなかに留まり夫を介して間接的に政治に貢献する妻となることを求めるルソーの政治構想を超え出ていた．バスチーユ監獄奪取の3カ月弱後に起こされた1789年10月の槍や大砲を携えたヴェルサイユ行進は，パリへの強制的な遷都と8月の諸法令や人権宣言を国王に裁可させた．女性たちは第二波フェミニズムの180年も前に，「個人的なことは政治的なことである」を体現していたのである（鳴子 2018; 2020）．その後，私たちは前に進めたのか．私たちは今こそ立ち止まって，代議制が人々の受動性を育み，強めてしまった歴史から真剣に学ぶ必要があるだろう．家族を飢餓から救うために立ち上がったパリの女性たちに続いて，受動から能動へ．

参考文献

鳴子博子（2001）『ルソーにおける正義と歴史——ユートピアなき永久民主主義革命論』中央大学出版部．

————（2016）「ルソーの一般意志と意志の定点観測——フランス革命，フィヒテ，ルナン，第三帝国」『経済学論纂』（中央大学）56- 5・6．

————（2018）「ルソーの革命とフランス革命——暴力と道徳の関係をめぐって」『nyx』5，堀之内出版．

————（2020）「ルソー的視座から見た時間・空間のジェンダー「フランス革命」論——戦争状態を終わらせるものは何か」鳴子博子編著『ジェンダー・暴力・権力——水平関係から水平・垂直関係へ』晃洋書房．

第 4 章　経済的自由と生存権の起原
──ル・シャプリエ法を通して

1．ル・シャプリエ法とルソーの中間団体否認論

　本章の目的は，1792年 3 月にパリ南方45キロに位置する人口約7500人のエタンプ市で発生したエタンプ事件（一揆）に着目し，この事件の 9 カ月前の1791年 6 月に制定されたル・シャプリエ法と事件の 1 年 3 カ月後の1793年 6 月に採択された93年憲法との間にどのような関係があるのかをルソー的視座から捉え直すことにある．

　私は，「九月虐殺とルソーの戦争状態論──ヘーゲルの市民社会論をもう一つの参照点として──」（鳴子 2021）で，王政を倒した1792年 8 月10日の革命（第二革命）直後に発生した九月虐殺（パリの監獄を中心に収監者をパリの民衆が殺戮した事件）に着目して，ルソー──（スミス）──ヘーゲル関係からこの事件をフランス革命のなかに位置づけ，さらに，ヘーゲルの市民社会論と対照させることを通して「ルソーの戦争状態」理解の精緻化を試みた．それゆえ，92年 3 月のエタンプ事件とそれを遡る91年 6 月のル・シャプリエ法との関係に焦点を当てる本章は，前稿より少し時計の針を戻すことになる．とはいえ本章では，エタンプ事件（一揆）がル・シャプリエ法のみならず，事件以後に制定された93年憲法の「生存権」規定といかなる関連があるのかを検討してゆくので，93年 6 月までを視野に収めることになる．そこでまず， 8 条からなるル・シャプリエ法のうち，主だった条文を以下に記す（東京大学社会科学研究所編 1972: 202-203）．

　第 1 条 【廃止された同業組合の再建禁止】　同一の身分および職業の市民のすべての種類の同業組合の廃止はフランス憲法の本源的基礎の 1 つであるから，いかなる口実およびいかなる形式のもとであっても，それらを事実上再建することは，禁止される．

　第 2 条 【同業者の集会における禁止事項】　同一の身分または職業の市民，事業者，営業中の店舗を有する者，なんらかの技芸の労働者および仲間職人は，集まっているときは，議長も，書記も，総代も互いに選任することができず，登録簿を備え付け，決定または議決を行ない，〔または〕それらの者が共同の利益と主張するものに関する規則を形成することができない．

第3条　【行政体・市町村体の請願不受理・議決の無効宣言】　行政体または市町村
　　体はすべて，1つの身分または職業の名称によるいかなる陳情または請願を受理
　　することも，それに対していかなる返答をすることも，禁止される；それら〔の
　　団体〕に対しては，この方法で採択されることがある議決を無効と宣言し，かつ，
　　その議決になんらの結果も執行も与えられないように注意深く監視することが命
　　じられる．

第8条　【同前（＝罰則）：公の武力の行使等】　職人，労働者，仲間職人〔もしくは〕
　　日雇いによって構成され〔た騒乱〕，または，すべての種類の人に属し，かつ，任
　　意に合意されたすべての種類の条件のもとでの勤労および労働の自由な行使に対
　　し，または違警罪の訴〔追〕およびその〔種の〕事件について行なわれた判決の
　　執行に対し，ならびに種々の事業の公開のせりおよび競落に対してそれらの者に
　　よって煽られたすべての騒乱は，騒擾とみなされ，かつ，そのようなものとして，
　　それについて行なわれる法律上の徴用に基づき，公の武力の受託者によって解散
　　され，さらに，当該騒乱の正犯，煽動者および首魁について，および実力行為お
　　よび暴力行為を犯したすべての者について，法律の厳格〔な規定〕のすべてに従っ
　　て処罰される．

　一言で言えばル・シャプリエ法はコルポラシオン（同業組合）禁止法であるが，
そもそもなぜ本章はル・シャプリエ法に注目するのか．それは私が以下のような
疑問を抱いたからである．まず，英米にもドイツにも存在しないコルポラシオン
禁止法が，なぜフランスで制定されたのか．さらに，ル・シャプリエ法は，団結
を犯罪としないと定めたエミール・オリヴィエ法（1864年）までで見れば75年，
労働組合を合法化してル・シャプリエ法を失効させた第三共和政下のワルデッ
ク・ルソー法（1884年）までで見れば，93年もの長きにわたって効力を有した．
他方，周知のようにフランスは，フランス革命後，王政・共和政・帝政の間を目
まぐるしく変動し，こうした政治・政体変動に伴って，最初の憲法である1791年
憲法から始まって，憲法も変遷し，現行憲法に至るまで10の憲法を制定した．激
しい政治変動に晒されたフランスにあって，なぜル・シャプリエ法の生命力は長
きにわたって尽きなかったのだろうか．

　本章の仮説を立てる前に2つの側面，要素を示しておこう．1つの側面，要素
は，封建的な規制の撤廃を求める経済的自由主義の理論，思潮である．アンシア
ン・レジーム下でさまざまな名称で呼び慣わしてきたコルポラシオン（同業組
合）は，親方たちの集団的利益，特権を維持するための排他的組織であり，営業
や生産の独占を生むものであった．それらは，コンパニオナージュ（仲間職人制度）

とともにギルド制として歴史的に存続してきた[1]. ケネー (François Quesnay, 1694–1774) ─グゥルネー (Vincent de Gournay, 1712–1759) ─チュルゴー (Jacques Turgot, 1727–1781) に代表されるエコノミストの系譜から, コルポラシオンは封建的規制に与するものに他ならず, 自由競争を阻害する障害物と見なされた. もう1つの側面, 要素とは, ルソーが『社会契約論』(1762年) で展開した契約国家下の新しい社会・政治構想における, 独立した個人と国家との間にはあらゆる中間団体を認めるべきではないという中間団体否認の理念である. ルソーにおいては, 中間団体は部分社会と呼ばれ, 新しい契約国家の下で部分社会の存在を容認することは, 部分社会の団体利益, つまり一握りの者の特殊利益の追求・実現のために, 契約国家の構成員であるすべての市民の共同利益, すなわち一般意志を犠牲にすることになるがゆえに, 廃棄すべきものと捉えられた. 本章の仮説は, これらの二側面, 要素の交差する点に存在する. すなわち, 〈ル・シャプリエ法は, ルソーの中間団体否認論という錦の御旗を隠れ蓑として, 富者の正義・利益を自由に追求する経済的自由主義を推し進めるために制定され, 1世紀近く存続し得た一握りの者＝富者の正義の法に他ならない〉である.

　1節を終えるにあたって, 本章の構成を記しておきたい. 2節でエタンプ事件のあらましと事件の背景を捕捉する. 続く3節では, 生存をめぐって引き起こされた民衆の直接行動 (事件) を1つの系譜として捉える. その上で4節では, これら民衆の生存を賭けた行動とそれらを押し留めようとする為政者とのせめぎ合いをルソー的視座から捉え直す. 最後に5節で以上の分析の成果を記して本章を締め括る.

2．エタンプ事件の現場とその背景

（1）エタンプ事件の現場

　まずは, 1792年3月3日に発生したエタンプ事件 (一揆) とはどのような事件だったのか見てゆこう. ジャック・ゴデショ『フランス革命年代記』には簡潔に次のように記されている.

　「3月3日：エタンプ市 Étampes で, 市長シモノ Simoneau は, この時は有効だった取引の自由を盾に, 民衆が市場において小麦の価格公定をしないようにしようとした. これによって, 暴動が起こり, シモノは殺害される」(Godechot 1988：102＝1989：79).

　この記述から, ゴデショはこの日に起こった事件のあらましを, 取引の自由を

守ろうとする立場（市長シモノー）と市場における小麦価格の公定を要求する側（民衆）との対立が暴動を生み，この対立，衝突が民衆による市長殺害に終わったと捉えていることがわかる．事件現場であるエタンプ市は，先に記したようにパリ南方45キロに位置し，ヴェルサイユを県庁所在地とするセーヌ・エ・オワーズ県にあってディストリクト庁と市庁の双方のある，人口約7500人を数える地域の中心地である．エタンプ一揆（事件）は前日の謀議を経て，市周辺6カ村の農民が500-600人で行政当局に要求を突きつけに来た農民一揆であるが，エタンプ事件全体は単なる農民一揆なのではなく，エタンプ市の民衆が合流して引き起こした騒擾だったので，農民・民衆蜂起という基本性格を持っている．以下，遅塚忠躬『ロベスピエールとドリヴィエ』に依拠して事件の経緯に接近することにしよう（遅塚 1986：83-123）．

　村々の動きは次のようであった．事件前日の3月2日，シャマランド村で一揆の謀議の集会が開かれ，村々に送る回状が作成され，エタンプ市周辺5カ村で蜂起の準備が進められた．中心となったのはシャマランド村とラルディ村である．事件当日の3日朝，それぞれの村役人を先頭に立てエタンプ市に向かって南下する村人たちの行進が開始された．小銃，棍棒，槍で武装している者はいるが，行進は統制のとれた秩序だった行進であった．午前9時頃，一行は市に最も近いパリ街道沿いの村エトレシィに到着，村に対し一揆に参加するよう要請した．エトレシィ村はこの要請を受け入れ，ほどなく待機場所で集結，一行は6カ村総勢500-600人となって市に向かった．

　他方，エタンプ市では，市周辺の村々から群衆が週市の立つ土曜日の3月3日に襲来するという噂が広がっていた．市長のシモノーは，国民衛兵隊，国民憲兵隊，第一八騎兵連隊分遣隊の三部隊を動員し防禦体制を敷いた．市長，市庁執行部吏員，諸部隊がパリ街道上のカプチン会修士の家の前で群衆の襲来を待ち受けた．この場所で，エトレシィ村のマイー村長を先頭に立てた一行と遭遇した市側は，一行の目的を問い質したのち，市への侵入を拒否したが，群衆は「いつの間にか」市に入り込んでしまったため，市長は，市庁執行部吏員，部隊とともに市場のあるサン・ジル広場に向かうこととし，サン・ジル広場で治安維持を図ることを決定した．ところが，午前11時頃，市長らが市に入る直前，群衆のなかの何人かによって暴力を振るわれ武器を奪われたと訴える顔面を血だらけにした60歳くらいの老人が現れ，さらに約30人の武装した男たちが市長の入市を妨害しようとした．そうした状況のなか，サン・ジャック門の前で，市長は「善良な市民は退去せよ」と3回叫んだ後，騎兵隊長に群衆への発砲命令を数回繰り返した．騎

兵隊長は市長の発砲命令に冷静に対応し，命令を実行に移さなかった．

　現場はサン・ジル広場に移る．広場にいたのは，村長ら（村長と村庁執行部吏員）を除く群衆だった．村長らは，以下の一揆の要求を訴えるべく，ディストリクト行政庁に赴き，要求を提示し交渉を始めていたからである．一揆の要求項目は，① 小麦粉価格の公定（価格統制），② 食糧の在庫目録を作成し，緊急の必要に応じて，ラブルウル（農村ブルジョワジー）に対して市場への穀物出荷命令を発する権限を町村吏員に与えること，の2点であった．それでは，村長ら不在の群衆は，騎兵隊が隊列を整えたサン・ジル広場で何をしていたのか．エタンプ市庁議事録によれば，群衆は市庁執行部吏員や市長に対して，ある者は穏やかに，ある者は強硬に，穀物の価格統制の実施を口々に訴えたが，吏員が群衆の要求に応じないばかりか，市長は頑として聞き入れず「どんなに僅かでも法律が侵害されるのを許容するくらいなら死んだ方がましだ」と断言したとある．市庁議事録は続けて，この時，群衆に，サン・ジャック門での市長の発砲命令が思い出され，サン・ジル広場でも発砲命令が出されるのではないかとの疑念が生じ，市長を殺そうという感情が生まれたと記している．さらには，乱闘が始まると，市の吏員は散り散りとなり，騎兵隊長は市長を逃がそうとするも失敗し，市長の頭にサーベルが振り下ろされ，助けに入った市代理官は小銃で重傷を負い，次の小銃の発射が命中して市長は絶命したと議事録は続けている．エトレシィ村庁議事録によれば，この市長殺害の時刻に，村長らはディストリクト行政庁でなお交渉途上にあった．

　ところで，サン・ジル広場でこれら議事録には記されていないもう1つの出来事が起こっていた．エタンプ事件の起訴状に記されている中年女性のアジテーションがそれである．シモーヌ・アルディという名の48歳の川魚取りの妻は広場の群衆に向かって「市長シモノーは悪い野郎だ．奴がサン・ジャック門のところで発砲しろと言ったのを私はちゃんと聞いたんだ．こんな野郎は吊るし首にしてやれ．お前たち，奴を吊るせないなら臆病どもだぞ」と叫んだのである．この川魚取りの妻はエタンプ市在住の民衆の1人である．エタンプ市庁議事録には，この女性の言動の記述は見られないばかりか，市長の殺害や市代理官への傷害を行った者を「悪漢」としか書かず，その「悪漢」が何者なのかを記していない[2)]．

　実際はどうだったのだろうか．事件の起訴状および一審判決（7月28日）から，事件の被告は村民だけでなくエタンプ市民が少なからず含まれていたことが判明している．最も重い死刑を言い渡された2名は，エタンプ市在住の40歳の元騎兵銃士・荷車挽きと45歳の石切工であり，アジテーターの川魚取りの妻は「懲役2年，罰金」であった．加えて，村民とエタンプ市民の被告を見比べると，村民側

には，川魚取りの妻と量刑を同じくする者が 2 名みえ，そのうちの 1 人は43歳の
居酒屋，もう 1 人は34歳の菜園耕作農民であるが，村民のなかでは彼らの量刑が
最も重く，他には「懲役 6 カ月，罰金」の者（58歳の葡萄栽培農民）と「禁固 3 日，
罰金」の者（33歳の菜園耕作農民・国民衛兵士官）が 1 人ずついるのみである．それ
に対して，エタンプ市民側は，上述の死刑 2 名と「懲役 2 年，罰金」1 名の他に，
「懲役 1 年，罰金」1 名（30歳の籠製造徒弟）と「懲役 6 カ月，罰金」2 名（25歳の
運送屋の妻と42歳の籠製造人）がいた．

　ところで，ジェンダー視点から事件を眺めると運送屋の25歳の妻の存在も見過
ごせない．「懲役 6 カ月，罰金」という量刑から判断すれば，その若き女性の事
件への関与も軽微なものではないことが推測される．中年女性アジテーターや運
送屋の妻は，集団で行動したわけでもなく計画性も乏しいが，ヴェルサイユから
遠くないエタンプの地での彼女らの行動は，89年10月のヴェルサイユ行進以後の
女性たちの行動，生存の危機に突き動かされた女性たちの行動の 1 つの現れであ
るように思われる．

　ここまでをまとめると，広場の群衆には一揆の村民だけではなく少なからずエ
タンプ市民が混じっており，3 月 3 日の事件で重い判決を受けた者のなかに村民
がいなかったわけではないが，市長殺害という決定的で重大な行為をなした者は，
むしろエタンプ市民から出たことがわかる．

　それでは市長殺害後の群衆の動きはどうだったのだろうか．もう一度，当日の
現場に戻ろう．エタンプ市庁議事録によれば，群衆は入市までの秩序だった様子
から一変して散り散りになって引き揚げたとある．しかしディストリクト執行部
の手紙（3 月 3 日付）には，群衆は午後 3 時か 4 時まで市中にとどまり，次の土曜
日にも再び市にやって来ること，その時はディストリクト執行部が血祭りに上が
る番だと叫んだことが記されている．ディストリクト執行部の手紙の記述を鵜呑
みにすることは控えるべきだろうが，事実に近いのは後者ではなかろうか．

　以上，（1）では事件前日から当日のあらましを捕捉した．（2）ではこのよう
な農民・民衆蜂起に至る事件の背景を見てゆくことにしよう．

（2）エタンプ事件の背景

　秩序だった農民一揆に都市の民衆が呼応・合流して激化した農民・民衆蜂起は
偶然が重なって起こった突発的な事件なのだろうか．それとも 3 月 3 日の事件に
はなんらかの伏線があったのだろうか．私たちは92年 3 月のおよそ半年前の91年
9 月のエタンプ市で起こった事件に注意を向ける．9 月事件についてはゴデショ

『年代記』にはなにも記されていない．それゆえ再び遅塚 (1986) に依拠して事件のあらましを把握することにしよう．

　事件はまず，エタンプの市場で穀物取引をめぐり9月10日に騒擾が起こったことに始まる．この騒擾に対して内務大臣と県行政庁は，市場の秩序維持を図るとして軍隊駐屯の方針を打ち出す．9月16，17日に，民衆はこの方針に反発して，エタンプ市庁舎に乱入し，吏員を凶器で脅迫した．これが事件の概要であり，9月事件で起訴された者はすべてエタンプ市民であった．事件後，エタンプ市庁の吏員2名が県行政庁執行部に出向き事情説明を行った．事情説明の一節は次のようである．

> 「[取引の] 自由こそが商品の潤沢をもたらし穀物の時価を実現させるのであるが，その自由に反対して市場を混乱させるために，当市の労働者たちおよび当市の民衆と連合した農村の住民たちが騒擾状態にあるので，エタンプ市の住民たちは不安な状況のもとにある」(遅塚 1986：85)(傍点は引用者)．

　9月事件から浮かび上がってくるのは，次のようなことであろう．一方に命を繋ぐ穀物を市場で自分たちの懐から買うことが困難になった少なからぬ勤労者が存在し，そうした人々の一部が実力行使に及び，市庁舎に乱入し吏員を脅迫するという事件を引き起こしたこと．他方にこうした騒擾を抑え込み「取引の自由 la liberté du commerce」を守るため軍隊を駐屯させようとする中央政府の強い意向があり，加えて，現地のエタンプ市庁側も中央と呼応して「取引の自由」を価値とし，それを守ろうとする姿勢を見せていること，である．それゆえ，エタンプ事件を引き起こした社会の分裂，対立の構図は，すでにエタンプ事件6カ月前の9月時点でかなり露呈していたと言えるだろう．

　9月事件と3月のエタンプ事件との人的な関係についても触れておきたい．9月事件で起訴された者がすべてエタンプ市民であったことはすでに述べたが，彼ら11人中4人が3月事件でも起訴されている．この4人のなかには3月事件の一審で死刑判決を受けた者1名と「懲役6カ月，罰金」判決を受けた者1名が含まれる．それだけではない．9月事件後，事件の説明のために県行政庁執行部に出頭した吏員2名のうちの1名が，この時点ではまだ市長ではなかったシモノーその人であった．「[取引の] 自由こそが商品の潤沢をもたらし穀物の時価を実現させる」とは，91年憲法体制の価値観，つまり大ブルジョワジーの論理そのものではなかろうか．事実，シモノー (Jacques-Guillaume Shimonneau) は，60人以上の労働者を抱える皮なめし業の経営者兼商人であった．しかも穀物取引を直接行うか，

あるいは穀物商人と結託していると目されている人物であり，加えて，ジャコバ
ン・クラブの地方組織である現地「憲法友の会」メンバーでもあった．つまり，
市長のシモノーはエタンプという地にあって，91年体制を支える大ブルジョワの
典型的人物だったことになる．

　9月事件が発生したまさにこの月，「取引の自由」を集約し明文化した91年憲
法が制定された．1791年9月3日，憲法制定国民議会はフランス最初の憲法を可
決し，9月14日，国王がそれを裁可したのである．91年憲法はいかなる同業組合
ももはや存在しないと宣言したうえで，7編210条の条文を続ける．その第1編
で「市民が平穏に，かつ，武装せずに，警察法規に従って集会する自由」や「個々
に署名された請願を憲法上の機関に提出する自由」が保証され，あるいはまた「遺
棄された子供を育て，病弱の貧者を助け，仕事を得ることのできなかった壮健な
貧者に仕事を与えるために，公的救済の一般施設が創設され組織される」と記す．
市民は武装しなければ集会を開け，請願も可能であり，困窮者は公的救済を受け
ることができると明記されていることから，一見するとこの憲法は困窮者，貧困
者の生存にもある程度，配慮している憲法ではないかと捉える向きがあるかもし
れない．しかし，この憲法は一定額の租税（三労働日に値する直接税）を納めていな
い受動市民に選挙権を認めぬ制限選挙制を採用し，個々の署名という条件を付し
て請願する自由から文字の読めない貧者を排除する．要するに，91年憲法は，ル・
シャプリエ法を前提とし，「所有権の不可侵性」を明記し，持てる者（富者）の自
由を打ち立てた憲法だったと言わざるをえないのである．

　以上から9月事件を小括しておこう．9月事件においては，起訴された者のな
かに周辺の村の農民が含まれておらず，市庁舎に乱入し吏員を武器で脅迫した主
な行為者は全員がエタンプ市住民であったことから，この事件は3月事件のよう
に農民・民衆蜂起とは呼べない．市側の県への事情説明には，「当市の労働者た
ちおよび当市の民衆と連合した農村の住民たちが騒擾状態にある」との認識が示
されているけれども，市庁側の指摘する農民と都市民衆の連合が具体的で組織
だった行動として現れているわけではないからである．とすれば，市庁側の認識
は，農民と都市民衆の連合の兆候が看取され，いよいよそうした連合が具体的な
行動となって現れ出てくるのではないかという強い不安，危惧から生まれたもの
と推察される．すでにエタンプの市場には，農民であろうと都市の民衆であろう
と，額に汗して働く勤労者に購入可能な価格の穀物が出回らなくなり，市と市周
辺の村々に住む多数派である勤労者の生存の困難，危機的な状況が広がっていた
ことは確実であろう．エタンプ市でも市周辺の村々でも折り合わずぶつかり合っ

ているものとは何だろうか．一方の，営業の自由，取引の自由（どこでいくらで穀物を売りさばくのも所有者の自由である）を推し進める法令を守ろうとする意志であり，他方の，労働する者が購入可能な穀物価格を実現し，飢えに直面しないだけの穀物の市場への出荷の確保を求めるのは当然だとする意識である．言い換えれば，一方の，議会の制定する法令と他方の，農民・民衆の正義感であった．

　９月事件の小括を踏まえて９月事件・３月事件の関係をまとめよう．９月では「農民と都市民衆の連合」は共通する生存の困難，危機はあったものの，まだ計画的，組織的な行動を起こすには至らず，一部の都市民衆の突発的な市庁への凶器を持った乱入，脅迫に留まった．それが92年３月には，農民たちは一揆を組織し，武器を携帯していたとはいえ，元々は秩序だった農民一揆に触発されて，都市の民衆が市長殺害に終わる事件の重大化を引き起こすに至ったのである．

　ここで，人々の法令遵守の態度，遵法精神の有無，濃淡について確かめておきたい．一揆に参加した農民たちはどうだろうか．農民一揆を主導した村々と最後に一揆に参加したエトレシィ村のやり取りを記録したエトレシィ村庁議事録から人々の法令への意識の一端を窺い知ることができる．議事録には，エトレシィ村庁執行部は，村に５カ村の一行が到着し一揆への参加要請があった時，５カ村の行進が法令違反であることを指摘したと記されており，村執行部に一揆が法令違反との認識があったことは明白である．さらにこの指摘に対して，５カ村の返答は「そんなことはとっくに承知だ．だが何のかまうことがあるものか．われらと一緒に是非とも来るべきだ」と答えたと記されている．５カ村側にも法令違反の認識はあるものの，一揆という自分たちの行動は，多数の村民の命を守るための大義ある行動であると信じていることが読み取れる．エトレシィ村執行部も村が参加要請を断った場合の「不幸な事態」の発生を恐れて一揆参加を決めたと記しているが，記述には自己弁護的な要素も含まれていないとは言えず，仮に５カ村とエトレシィ村との意識の差があったとしてもそれほど大きいものではないだろう．

　他方の，シモノー市長の遵法精神，法令違反への断固たる拒絶の態度は際立っている．一揆の市への侵入を発砲命令で阻止しようとしたこと，広場での群衆の要求に一切譲歩しないだけでなく，法令違反を許すくらいなら死んだ方がましだという強硬な言葉を放ったことが，自身の殺害という事件のエスカレーションを誘発した面は否定できないだろう．市長殺害の直接的なきっかけの１つと目される川魚取りの妻のアジテーションを例にとってみても，もしも市長の群衆への発砲命令と強硬発言とがなかったら，市長を吊るせと叫ぶまでのアジテーションが

なされなかった可能性も多分にあるように思われるからである.

　もとより制定された法令を遵守することは，地方の行政当局にとって義務であり，法の違反者を擁護することは困難である. とはいうものの，シモノーの法遵守の徹底姿勢は，県—ディストリクト—市（村）それぞれのレヴェルで必ずしも共有されていたものとは言えない. 地域の民衆の疲弊した実態をつぶさに見ていた末端の市庁・村庁では，とりわけ，民衆の直接行動には情状酌量の余地ありとする傾向が強かった. 当のエタンプ市庁議事録にも，蜂起者への同情的態度とシモノーへの批判的な言質が特徴的であった.[3] 対照的に中央政府の内務大臣と立法議会の姿勢は強硬であった. 早くも事件翌日の4日には，穀物取引の自由と秩序保全のための武力行使の方針が決定されていた. 3月6日夜，立法議会はセーヌ・エ・オワーズ県への国民衛兵600人と大砲2門の派遣を法令として交付したのである.

　エタンプ事件からちょうど3カ月後の6月3日，中央権力の肝いりでパリにて「法の殉教者シモノー」を追悼する「法律の祭典」が盛大に催された. 中央権力がこの祭典をいかに大掛かりなものにし，その喧伝にどれだけ傾注したのか，その一端を私たちは年金生活者ギタールの日記の中に見出すことができる.

六月三日　日曜日
気温20度. 北東の風. 雨まじりの突風.
〈大葬儀〉
　今日，パリから六〇キロのエタンプの市長ジャック・ギヨーム・シモノーを追悼して，パリで葬儀が行なわれた. その盛大さは，フランスはおろか，おそらく世界でもかつてなかったほどのものであった. シモノー氏は法を守る職務を執行中に殺害されたのである. 国民議会の代議士七四七名全員が参列し，オペラ座楽団が演奏を行なった. この葬儀がどんなものだったかを知るには，新聞を読まねばならない. かつまた，その華麗さがどれほどだったかを実感するには，自分の眼で見なければならない（Guittard 1974: 149-150＝1980: 99）.

　祭典当日の日記の記述から，ギタール自身はこの祭典に参列しておらず，その光景を直接，目撃したわけではなく，まだ祭典の模様を報じる新聞も読んでいないことがわかる. けれども，パリに住むこの富裕者は，葬儀の盛大さを「フランスはおろか，おそらく世界でもかつてなかったほどのもの」と素直に信じているようである. 彼には，人々に法令を遵守させる職務で命を落とした市長の死を悼む祭典に疑問を抱いたり違和感を覚えたりする余地はなかったようだ. しかし

「法律の祭典」は，実際には，地方行政庁が中央権力（内務大臣や立法議会）の方針に直ちに服するとは言い難い当時の状況を転換して，中央権力の一元的支配を強めようとする政治的意図の下に，計画，挙行されたものであった。[4] 事象を客観視する歴史家の乾いた記述との落差は歴然である。ゴデショは次のように記す。

> 「6月3日：民衆による価格決定に反対したとして3月3日に殺されたエタンプの市長シモノのための祭典が催される。この祭典は「法律の祭典」と称せられたが，成功しなかった」（Godechot 1988：104＝1989：82）。

以上，本章ではエタンプ事件（一揆）に注目して，この事件がなぜ，どのように引き起こされたのか，そして事件の背景に社会・国家のどのような対立，矛盾があるのかを捕捉した。一方に，営業の自由，取引の自由を推し進める中央権力および大ブルジョワジーの存在があり，他方に，経済的自由（営業の自由，取引の自由）の拡大によって，日々の糧の入手が困難な少なからぬ農民，民衆の存在があった。彼らの直面した困難が，農民・民衆蜂起となって現れたことが明らかとなった。ぶつかり合っているのはル・シャプリエ法をはじめとする91年憲法体制の法体系と農民・民衆の正義感だったのである。

3．生存をめぐる民衆の直接行動

大革命から時を経て，皇帝となったナポレオンは革命期を振り返って「わたしは，パン不足のひき起こす蜂起をおそれる。あれは20万の兵士よりもおそろしい」という言葉を残している（河野・樋口 1989：332）。その言葉は，時の為政者にとって，民衆の食糧をめぐる生存・自己保存を賭けた直接行動が，体制維持，秩序維持を揺るがす重大な治安問題と認識されていたことを強く印象づけるものである。2節で見たように，92年のエタンプ事件において，内務大臣と立法議会が事件直後に軍隊派遣という迅速で断固たる決定を下したことは，中央権力のそのような認識によるものだったと捉えられよう。つまり，92年3月の中央権力の側には，事件を91年憲法体制の法秩序を揺るがす治安問題として，迅速に対処しなければならないとの強い危機感があったと言えよう。他方，エタンプ市と市周辺の村々側からすると，このような中央権力の強硬姿勢は，事件に関与した疑いのある農民・民衆への事件後の責任追及・弾圧の強化と捉えられ，不安感や恐れを極度に高めるものであった。[5]

2節では，民衆の生存をめぐっての直接行動をエタンプ事件に絞って見てきたが，3節ではもう少し視野を広げて捉えてみたい。そこで，本章ではバスチーユ

襲撃前の1789年4月に都市の勤労者の引き起こした重大事件に遡ることから始めることにしよう．この事件はレヴェイヨン事件と呼ばれる．

（1）レヴェイヨン事件

事件の経緯を確かめる前に，まずゴデショがレヴェイヨン事件をフランス革命のなかにどのように位置づけているか見ておこう．

> 「フランス衛兵が群衆にむけて発砲し，約300人の死者と1000人ほどの負傷者がでた．レヴェイヨン騒乱はフランス革命をとおしてもっとも血なまぐさいものの一つである．1792年8月10日の騒乱だけがこれより多くの犠牲者を出した（死者1000名）．共和暦4年ヴァンデミエル13日（1795年10月5日）の蜂起でも300人もの死者は出なかった．この蜂起はパリの革命的暴力の始まりとなった」（Godechot 1988：56＝1989：38-39）.

このゴデショの記述の要点は，フランス衛兵（パリに駐屯し治安出動する軍隊）が騒擾を引き起こしている群衆に発砲したこと，その結果，死者約300人を含む多数の死傷者が出たこと，第二革命（8月10日の革命）以外にはレヴェイヨン事件の死傷者（犠牲者）数を上回るものはないほどの規模だったこと，事件をパリの革命的暴力の始まりと見なしていること，である．

事件発生は，89年4月27日・28日である．これはバスチーユ襲撃に約2カ月半先立ち，三身分（聖職者・貴族・第三身分）ごとに選出される三部会代議員選挙の時期に当たっていた．パリの第三身分の代議員選出は間接選挙方式（第一次選挙集会＝ディストリクト集会で選挙人を選び，第二次選挙集会で選挙人が代議員を選出する）を採っていた．事件とかかわるのは4月21日に60のディストリクトで一斉に行われた第一次選挙集会である．

事件現場はパリのフォーブール・サン＝タントワーヌおよびフォーブール・サン＝マルセルである．事件の経緯を柴田三千雄『パリのフランス革命』に依拠して確かめてゆこう．

壁紙製造業者のレヴェイヨンがフォーブール・サン＝タントワーヌのサント＝マルグリード・ディストリクト集会で「労働者の日給は15スーで十分だ」と発言したという噂が労働者たちの間に広がったのが事件の発端である．因みにレヴェイヨンはこの第一次選挙集会で選挙人に指名された．労働者たちは，6リーヴル以上の人頭税負担者という選挙資格から外れ，第一次集会すら除外されていたのだから，話はどうしても伝聞になる．レヴェイヨンとは何者なのか．彼は一代で300人以上の労働者を雇用する壁紙製造工場を所有するまでに成り上がった新

興ブルジョワで，旧来のコルポラシオンの枠組みの外で活動し，王立マニファクチュールの称号を得るなど，王権と密接な関係を有する稀代の成功者であった．「日給15スー」という彼の発言の真偽は定かではなかったが，その噂は当時，平均日給20スーで不安定な生活を送る労働者たちには聞き捨てならない発言と受け止められた．暴動は4月27日の午後，自然発生的に始まった．まず，バスチーユ周辺で労働者たちが集まり，さらにフォーブール・サン＝マルセルの労働者の加勢も得て，彼らは硝石製造業者のアンリオの家を襲撃した．アンリオはレヴェイヨンと同じフォーブールに住む「友人」で，アンファン＝トゥルヴェ・ディストリクトの集会でレヴェイヨン同様の発言をしたと噂されたからである．翌28日には，レヴェイヨンの家が襲撃され，暴動はさらに大きくなった．フランス衛兵が彼ら群衆に発砲し，おびただしい死傷者を出した末に暴動は鎮圧された．

　逮捕者は約30人だった．この逮捕者のなかにも死傷者のなかにもレヴェイヨンの工場労働者は1人も含まれていなかったが，暴動の参加者は職人やマニュファクチュア労働者などの賃金労働者が多くを占め，先述のようにディストリクト集会に参加資格を持たない階層の人々であった．ゴデショが1789年の1月から4月の状況について「天候のせいで1788年の収穫はひどく悪かった．したがって穀物価格は上昇し，さらにはフランス人の主食だったパンが高騰した．食料不足が生じ，飢饉の恐れが出た」(Godechot 1988 : 54 = 1989 : 37) と記しているように，暴動の背景には，パンの価格の高騰，パン不足という深刻な食糧問題があった．それゆえ，レヴェイヨン事件の基本性格は，労働争議ではなく，主にパリの賃金労働者が自然発生的に引き起こした食糧暴動ということになる．パンの価格の高騰，パンの不足は，天候不良による作柄の不良といった自然的要因によるよりも，むしろパンの隠匿，価格吊り上げという人為的操作 (投機) が原因と見なす民衆の間に蓄積された不満，鬱屈が，不穏当な発言をしたと噂されたパリの新興ブルジョワへの攻撃となって現れ出た．しかし彼らは家を襲撃し家具を壊したが，人を殺したわけではない．他方，政府はフランス衛兵を治安出動させて，発砲することによって食糧暴動に加わった労働者たちを大量に死傷させたのである．

（2）レヴェイヨン・ヴェルサイユ・エタンプ

　私は民衆の直接行動を2つ (2系列) に大別して考えてみることにしたい．1つは，民衆が食糧を入手する困難に直面して引き起こす蜂起・事件の系列，もう1つは，政治権力と民衆との対立，敵対関係の高まりから引き起こされる蜂起・事件の系列の2つ，にである．これら2系列の民衆蜂起・事件は，民衆の側に彼

らの生存・自己保存が脅かされているという危機感がある点では共通しているが，前者が直接的な日々のパンの問題という社会経済的な領域で発生しているのに対し，後者が権力と力のせめぎ合いという，より政治的・権力的な領域で闘われるという違いがある．こうした二分法に従えば，前者の系列にはレヴェイヨン事件 (89年 4 月)，ヴェルサイユ行進 (89年10月)，エタンプ事件 (92年 3 月) が属し，後者の系列にはバスチーユ襲撃 (89年 7 月)，第二革命 (92年 8 月) が属するだろう．そこで，本章が問題とする前者の系列，すなわちレヴェイヨン事件・ヴェルサイユ行進・エタンプ事件において，それぞれの行動が，その時点でどこまで社会矛盾，対立の核心に迫る行動となりえていたかという観点から若干の整理を試みる．

　レヴェイヨン事件では，パンの価格高騰，品不足のために生活の不安を募らせたパリの労働者たちは，自分たちの生命の維持と大ブルジョワジーの利益追求とが対立することを直感的に察知していたと言える．労働者たちは大ブルジョワジーに対する敵対感情を爆発させ，レヴェイヨンら新興ブルジョワの家を襲撃したからである．しかし彼らは怒りを爆発させはしたが，新興ブルジョワの家を破壊したこの行為が，彼らの直面する食糧問題を改善，解決するわけではない．暴動はアンシアン・レジーム末期の政府によって鎮圧され，彼らに多くの死傷者(犠牲者) を出す結果に終わった．

　ヴェルサイユ行進では，行進の主役であるパリの民衆の女性たちが，バスチーユ襲撃後のパリの状況変化を自身の目で読み取り，パリの民衆がいかにパン不足に陥っているかを訴え，食糧問題の解決を求めるため，パリ─ヴェルサイユの片道16km の距離をものともせず，武装して国王に直談判を行った[8]．彼女たちは，口々に国王を「パン屋の親父」と呼びもしたが，直観的にもっともな訴え先を選んだと言えるだろう．女性たちの直接行動が重要なのは，国王を (それに付随して議会も) ヴェルサイユからパリに連れ帰ることに成功したからである．それは国王をパリの人々の監視下に置くこと，いわば国王を人質化したことに他ならない．国王は以後，国外逃亡 (ヴァレンヌ逃亡) を試み，あるいは拒否権を発動して革命の進行を妨げ，革命との対立を露わにしてゆくが，そうした国王の言動，対応が常にパリの人々の目に映るようになったのは，ひとえに彼女たちの功績だったと言えよう．

　エタンプ事件は，事件の関与者や死傷者の数から見れば，他の 2 つの事件より事件そのものの規模は小さい．農民一揆の参加者は500-600人で，それに都市の民衆のおそらくは数十人が合流したにすぎないからである．しかし，事件の規模と事件の及ぼした影響の大きさは比例しない．エタンプ事件は中央権力に大きな

衝撃，影響を及ぼした．事件は先に述べたように，91年憲法体制下の中央権力に武力弾圧を決意させ，中央権力の一元的支配を強めるための事件の政治利用まで画策させた．さらに言えば，第二革命の後，ロベスピエールに政策転換の必要を知らしめるきっかけをつくったからである．本節の注目点について言えば，一揆を起こした農民は，自身の生存と富者の経済的自由とがぶつかり合っていることを的確に捉えていたと言えよう．農民一揆の地方行政庁への要求は，中小農民にパンが入手できるよう，行政府が富者の「取引の自由」に対する規制を行うことであったからである．しかしエタンプ事件は，秩序だった要求に留まらず，都市民衆の合流により，市長殺害という結果に終わった．中央権力の対応についてはすでに記した通りである．

　3節を小括すれば，バスチーユ攻撃以前に発生したレヴェイヨン事件に注目して，まずレヴェイヨン事件がどのような事件であったのかを事件の背景とともに確かめた．ついで，民衆が生存をめぐり引き起こした蜂起，事件を2系列のうち，一方のパン（食糧）に直結した蜂起，事件の系列として，レヴェイヨン事件，ヴェルサイユ行進，エタンプ事件をピックアップし，それらの事件がどのように位置づけられるのか整理を行った．一部の持てる者の経済的自由と多数の労働する民衆の生存とが対立し，社会の分裂，矛盾が露呈し激化する流れが確かめられた．次節では，革命期のこうした状況をルソー的視座から捉え直すことにしよう．

4．ルソー的視座から見た捉え直し

　1793年6月24日，93年憲法は国民公会で採択された．この93年憲法には「公的扶助は，神聖な義務である．社会は，不幸な市民に対して労働を確保することにより，または労働しえない者に生活手段を保障することにより，その生存について責務をおう」との規定が存在する．それは，124条からなる93年憲法の憲法典の前に置かれた前文と35条からなる「人および市民の権利宣言」（93年宣言）第21条である．民衆の力を背景に93年6月初旬にジロンド派の追放を実現したモンターニュ派，ロベスピエール主導の国民公会は，憲法に市民の生存に社会は責務を負うと記す地点にたどり着いた．89年人権宣言および91年憲法では「自由，所有，安全および圧政に対する抵抗」とされた表記順は，93年憲法（93年宣言第2条）では「平等，自由，安全，所有」に変更された．93年憲法は実際には施行されることはなかったが，この憲法についてゴデショは，所有権の条項が自由と安全の条項の後ろに規定されている点に注目し「社会保障の原形が初めて規定された」こと，「この憲法で最も評価されるべき点は，初めて社会的デモクラシーの諸問

題を現実に提起したことである」とその歴史的意義を記している．すなわち，上記93年宣言第21条は萌芽的な生存権規定と見なされるものであった．

　しかしながら，93年憲法の不徹底を糾弾する下からの突き上げは，憲法採択の前後に激しさを増す．アンラジェ（過激派）の代表的な活動家ジャック・ルー（Jacques Roux, 1752–1794）の憲法採択翌日6月25日の国民公会における以下の訴えはよく知られている[11]．

> 「今，憲法が主権者の承認に付されようとしている．しかし，あなた方は，その憲法で投機を規制しただろうか．否である．あなた方は買占者に対する死刑を表明しただろうか．否である．あなた方は商業の自由の内容について定めただろうか．否である．あなた方は貨幣の売買を抑制しただろうか．否．実に否である．われわれは，あなた方が人民の幸福のために何一つ行わなかったことを宣言する．ある階級の人間が，罰せられずに他の階級を飢えさせるとき，自由とは幻想にすぎない．金持ちが，独占によって同胞に対して生死を決する権利を行使するとき，平等とは幻想にすぎない．市民の四分の三にとって，血涙を絞らずには手の届かないような商品物価の高騰によって，日ごとに反革命が進行しているとき，共和国とは幻想にすぎない」（Roux 1969：140–141）（傍点は引用者）．

　暴露されているのは，赤い司祭と呼ばれ，パリの民衆の困窮を熟知した活動家の目から見た93年6月の社会の現実である．投機や買占が横行し，市場に多数の貧しい勤労者の収入（賃金）に見合った価格のパンが出回らず，彼らが飢えに直面している社会の分断，矛盾である．多数者の生存の危機は何によってもたらされたのか．ルーの告発が激しさを伴うのは，こうした状況を生み出した原因が，穀物の不作といった単なる自然的要因にだけあるのではなく，むしろ，投機，買占といった一握りの大商人や彼らと結託したマニュファクチュア経営者など富裕者の人為的行為，操作にあるとする認識に基づいている．投機，独占に走る富裕者への断罪に，「独占によって同胞に対して生死を決する権利」の行使，「買占者に対する死刑」の表明がなされていないこと，といった人の生き死にかかわる表現が用いられているのは，一握りの富者の「自由な」行為が多数の勤労する民衆の生を奪うものと捉えられているからである．一方の生と他方の死．拒否権を行使して革命と敵対した王政は，すでに92年8月10日の革命によって倒れ共和政となったのに，多数の民衆が一握りの富裕者の行為によって死の危険に晒されているとは，なぜ政府・議会は彼らの人為的操作を厳しく規制しないのか．91年憲法体制がもたらした社会的・経済的現実を是正する力を新憲法は持たねばならぬ

のに，ロベスピエールが主導する国民公会の憲法制定者たちはどうだったのか．ルーの断罪は，それゆえ，93年の憲法制定者たちに向かう．彼らは「人民の幸福のために何一つ行わなかった」と．そして，ルーは彼の最も有名な言葉を続ける．「金持ちが，独占によって同胞に対して生死を決する権利を行使するとき，平等とは幻想にすぎない．市民の四分の三にとって，血涙を絞らずには手の届かないような商品物価の高騰によって，日ごとに反革命が進行しているとき，共和国とは幻想にすぎない」と．

さて，ジャック・ルーがこのように1793年の自由と平等に対して下した診断は，ジャン＝ジャック・ルソーが『人間不平等起原論 Discours sur l'origine et les fondements de l'inégalité parmi les hommes』（直訳すれば『人間の間の不平等の起源と原因に関する論』）（1755年）において人類史上，富者主導で初めて設立された国家に下した診断と酷似しているように思われる．それゆえ，ルソーの富者主導の国家設立の要点を以下に確認しておこう．

ルソーは，長い時の経過のなかで偶然の連鎖の結果，モノの所有が始まり社会状態に移った人類が，ほどなくモノをめぐって争い合う戦争状態に陥ったと説く．人々が戦争状態という危機的状態から脱するために発明したのが国家である．ルソーは，モノをめぐって争い合う戦争状態では，富者も貧者も命の危険に晒される点では同じだが，富者は自分の得たモノ（富）を守らなければならぬのに対し，モノを持たない貧者が守らねばならぬものは自身の一身のみだという違いがあるとみる．この違いを熟知していた富者は多数を占める貧者をも巻き込まなければ国家は設立できないので，貧者の無知に付け込み「詭弁」によって貧者を巧みに誘導し国家を立ち上げたのだと述べる．そして国家の開始は，まず法律と所有権の設定だとする．こうして立ち上げられた国家の法は，国家の全成員の幸福に資するものではなく富者を利して貧者を損なういびつさを最初から持っていたと，ルソーは臆することなく叙述していたのである．

> 「この社会と法律が弱い者には新たな軛を，富める者には新たな力を与え，自然の自由を永久に破壊してしまい，私有と不平等の法律を永久に固定し，巧妙な簒奪をもって取り消すことのできない権利としてしまい，若干の野心家の利益のために，以後全人類を労働と隷属と貧困に屈服させたのである」（DI176/106）（傍点は引用者）．

ルソーはさらに，国家とその法律が誰のための発明品だったのか止めを刺すかのように，「およそものの発明は，それによって迷惑を蒙る人たちよりはむしろそれによって得をする人たちによってなされたと信ずるほうが妥当なのである」

（DI180/109）と断じた.

　以上のように，ルソーは壮大な射程で人類史上，最初に設立された国家の問題含みの開始を描き出した．こうしたルソー的視座からフランス革命の状況を捉え直すと，旧国家（アンシアン・レジーム）の死亡（92年8月10日の革命）後，新国家（共和政フランス）の設立が行われるべきそのさなかに，再び，18世紀末の富者たちによって問題含みの国家のスタートが繰り返されていると言えるのではなかろうか. [12]このように見るならば，弱者にとって新たな軛，富者にとって新たな力を与える「私有と不平等の法律」の最たるものとは，ル・シャプリエ法ではなかっただろうか．

　振り返れば，ル・シャプリエ法は，親方，職人の双方に同業組合を禁じて，アンシアン・レジーム下のギルド規制から商業取引を解放しその自由の実現を促すものであった．確かに同法の規定は，親方，職人双方の団結を禁じ，国家と個人の間に中間団体があってはならないとする原理・原則を定めたものであった．しかし，政府の運用実態は，同法の原理・原則とは大きな隔たりがあった. [13]政府は多数者である職人や労働者の側には監視の目を光らせ，彼らの集団行動が暴動化することを怖れ，彼らの行動を治安問題と見て，厳しく規制，弾圧する一方，少数者である親方，経営者側への監視，規制はなされなかった．そうしたバランスを欠く政府の対応により，大商人やマニュファクチュア経営者などの富裕者は穀物取引をめぐり私的な団結を容易に行うことができた．とすれば，ル・シャプリエ法の制定および同法の政府による運用実態は，革命期に開始された新たな「巧・妙・な・簒・奪・」に他ならないことになろう．ルソーは「人類を構成しているのは民衆（peuple）だ」と断言する（E509/中45）. [14]人が生きる糧を生み出す労働（有用労働）をなす者が人類を構成する．つまり，ルソーによれば，労働する民衆こそが人類なのである．しかるに，労働する民衆を飢えさせる若干の野心家（富者）の利益が優先され，人類を構成するはずの民衆が「労働と隷属と貧困に屈服させ」られているとはなんたることだろうか，と．

　ところで，ルソーは人類史の悲惨（現にある国家のからくり）を人々に告知することで満足しはしなかった．ルソーは人類が再び「巧・妙・な・簒・奪・」の罠に陥らないための処方箋として新しい国家構想を『社会契約論』で展開するからである．自由と平等が幻想とならず，現実のものとなるために必要なことは何か．ルソーはあらゆる立法体系の究極目的は「すべての人々の最大の善」であるべきことを確認し，それは自由と平等という2つの主要目的から構成されていると述べ，「自由——なぜなら，あらゆる個別的な従属は，それだけ国家という［政治］体から力

が削がれることを意味するから．平等——なぜなら，自由はそれを欠いては持続できないから」と明言する (CS391/77)．とりわけ重要なのは，平等の存在が持続可能な自由の不可欠の条件とされている点ではなかろうか．〈平等なくして自由なし〉というテーゼがルソーの政治構想の核心に埋め込まれているのである．自由を持続させるためには先に平等がなければならないということである．ルソーのいう平等は，国家の構成メンバー asocié 全員が，多数の民衆を受動市民として能動市民から切り離したりせずに，直接，法をつくる立法集会 (人民集会) に参集して，法案の表決に加わり 1 票を投じることにある．独立して各市民が 1 票を投じることが，独立した市民の個別意志の表明なのである．一握りの者だけが参集する代表制＝議会による立法ではなく，人民集会での直接立法が行わなければならない．この条件なくして人は自由であることはできない，ということである．ルソーはいう．

> 「この平等は，実際には存在しえない頭だけでの空想だと人々はいう．しかし，乱用が避けにくいからといって，それを規制することまで不必要だということになるだろうか？ 事物の力は，常に平等を破壊する傾向があるという，まさにその理由によって，立法の力は，常に平等を維持するように働かねばならない」(CS392/78) (傍点は引用者)．

ルソーのいう「事物の力」は経済の力，市場の力と言い換えられる[15]．勤労する人々の生存を脅かすまでになった経済的自由の無制限な拡大に歯止めをかけ，人々の生存を守ることが「立法の力」に託されている．それが新しい国家創設の目的であり，新国家存続の条件ともなる．全市民の直接立法が実現せず，一部の者だけが合議する代議制下では，ルソーのいう中間団体否認の意味は損なわれ，むしろその効力は反転している．一部の者で構成される議会こそルソーの忌避する部分社会 (団体) だからである．1778年にフランス革命の勃発を見ずに没したルソーは，イギリス議会の現実を知ることはできた．「イギリスの人民は自由だと思っているが，それは大間違いだ．彼らが自由なのは，議員を選挙する間だけのことで，議員が選ばれるやいなや，イギリス人民は奴隷となり，無に帰してしまう．その自由な短い期間に，彼らが自由をどう使っているかをみれば，自由を失うのも当然である」は最も知られたルソーの言説の 1 つである (CS430/133)．議会という団体を認めて，職人，労働者の団体を禁じる91年憲法体制は，ルソーの中間団体禁止論の原理とは似ても似つかぬものであると言えよう．

5．富者の「巧妙な簒奪」が社会を分断させた

　本章は92年3月のエタンプ事件（一揆）の分析から始め，ついでレヴェイヨン事件に時計の針を戻し，89年4月から93年6月までの時期の，民衆の生存をめぐる直接行動と為政者との攻防を通して，革命期の社会の矛盾，分裂の推移を捕捉し，それをルソー的視座から捉え直す試みであった．93年6月，一方で，ロベスピエール主導の国民公会が萌芽的とはいえ生存権規定を持つ93年憲法を採択し，他方で，ジャック・ルーがその憲法に激しい批判を浴びせた．このことは何を意味するのか．ルーの93年憲法批判は，新憲法が91年憲法体制のもたらした社会矛盾，分裂を解決しうる憲法になりえていないことに対する批判であった．本章は，ル・シャプリエ法を91年憲法の根幹にあり，91年憲法体制を支える法と位置づけた．ル・シャプリエ法は経済の自由化，自由放任を促し，弱肉強食の世界をつくり出す法だが，それをルソー的視座から捉え直すと「富者の正義」の法と言い換えることができる．それは，自分たちの利益を他者（貧者）の利益を踏みにじってまで追求する富者の利己心（自尊心 amour propre）に基づく法に他ならないからである．この「富者の正義」は「人間の正義」と峻別されるべきものである（E 593-594/中210）[16]．ルソーは人類がどのようにして社会的・政治的不平等を拡大させてきたかを叙述する『人間不平等起原論』において，国家が富者の策定する「富者の正義」の法から出発したからくりを暴いて見せ，ついで『社会契約論』において，一部の者（富者）が「富者の正義」の法を策定する国家ではなく，すべての成員 associé が直接立法して「人間の正義」の法（一般意志）をつくる新国家の創造を人間解放論として提起したのである．

　ところで本章は，生存をめぐる民衆の直接行動を2つの系列に区分したが，第1の系列に属する食糧問題（社会問題）の改善を訴える直接行動は，それがどんなに激しい行動であっても，それだけでは政治体制を変革するものとはなりえない．しかし，本章では改めて第1の系列に属する女性たちのヴェルサイユ行進の重要性を確認できたのだが，この行進が重要なのは，食糧問題の改善を訴えに行った彼女たちの集団行動が，結果として訴え先であった国王をパリに連れ帰り，国王をパリの人々の監視下に置き，いわば人質化することになったからである．89年10月以降，国王と議会がパリの監視下に入ったことが，両者と民衆との間に強い緊張関係を継続させた．国王はヴァレンヌ逃亡事件を起こし，拒否権行使を繰り返す．革命との折り合わなさ，敵対が露わになり，遂に92年8月10日の革命が引き起こされる[17]．要するに，ヴェルサイユ行進は単なる食糧暴動に留まらず，第

2 の系列に属する権力と力とがぶつかり合う92年 8 月の第二革命の原因をつくったと考えられるのである.

　第二革命によって王権は倒れ「主人」はいなくなった. にもかかわらず, 戦争状態はむしろ激化する. 91年憲法は失効しても, ル・シャプリエ法はその後, 1 世紀近くも存続する. ルソーの中間団体否認論は, 富者によって巧みに利用され, 職人, 労働者の団結は厳しく禁じられる一方, 実は最大の中間団体 (部分社会) である富者の合議体すなわち議会の制定する法が「人間の正義」の実現を阻み, 「富者の正義」を追求してゆくのである. ロベスピエール主導の93年憲法は, 民衆の生存という社会問題を視野に入れつつも, 「富者の正義」の法の枠組から出ることはなく, なおその枠組みのなかに留まったと言えよう. 以上から, 仮説〈ル・シャプリエ法は, ルソーの中間団体否認論という錦の御旗を隠れ蓑として, 富者の正義・利益を自由に追求する経済的自由主義を推し進めるために制定され, 1 世紀近く存続し得た一握りの者＝富者の法に他ならない〉の正しさは証明されたと私は結論づける.

　ルソーは持続可能な自由の存立条件として人々の平等が必要であると断じた. ルソーのいう平等は, 富と権力の絶対的平等を意味しない. ルソーのいう平等とは, 立法集会ですべての associé の個別意志が集計され, その結果, 一般意志＝法が発見されることに他ならない. 持続可能な自由のための不可欠の要件としての平等. ルソーにとって自由と平等は決して両立し得ない対立項ではない.

　現代の私たちの抱える最大の社会課題は, 一握りの富者の行為が多数の貧者(貧困) を生み出し, 多くの人々の犠牲の下に富者だけが富栄える格差社会からの脱却であろう. とすれば, フランス革命期の社会の分裂, 分断(戦争状態)は, 私たちと疎遠な昔の出来事とはならないし, ルソーが人類に残した政治構想は, 私たちにとっても重要な示唆として受け止めるべきものであると思われる.

注
　1 ）中村 （1968） 特に 4 - 9 頁. 中村は, コルポラシオン （同業組合） とともにコンパニオナージュ （仲間職人制度） についても詳述する. ル・シャプリエ法はコルポラシオンおよびコンパニオナージュ双方を対象とする法であるからである.
　2 ）遅塚は, 市庁や市民の事件への責任が重く問われることのないよう, 議事録では責任転嫁の虚偽が記されているとしている. 遅塚 （1986: 99–101） 参照.
　3 ）行政の上層にゆくほど, 中央政府の下す事件への対処方針との温度差は小さく, 下層にゆくほど温度差が大きくなっていることについては, 遅塚 （1986: 102–123）.
　4 ）遅塚 （1986: 108–111, 117–123） 参照.

5）遅塚（1986: 132-145）参照.

6）柴田（1988: 117-125）参照.

7）柴田（1988: 119）参照.

8）鳴子（2018a; 2018b; 2020）参照.

9）遅塚（1986）序章を参照.

10）辻村（1989: 408）参照. 93年憲法の「人および市民の権利宣言」を, 憲法制定国民議会で1789年8月26日に採択された前文および17条からなる「人権宣言」（「人および市民の権利宣言」）と区別するために, 以下, 93年宣言と表記する.

11）訳文については辻村（1989: 336）参照.

12）鳴子（2021）で私は, フランス革命をルソー的視座から, 1792年8月10日の第二革命によって旧国家が死亡したのち, フランスはただちに新国家の創設に向かわず, むしろ戦争状態が激化し, 文字通りのホッブズ戦争状態が出現したと捉え直している.

13）遅塚は, 91年体制下で私的な団結の禁止という措置を欠いたことを91年体制下の経済的自由主義の不備と表現している. 遅塚（1986: 53）参照.

14）ルソーはこの文章に続けて「民衆でないものはごくわずかなものなのだから, そういうものを考慮にいれる必要はない. 人間はどんな身分にあろうと同じ人間なのだ. そうだとしたら, 一番人数の多い身分こそ一番尊敬に値するのだ」と述べている.

15）この点に関しては鳴子（2014）を参照されたい.

16）本書第6章5節（3）参照.

17）8月10日の革命については鳴子（2019）を参照されたい.

18）（CS391/77）を参照のこと.

19）この点に関しては, 本書第2章を参照されたい.

参考文献

Godechot, Jacques（1988）*La Révolution française, Chronologie commentée 1787-799*, Perrin（ジャック・ゴデショ著, 瓜生洋一・新倉修・長谷川光一・山崎耕一・横山謙一訳（1989）『フランス革命年代記』日本評論社）.

Guittard, Célestin（1974）*Journal d'un bourgeois de Paris sous la Révolution*, présenté par Raymond Aubert, Ed. France-Empire, Paris（セレスタン・ギタール著, 河盛好蔵監訳（1980）『フランス革命下の一市民の日記』中央公論社）.

Roux, Jacques（1969）*Scripta et Acta*, textes présentés par W. Markov, Berlin.

大森弘喜（2006）「19世紀フランスにおける労使の団体形成と労使関係」関東学院大学『経済系』第227集.

河野健二編（1989）『資料　フランス革命』岩波書店.

河野健二・樋口謹一（1989）『世界の歴史15　フランス革命』河出書房新社.

柴田三千雄（1988）『パリのフランス革命』東京大学出版会.

東京大学社会科学研究所編（1972）『1791年憲法の資料的研究』第5集.

遅塚忠躬（1986）『ロベスピエールとドリヴィエ——フランス革命の世界史的位置——』東京大学出版会.

辻村みよ子（1989）『フランス革命の憲法原理——近代憲法とジャコバン主義——』日本評

論社.

中村紘一 (1968)「ル・シャプリエ法研究試論」『早稲田法学会誌』20.

鳴子博子 (2001)『ルソーにおける正義と歴史——ユートピアなき永久民主主義革命論——』中央大学出版部.

————(2012)『ルソーと現代政治——正義・民意・ジェンダー・権力——』ヒルトップ出版.

————(2014)「ルソーの戦争論序説——ルソーの戦争論からもう1つのEU統合を考える——」『中央大学社会科学研究所年報』18.

————(2018a)「ルソーの革命とフランス革命——暴力と道徳の関係をめぐって——」『nyx』5．堀之内出版.

————(2018b)「フランス革命における暴力とジェンダー——バスチーユ攻撃とヴェルサイユ行進を中心に——」『中央大学経済研究所年報』50.

————(2019)「ルソー的視座から見た1792年8月10日の革命——国王の拒否権と民衆の直接行動をめぐって——」中島康予編著『暴力・国家・ジェンダー』中央大学社会科学研究所研究叢書39．中央大学出版部.

————(2020)「ルソー的視座から見た時間・空間のジェンダー「フランス革命」論——戦争状態を終わらせるものは何か——」鳴子博子編著『ジェンダー・暴力・権力——水平関係から水平・垂直関係へ——』晃洋書房.

————(2021)「九月虐殺とルソーの戦争状態論——ヘーゲルの市民社会論をもう一つの参照点として——」永見文雄・小野潮・鳴子博子編著『ルソー論集——ルソーを知る，ルソーから知る——』中央大学人文科学研究所研究叢書75．中央大学出版部.

◆コラム **4**　書評：『市民法理論』

（シモン・ランゲ著，大津真作訳，京都大学学術出版会，2013年）

ランゲの生涯と18世紀フランス

　本書は Simon-Nicolas-Henri Linguet の *Théorie des loix civiles, ou principes fon-damentaux de la société* の全訳であり，原著はフランス革命を遡ること二十余年の1767年に著者名を付さずロンドンで公刊された．同書は，マルクスの『剰余価値学説史』や『資本論』中に，『民法理論』と訳されて引用され登場することから，マルクスの丹念な読者，研究者にはなじみ深いものだろうし，フランス啓蒙やフランス革命史においても，ランゲの言説や事績は，フィジオクラットの論敵として，あるいはロベスピエールによって「専制君主の擁護者」としてギロチンにかけられたことでも知られている．ランゲは，18世紀フランスの時代の寵児といってよい人物であった．だが，現代人にとってはランゲという名も，『市民法理論』という著作も，初めて目にする人も少なくなかろう．

　ところで，740頁におよぶ『市民法理論』でランゲは当時の日雇い労働者の生活の苛酷さを克明に捉え，彼ら日雇い労働者と自由のない奴隷とを比べれば，自由のない奴隷の境遇の方がはるかに人間的であると言い切っている．ランゲの観察や主張は，哲学の世紀のなかで異質性が際立っている．なぜかくも激烈かつ独特な観察，言説が生成されたのだろうか．

　それゆえ，本書の内容に入る前に，本書への接近に非常に有益な訳者による解説やアンドレ・リシュタンベルジェが19世紀末に著した『十八世紀社会主義』（野沢協訳，法政大学出版局，1981年）に依拠して，まず，ランゲの生涯を紹介しておきたい．

　シモン・ランゲは，市井にあっていわば走りながら書いたアンシアン・レジーム末期の文筆家，言論人である．フランス革命では，30代で命を落とした革命家が少なくなかったが，ランゲはそうした革命家より1つ上の世代に属し，60年に少し欠ける生涯に80冊もの書物を著し，弁論活動で名を馳せてバスティーユに投獄されもした激しい人生を送ったが，革命を先導した革命家ではない．しかし，革命を遡ること五十余年の1736年7月14日に生を受け，ジャコバン独裁期の1794年6月27日に断頭台に死した点だけをとっても，ランゲを革命と切り離して語ることは不可能だろう．彼の活動の時期は，第一期：文筆家時代（65年まで，ほぼ20代），第二期：弁護士にして政論家時代（65〜75年，ほぼ30代），第三期：言論人，ジャーナリスト時代（75年以降，ほぼ40代以降）に分けられよう．彼の人生の折り返し点は，63〜64のフランス北部の英仏海峡に通ずる港町アブヴィル滞在とその翌年に当地で発生した（ヴォ

ルテールが冤罪事件として闘ったことで有名な）ラ・バール瀆神事件である．64〜65年が，75年に弁護士資格を剥奪されるまでの弁護士活動の起点となり，ラ・バール事件の弁護（ラ・バールの仲間の若者の無罪判決を勝ち取る）によって弁護活動の幕が開いたからである．

　時系列的にランゲの生の足跡を振り返れば，幼少時よりラテン語，ギリシア語に秀でた才能を示したランゲであったが，父の死によって学業を続けることができず，若くしてドイツの貴族に仕えるもトラブルのために早々に解雇され，54年にパリでの極貧生活のなかで文筆活動を開始する．若きランゲは，七年戦争では工兵としてスペイン戦線に従軍し，戦後，オランダに滞在するが，その帰途，アブヴィルに立ち寄り，（前述したように）人生の転換点を迎える．この時期（第一期）の著作には『アレクサンドロスの世紀の歴史』(62年) や『哲学者の狂信』(64年) がある．多忙な弁護活動とともに旺盛な執筆活動を繰り広げた第二期のただ中に，本書や『パンと小麦について』(74年) を著した．第三期には，政論誌『十八世紀政治・社会・文芸年誌』を77年から92年まで刊行し，2年もの獄中体験を『バスティーユ回想』(83年) として出版した．

社会は暴力から生まれた

　さて，ここから本書の内容に移ろう．本書は序論と五篇からなる本論とで構成され，本論は，順次，法律の効用，法律の起源，婚姻法，家庭・相続・遺言に関する法，奴隷に関する法律について論じている．各篇のなかでとりわけランゲの主張の特徴が色濃く出ている法律の起源を論述する第二篇と奴隷に関する法律を論ずる第五篇を取り上げたい．

　まず，法律の起源についてであるが，この問題は，すなわち社会の形成，設立の問題でもある．社会の形成に関するランゲの説明は，社会契約論者のおなじみの社会・国家創設論とは大きく隔たっている．彼の説明は，農業の発達による人間の定住生活と社会の生成，発展とが接合された一般的な世界史の記述からも意表を突くものである．特にランゲの説のユニークな点は，農耕者，牧畜者，狩猟者に与える性格規定である．彼によれば，農耕者は臆病で，自分たちの耕した収穫物，財宝への排他的独占権を守ろうとするために，集まろうとするどころか，反対に隠れ，分散しようと努める存在である．動物の肉よりもその乳を利用するために動物を放牧する牧畜者も，農耕者と同様に臆病で，分散傾向を持っていると彼は言う．それに対して，狩りで仲間や助けを必要とする狩猟者だけが，未開の野蛮さを引き継ぎ，農耕者と牧畜者の臆病さに乗じて彼らの所有物を強奪して，自分たちを主人に，彼ら農耕者や牧畜者を畑や動物小屋で働く奴隷にした．主人となった狩猟者たちは，

力づくで奪い取ったものの所有を法律によって聖化し，爾後，異議申し立てのできない権利としてしまったと説くのである．要するにランゲのテーゼは「社会は暴力から生まれ，所有権は横領から生まれた」である．人間の恐れや暴力に着目している点では，ランゲも認めているように，ホッブズとの類似点もありはするけれども，ランゲは契約当事者間の自発的合意に基づく社会の設立という契約論者の説明を信じず，その批判的創造性の価値を退けている．ここではルソーに対しては名を挙げていないが，ランゲがルソーの『人間不平等起原論』の人類史の描写を強く意識した上で，ルソーへの反駁的応答として語っていることは疑いようがなかろう．農業の発見が人間に社会の生成を促したこと，開始された社会で所有を巡る争いが頻発，激化し，ホッブズ戦争状態に陥ったこと，こうした戦争状態を終わらせるべく，国家の設立，所有権の確定の必要を誰よりも望んだ富者が，貧者を巧みに誘導して，貧者も含む人々の合意に基づき国家を設立したこと，ルソーの語るこうした社会・国家形成までのプロセスにランゲは反発し，それとはまったく異なった見立てを披瀝し主張しているように思われる．ランゲの眼はあくまで彼が生き空気を吸っている現にある社会の現実に向けられる．都市で極貧の生活を余儀なくされ増え続ける第四階級に属する人々，農村で懸命に働けども明日のパンにも事欠く暮らしに沈む日雇い労働者，人口の4分の3を占めると強調される彼ら近代ヨーロッパの賤民と農民の畑や家畜に甚大な被害を与えながら狩猟を楽しむ貴族たちとの間には激しいコントラストが存在する．ランゲの貴族嫌いは筋金入りで，モンテスキュー流の貴族制を採る余地がないことはもはや明らかである．ランゲの言葉を聞こう．

> 「わが日雇い労働者は土を耕すが，とれたものは食べられない．それなのに，彼らが大地の耕作を無理強いされるのは，まさに別な形で生きていくことが不可能であるためである．建物には住めないのに，わが石工が建物を建てるように強いられるのも，別な形で生きていくことが不可能であるためである．まさしく貧窮が彼らを市場に無理やり連れていく．そこで彼らは，彼らを買うという慈悲を示したがる主人が出てくるのを待つ．彼らは，貧窮ゆえに金持ちの膝にすがり，あなたを儲けさせてさしあげることをどうかお許しくださいと頼まざるを得ないのである」（192-193頁）．

　こうした同時代の歴史的現実への鋭い観察が彼の社会形成をめぐる言説に投影されていることは間違いなかろう．

日雇い労働者は奴隷より悲惨である

　次に，第五篇の奴隷に関する法律を巡って．ランゲは「私は，奴隷制が自然に反していたとしても，社会には適していたことを示した」（571頁）とし，このことは，

アリストテレスによってではなく，理性，真理，事物の本質によって明らかであると言う．「人間は決して生まれながらに平等なのではなく，ある者は奴隷になるために，また他の者は主人となるために生まれるのだ」としたアリストテレスを，ルソーが結果を原因と取り違えていると批判した（『社会契約論』）ことをおそらく相当意識しながらランゲは論陣を張る．彼は，一人の主人を持つ通常の奴隷と対比して，「窮乏」という最も恐ろしい主人に隷属する「奴隷」，すなわち餓死の自由しかない日雇い労働者の境遇を際立たせ議論を先鋭化させてゆく．日雇い労働者，日雇い人夫，兵士，奉公人の労働の安値こそが，社会の富をつくり出していると彼は断言する．ランゲには，社会の全体的富裕化の言説や政治的自由獲得の構想は，現実を見ない「妖精物語」に映る．彼のペシミズムは，かくして「残酷な哲学」，「哲学の大演説」へ激しい攻撃をしかけることになる．奴隷制を攻撃し，自由を説く哲学者の主張は，彼らの賃金を１スーも上げはしないのだし，鎖につながったまま一生を終えると決まっている人々にとっては，自由を説く哲学は余りに残酷なのだと．哲学の時代にあって，ランゲは啓蒙の異端ですらなく，反啓蒙，反近代であり，19世紀の社会矛盾の激化を先駆けて描出する．ランゲは，荘厳で広大な建造物を引き合いに出し，建物上部の豪華な装飾と建物全体の重荷を支える土台石との関係に読者の意識を振り向けてから，社会的な上下関係に読者を誘ってゆく．

　「こういう不平等な配置は，社会にも同じように見られる．いくら頑張っても，社会の一番下の土台石に重みがかからないようにすることはできない．それは，ほかのあらゆる石の重みで永遠に押しつぶされるためにある．秩序とか全体の調和とかいうのは，その石がびくともしないことだ．土台石が少しでも動かされれば，また，それが鉛直から少しでもずれると，すべては倒れ，すべてはまっさかさまに落ちてくる．しかし，土台石に迷惑をかけていた最上部の台座が落下してきても，土台石にはなんの得にもならない．それどころか，すべての残骸が再び降ってきて，土台石は，かえって過重な負担をすることになる」(618–619頁)．

　このような記述を追って，ランゲがマルクスにどのようなインスピレーションを与え，上部構造，下部構造論の生成に寄与したのか想像を巡らせるのも，本書を読む醍醐味の１つだろう．
　ランゲがアジア的専制を擁護したことは夙に知られている．本書の結びの一文「彼に忍耐を説く哲学の方が，反抗をけしかける哲学よりずっと道理にかなっている」(740頁) は，ランゲの奴隷制に対する結論と言えよう．評者はこの結論を，ルソーが『社会契約論』冒頭で「ある人民が服従を強いられ，また服従している間は，それもよろしい」と書いた後に，「人民が軛を振りほどくことができ，またそれを振

りほどくことが早ければ早いほど，なおよろしい」と続けたことに対するランゲの
シニカルで乾いた痛みを伴った応答，反論と受け止めた．

第5章　討論と投票，団体と個人──ミル対ルソー

1．ルソー的直接民主主義と現代

　私たち現代人のなかには現に存在し，機能し続けている国家を悪と見なし，中央政治へのアレルギー，嫌悪感，あるいは，どうせ変わりようがないという諦めを増幅させている人も少なくない．だが，そうだからと言って現代国家それ自体の変革の模索，展望まで失ってしまってよいのか．地域，地方政治の変革を志向するのはもちろんだが，それのみならず，それと連動させて中央政治の変革も，粘り強く求めてゆく志向，展望を持ち続けることが必要ではないのか．だから今，私たちにとって必要なのは大政治（マクロ政治）を捨てて小政治（ミクロ政治）の可能性に賭けることではなく，小政治と大政治の連続化，結節なのではないか．この結節の模索のためにこそ，ルソーの理論体系の提示する視座が必要だと私は思う．ただしそのためには，ルソーの理論の現代的読み直し，捉え直しが必要である[1]．

　ルソーの体系は，多くの場合，信じられているような，小国にのみ適合する同質的な男性市民を前提とする合意形成モデルではなく，むしろ多様な男女市民による差異を前提とした，共同意志形成モデルとして読み替えることが可能である．そしてルソーの直接民主主義論は地方の合意形成にしか適用できないのではなく，もっと大きな国民の合意形成にも適用可能であることが，後に論じられる．

　それゆえ本章では，新しい「ルソー主義」的視座から，現代のアソシアシオンと個人との間にどのような新しい可能性を見出せるかを追究してゆくことにしたい．本章にいう「ルソー主義」とは，ルソーが彼の生きた時代に制約されて構想した政治共同体の論理ではなく，現代に拡張された理論的応用可能性を指す．男女全ての，差異を伴った市民が，政策決定の場に直接参加し，表明した個別意志から，一般意志＝共同性が創り出されることを理想とする「共同」の論理のことである．本章の直接の分析対象は新潟県巻町の住民投票とそれと対比される沖縄県民投票である．そもそも，住民投票に私たちが注目するのは，代議制の下でも，自分たちに関わる最も重要な事柄は，議会や首長に任せきりにしないで，直接自分たちで決める，という直接民主主義のエッセンスがそこに見出されるからであ

る．そして，1990年代半ば以降，全国の地方自治体で運動が展開され，実際に実施されるに至った住民投票のなかで，なぜ巻町の事例が問題とされるのかと言えば，そこでは，住民投票を求める運動が既存の団体と個人との関係を突き動かし，町民のあり方を変容させたと考えられるからである．

2．巻町の住民投票

よく知られているように，新潟県巻町の，原発建設の是非を問う住民投票は，住民投票条例に基づく，わが国初の住民投票である[2]．それゆえ，その点に大きな意義があることはもちろんなのだが，私たちがそれにも増して着目する点は，この住民投票がなぜ「成功」を収めることができたのかという点にある．『新潟日報』のスクープ（1969年6月3日）によって東北電力の原発建設計画が明るみに出てから四半世紀，巻町では，原発は建設されるには至らなかったものの，原発計画を廃棄することはできない，長い膠着状態が続いてきた．自民党2，社会党1という保革1と2分の1という55年体制の縮図と言ってもよいような勢力地図の下（新潟一区），巻町は選挙となれば，金品の授受が常態化し，土建業者が力を振るい，地縁，血縁，人情が人々を縛る，利益政治にどっぷり浸かってきた．55年体制の利益政治が長らく支配してきた町で，なぜ住民投票が行われ，しかもそれが「成功」を収めることができたのだろうか．巻町の住民投票を主導したのは，1994年10月19日発足の「巻原発・住民投票を実行する会」（以下，「実行する会」と略記）である．それゆえ，この「実行する会」とは，どのような組織で，そこで展開されたのはどのような運動だったのかが問題となる．言い換えるなら，「実行する会」の働きかけを触媒にして，巻町がそれまでとどう変わったのかが問題となる．21世紀を迎えても，日本の多くの地域で，なお利益政治は生きており，その利益政治の構造を，残念なことに，私たちはまだ十分に断ち切ることができないでいる．だからこそ，しがらみの薄い先進的な地域で，新しい市民政治の実験がなされたというのではなく，新潟市に隣接する米どころであり，まさに55年体制の縮図のような利益政治の舞台であり続けた同町で何が起こったかに，私たちは大いに学ぶところがあるはずである．

巻町の住民投票の「成功」は，建設反対票（1万2478票）が建設賛成票（7904票）を大きく上回った投票結果もさることながら，むしろ，投票率（88.29％）のうちに，まずは端的に示されている．わが国の現行法制下では，住民投票を実施するために，まず住民投票条例を地方議会で制定しなければならず，しかも住民投票の結果が，首長や議会に対して法的拘束力を持たない（憲法95条の地方自治特別法制

定のための住民投票および時限立法による，町村分離や自治体警察の廃止をめぐる住民投票等は除く）．それゆえ，住民投票の実施その事自体が，半ば運動的な側面を持つと考えられ，住民の積極的な参加が，まずもって必要と考えられるのである．そしてその点の認識は，住民投票運動を主導した「実行する会」自身に明確にあった．

　私たちは，まず，住民投票「成功」の意味と関わらせつつ，「実行する会」がどのような団体であったのか，その組織原理や行動原理を明らかにしてゆこう．順序を後先にして予告すれば，巻町の原発建設問題を巡る，この四半世紀の歴史のなかで，多くの団体がつくられ，活動してきたが，「実行する会」は他のどの団体とも質的に異なる新しい役割を担った，新しい組織であるように思う．つくられた団体のなかには，当然，一方に「巻原発推進連絡協議会」をはじめとする建設賛成，推進団体が存在したが，それらの団体の対抗勢力である建設反対を志向する人々の動きを概観すれば，まず55年体制の枠組のなかで，社会党，総評系の建設反対団体「巻原発設置反対会議」が，さらに共産党系の「巻原発阻止町民会議」（後に，「巻原発反対町民会議」と改称）が結成され，活動してきた．これらの団体を本章では，仮に第１グループと呼ぶことにしたい．それに対し，主に新住民や女性たちによって担われた，第１グループより明らかに党派性の薄い，建設反対の運動体が誕生してゆく．それは巻町が新潟市に隣接する町として，徐々にそのベッドタウンとしての性質も併せ持つようになり，新住民が町に流入し，町人口の増加が見られたことを背景に持っている．そのうち，比較的早く発足したグループが「巻原発反対共有地主会」（1977年）や「原発のない住みよい巻町をつくる会」（1982年）であり，1994年以降，活発に活動し始めたグループに「青い海と緑の会」や「折り鶴グループ」等があった．こうしたニューウェーブを仮に第２グループと呼ぼう．第１，第２グループの活動の意義はそれぞれ大きい．第１グループの活動がなければ，おそらくは，とうの昔に巻原発は建設，稼働していたことだろう．反対派と推進派の闘いの激しさは，例えば，1977年12月に機動隊が出動して町議会が原発誘致決議を強行採決した事実や1981年８月の第一次公開ヒアリングが，デモ隊8000人と機動隊3000人が町に結集したなかで行われた事実をとってみても，尋常ではなかったことがわかる．しかし，この力と力の激しい闘争は，それを担っている団体の明確な党派性のゆえに，どうしても，１対２分の１という力の関係を突き崩すことはできず，抵抗，反対勢力は，少数派であり続けた．元来，保守色の強い，地元，自営業者や漁民，農民の多くは，革新のレッテルを貼られてまで，反対団体支持に回ることはできなかったのである．それでは，第１グループより後発のニューウェーブ，第２グループの活動はどうだった

だろうか. 新住民や女性たちを主とする, 人の生命と地球環境を守る運動は, イデオロギー性, 党派性を弱め, 55年体制の枠組みから比較的自由で, 新しい社会運動の流れのなかに位置づけられる. 総じて小さな組織とそれを補う, 各組織とのネットワークを特徴に持っている. 第2グループの活躍を示す1つの例として, わずか5カ月で13万羽もの折り鶴を集めた「折り鶴グループ」の活動に注目してみよう. それぞれ活発に活動した第2グループのなかでも, なぜ「折り鶴グループ」に注目するかと言えば, それは, このグループが住民の心情とどう向き合い, どう関わったかに興味を覚えるからである. 原発建設反対の思いを鶴を折ることによって表すこの運動は, 折り鶴の届け先を提供する人のみが, 住所と名前を公表し, 鶴を折る人々は（折鶴に名が記されていない以上）なお匿名の個人であり続ける. 反対の意志は, 鶴を折る行為のなかで, ある種の「祈り」「願い」として示される. この運動の意義は, まさに利益政治のしがらみのなかで, これまで出すに出せないでいた思いを表す機会を人々に提供し, それを顕在化したことにある. 運動のしなやかさがそれを可能にした. しかし, 他方この運動において個々人は, まだ, しがらみから完全には離脱したわけではなく, しがらみのなかにあってなお, 匿名性を脱していないことも忘れてはならない. このように第1, 第2グループは, 反対運動という共通の括りはあるものの, それぞれの組織原理, 行動原理を持つ, 独自の役割を担ってきた. しかし,「実行する会」はこれら, 第1グループとも第2グループともはっきりとその性質を異にしている.

　先にも述べたように, 巻町の住民投票の「成功」は, 建設賛成票を大きく上回る建設反対票が集まったこともさることながら, それよりもむしろ, 88.29%という投票率に, より端的に示されている. そもそも「実行する会」は,「七人の侍」と呼ばれたメンバーを中心とした会員たちが, 住民投票前に建設反対か賛成かを決して表明せず, あくまでも住民自身が原発建設の是非の意志表明をすることを求める運動だった. もちろん, 事実的には,「実行する会」のメンバーは, 町長や町議が利権と結びついて町政の方向を決定していることを憤り, 運動はその異議申し立てとして, 立ち上げられたのであった. したがって, 会のメンバーの意志が建設推進にないことは明らかだったのだが, それゆえ,「実行する会」のメンバーが建設反対, 賛成いずれの意志も, 住民投票が終わるまで表明しないことは, 確かに, 会の有効な戦術であったことは間違いない. が, 強調されるべきは, それが住民の多数から建設反対の意志を引き出す単なる戦術にすぎぬものではなく, 町長や町議の体現する一部の利益に左右されるのではなく, 住民の意志によって原発建設の有無を決すべきだとする会の真の目的に通ずる姿勢でも

あった，ということである．「実行する会」の発起人は，第1グループのような革新系の活動家でもなければ，第2グループのような新住民でもなかった．彼らは地元の有力な製造業者，販売業者，つまり町の名士と呼ばれるような人々だったのであり，地元の人々から，それまでむしろ保守支持者と見なされてきたような人々だった．彼らの目の前には，保守の大票田となってきた自営業者や農民，漁民がいたし，チェルノブイリ（1986年4月）や高速増殖炉「もんじゅ」の事故（1995年12月）等，国内の原発事故も知り，原発の安全性に疑問や不安感を持っていても，仕事やその他のしがらみから声を出せない，あるいは出しにくい人々が，なお多数存在していた．

　時系列的に「実行する会」の運動の流れを追うと，

① 「巻原発・住民投票を実行する会」発足（1994年10月19日）．
② 「実行する会」の誕生に呼応して，原発反対諸団体が大同団結して，「住民投票で巻原発をとめる連絡会」（「連絡会」）を発足させる（1994年11月27日）．
③ 自主管理住民投票（1995年1月22日〜2月5日＝15日間）を行い，投票率45.40%，建設反対9854票，建設賛成474票の結果を得る．
④ 原発建設予定地内にある町有地を東北電力に売却するための臨時町議会が，反対派町民の座り込みによって流会となる（1995年2月20日）．
⑤ 自主管理住民投票の結果を無視する町議会の構成を変えるべく，町議選運動，「実行する会」擁立候補を3人当選させ，住民投票派が勝利（22議席中12議席獲得）を収める（1995年4月23日）．
⑥ 新たな町議会において，住民投票条例案を11対10で可決させる（1995年6月26日）．
⑦ 建設推進派が住民投票の実施の先送りをねらいとした条例改正案を可決させる（1995年10月3日）．
⑧ 「連絡会」とともに，佐藤莞爾町長（三選任期中）のリコール運動（1995年10月27日〜12月8日）を展開し，署名審査の結果を待たず，佐藤町長辞職．
⑨ 「実行する会」代表・笹口孝明が町長選で当選（1996年1月21日）．
⑩ 住民投票実施（1996年8月4日）．

という経緯をたどる．

　1つのエピソードが知られている．「実行する会」の自主管理住民投票の際，8カ所に分かれた投票所の1つに頬被りで投票に現れた女性のお年寄りがいた．このお年寄りの投票行動は，利益誘導政治に縛られて心ならずも身動きできなかった人が，なお顔を隠しながらも，自らの意志を示した勇気ある行動だった．鶴を折る行為のなかに示された匿名の願い，祈りは，表出のルートを得て，顔を

隠した意志表示へと発展した．さらにそれは，96年8月の住民投票では，88%余りの人々の頬被りなしの投票行動へとつながってゆく．

　「実行する会」の立ち上げによって，推進側の東北電力，町長，推進派町議，推進団体は，資源エネルギー庁とともに，強い危機感を募らせ，ある時は強気の姿勢で，またある時はなりふり構わず，あらゆる巻き返し策を講じた．対する原発反対諸団体は，大同団結して，「住民投票で巻原発をとめる連絡会」をつくって精力的に活動した．このように確かに「実行する会」の立ち上げに推進派，反対派ともに強い刺激を受け，活動を激化させた．しかしそれにもかかわらず，彼ら「実行する会」の仕掛けた闘いは，それまでのような，団体対団体の闘いではなかったのではないか．彼らの闘いは，そうではなくて，どの団体にも属していない一般の町民に対して自らの意志を投票によって示すよう働きかけるのはもちろんだが，それに加えて特に，むしろ従来の利益団体から，そのコアにいる人はそのままだとしても，その周辺部にいる相当数の個々人を引出して，個人として自らの意志を投票行動によって示すことを促す闘いだったのではないか．「実行する会」の運動は旧来型の団体政治を切り崩し，変容させる運動であり，市民的公共性を担う個々人を創り出す運動だったと考えられる．町のことは，一部の利益団体が決めるのではなく，町民自身が決めるのだという，近代民主主義の掲げた高い原理への，そして現代に至っても未だ十分には実現されていないその原理への，いわば原点回帰が行われたと言ってよいのではなかろうか．

3．「あるがままの人間」はいかに変貌したのか
──沖縄県民投票と対比して

　本節では「実行する会」の主導する住民投票運動のプロセスのなかで，巻町民の意識がいかに変容していったのか，そして，住民投票によって創り出された意志とは何かが，沖縄の県民投票（1996年9月8日）と対比することによって検討される．周知のように，沖縄県民投票は，日米地位協定の見直しと基地整理縮小の是非を問う，都道府県レヴェルでは初の住民投票であった．問われた内容も横たわる歴史も異なる住民投票ではあったが，1カ月ほどしか時期をたがえず相前後して行われた，この2つの住民投票のプロセスを対比させることによって，巻町では，なぜ町民が「あるがままの人間」から，いわば「あるべき人間」への志向を持つ存在に変貌しえたのかを明らかにしてゆきたい．

（1）「判断する個」は創り出せたのか

戦後50年に当たる1995年は，国内の米軍基地の75%を背負ってきた沖縄にとって，基地の返還縮小を求める大きな意味を持つ年であった．この年の2月，米国防総省は「東アジア・太平洋安全保障戦略報告」において日米安保を「米国のアジア戦略のかなめ」と位置づけ，引き続き沖縄の基地機能に大きな役割を担わせる意志を内外に表明，日米両政府間で安保再定義が行われようとしていた．同時にこの1995年は，沖縄の基地利用地の契約期限切れが迫っており，強制使用のための更新手続きが開始された年でもあった．こうしたなか，沖縄はもとより全国の世論を大きく揺さぶる米兵による女子小学生への暴行事件（9月4日）が起こる．状況の推移を追うと次のようになる[3]．

① 米兵の女子小学生暴行事件（1995年9月4日）．
② 大田昌秀知事，米軍用地使用に必要な代理署名拒否（1995年9月）．
③ **沖縄県民総決起大会（1995年10月21日）**．
④ 米軍基地の整理縮小のための特別行動委員会（SACO）設置（1995年11月）．
⑤ 村山首相，大田知事の代理署名を求めて提訴（1995年12月7日）．
⑥ 連合沖縄が県民投票条例制定申請書提出，署名活動開始（1996年2月）．
⑦ 各市町村選管に署名簿が提出される（1996年4月10日）．
⑧ 普天間飛行場の全面返還で日米合意（1996年4月12日）．
⑨ 連合沖縄，大田知事に直接請求（1996年5月8日）．
⑩ 県民投票条例案可決（賛成26反対17）（1996年6月21日）．
⑪ 代理署名訴訟，県側敗訴（最高裁上告棄却）（1996年8月28日）．
⑫ **県民投票実施（1996年9月8日）**．
⑬ 大田知事，橋本首相に対し，公告縦覧の代行の受け入れを表明（1996年9月13日）．

1995年から1996年にかけて沖縄は，米軍用地の強制使用手続きを巡る代理署名訴訟（職務執行命令訴訟）で，大田昌秀知事が政府と対峙し，その裁判闘争と相前後しながら，県民投票の実施へと動いてゆく．沖縄は，一方で基地に経済的に依存しつつも（地主の地代，基地労働者），他方，長年，基地によって生活基盤や経済振興を阻害され，米兵の引き起こす犯罪や事故によって大きな被害を被ってきた状況を，今こそ転換しなければと考える人々の危機意識で充満していた．問題の異なる事例間で，危機感の大きさを比較することは難しいが，問題の大きさ，深刻さ，複雑さのどれをとってみても，沖縄県民の危機感が，（このままでは町民のコンセンサスのないまま，原発が建設されてしまうという）巻町民のそれと比して，小さかったなどとは決して言えないだろう．そして危機感，危機意識の存在は，確か

に，人々のあり方が変わる大きな契機である．が，現実には，ただそれだけでは人々が「あるべき人間」への歩みを進めるには十分ではない．基地を包囲する「人間の輪」や県民総決起大会で示された危機感や熱気は，県民の意志形成こそ，事態を転換する「鍵」となるという「決意」と結びついた時，確かなルート，道筋を見出せるのではないか．住民投票運動は，そうした「決意」を1人ひとりの住民に促す運動となりえた時，危機感を運動の大きなエネルギー，パワーに転化させ，成功に至るのではないだろうか．巻町の場合，これまでの保革の枠組みから自由な，無党派的なグループが新しく発足し，運動を主導した．それに対して沖縄では，既成の労組である連合沖縄が条例制定を求める直接請求者だった．次に，条例制定のための議会の審議であるが，沖縄では，5月8日の直接請求を受けて，6月21日には，自民党等の反対17に対して賛成26の比較的大差で，条例が可決され，（住民投票の先送りをもくろむ）条文の修正もなされることなく，9月8日が投票日と定まったのである．さらに，県が投票の促進を図るため多額の予算を組んで，ポスター，チラシを配布し，講演，シンポジウムの開催等の広報活動を怠らなかった．

　翻って巻町の場合は，ずっと「条件」が悪い．「実行する会」は，まず，住民投票にきわめて否定的な姿勢をとる町に代わって，まず，自主管理住民投票を文字通り自前で，行うことから始めねばならなかった．次に住民投票条例派が少数派であった議会構成を変えるべく，町議選を戦わなければならなかった．加えて，町議選では条例派が過半数を得たものの，その後，建設推進派の切り崩しに遭い，2人の議員の寝返りによって議会構成は再逆転，条例が制定されたのは，1人の建設推進派町議の投票ミスの結果と言われる，幸運な偶然の関与（わずか1票差での可決）によるものだった．さらにそればかりか条例制定後も，住民投票実施の先送りをねらいとして条文が改正されたために，佐藤莞爾町長のリコール運動まで行わなければならなかったのであった．このように建設推進派が矢継ぎ早に攻撃を仕掛けてくることに対抗し，その動きを跳ね返す行動をとらざるをえなかったのであった．一見，この両事例の対比から，巻町の状況に困難や障害が大きく，沖縄の状況には，こと，県民投票実施に関する限りは，困難，障害が小さいように思える．しかし皮肉なことに，巻町の建設推進派の攻撃，反撃に対抗すべく運動が進む過程で，その攻撃を跳ね返す力，エネルギーを住民投票推進派は獲得し，パワーアップしていったのである．自主管理住民投票の実施で示された「実行する会」の「決意」は投票を無視，敵視する建設推進派の視線のなかで，45.40%の投票率と投票者の圧倒的多数の建設反対の意志表示を生み，この獲得されたエ

ネルギーの圧力下に，次なる困難（原発建設予定地内にある町有地売却のための臨時町議会の開催という事態）の打開（臨時町議会の流会）がもたらされるという結果を生む．こうした障害と困難の発生とそれの打開を繰り返すなかで，少なからぬ人々は，団体の上からの決定に無条件的に従うだけの「あるがままの人間」から，自己の判断で事の是非を決しようとする存在へと変貌していったのではないか．そして最終局面において，住民投票告示日の7月25日付で，巻町では笹口町長からの「巻町民へのメッセージ」が発せられたことも，町民の「決意」を固める上で大きな役割を果たしたと考えられる．なぜならそのメッセージには，「賛成多数であれば建設の方向に向い，反対多数であれば町有地を売却せず，建設は不可能になることは当然」と記され，住民投票の結果が，直接，原発問題の解決の方向を決すると町民が信じるに足りるものだったからである．[4] もちろん巻町には，こうした運動の主体的要素以外にも，外的で（ある場合は）偶然のファクターも，追い風になったことは間違いない．1995年1月の阪神淡路大震災の恐怖，相次ぐ原発事故の不安，さらには，条例可決時の投票ミス等がそれである．このように巻町では，外的，偶然的要素も味方につけて，運動のパワーアップと町民の意識の変化がさらに進行していったのである．

　これに対するに，沖縄県では，1995年10月21日，空前絶後の8万5000人もの県民が沖縄県民総決起大会に超党派で結集したにもかかわらず，この巨大なエネルギーを維持，あるいはさらに大きくパワーアップさせることに，残念ながら成功したとは言い難い．この巨大なエネルギーは，基地問題の解決の方向性は県民自身の意志表示によって決すると信じ，闘う超党派的な県民運動の創出をもたらしはしなかった．条例制定を目指す直接請求が無党派グループによってではなく，既成労組・連合沖縄によってなされたことはすでに述べた通りである．そして県議会での条例制定後は，県主導で県民投票キャンペーンが行われた．沖縄の基地問題は言うまでもなく，米軍，そして日米両政府という巨大な存在を相手とするきわめて深刻な問題であり，長らく保革の激しい闘いの争点であり続けた．それゆえ，脱イデオロギー，脱既成団体がいかに困難であるかは，想像に難くない．しかし，従来の保革の枠組を超えた主体的な新しい運動こそが，これまでの組織と個人との関係を崩し，自立した個人を出現させることを，沖縄の事例は，図らずも反面教師的に，私たちに教えてくれているのではないか．県民投票を主導する自前の新しい運動の不在．これまでの保革対決の構図を十分に突き崩せないなかで，団体の集団的対応が出てくる．自民党と軍用地地主の土地連（沖縄県軍用地等地主会連合会）と基地従業員の第二組合（全沖縄駐留軍労働組合）とは，県民投

票での棄権を組織決定したのである．こうした組織の上からの決定に呼応して，所属メンバーが棄権に回ったことは，約4割の棄権率に現れている．とはいえ，投票者中の賛成票の率は高い (89.09%)．しかし，棄権することと，投票して反対票を投ずることとは，全く意味が異なる．反対者がもっと投票していたら，たとえ反対票が多くなったとしても，運動としての県民投票にとっては大きなプラスをもたらしたであろう．しかし現実に沖縄で起こったことは，団体崩し，団体外しであるどころか，県民投票崩しの策動であった．県民投票の結果を受けて，県民投票に意義を見出す人々や大田知事は，県民投票の「成功」を言い，評価の言葉を述べた．しかし，多くの場合，それは複雑な表情を浮かべながらのものだった．県民投票の設問の仕方，つまり，基地の整理縮小の意味が曖昧で，どこまで基地が返還されることを意味するのか判然としないという批判や，基地の整理縮小と日米地位協定の見直しとをセットにしたことへの批判があったことは事実である．さらには，大田知事が県民投票前に，巻町長の「町民へのメッセージ」のような，投票結果に対して，具体的にどう対応するか明確に表明しえなかったことも，県民の「決意」を促さない要因の1つとなったことも否めないように思う．しかし，県民投票の「成功」とは言えない結果の主たる原因は，やはり，沖縄県民自身が，県民投票実現に向けての新しい無党派的な団体を立ち上げ，リスクを覚悟した上で自前の運動を展開できなかったことにあると思う．県民投票直前の最高裁上告棄却は，確かに逆風であった．しかし，この逆風を跳ね返す，自前の運動の盛り上がりがあったなら，この逆風は運動のテコともなり得たのではないだろうか．県民投票の投票率59.53%と賛成票の全有権者中53.04%という数字は，なお運動的側面を持つ住民投票にとっては，十分な成功を意味しない．沖縄はどこまで行ったのか．あえて沖縄と巻とを比較するなら，とりわけ，相当数の住民が団体的な拘束の下に，投票に参加しなかったという点から見れば，沖縄は巻の自主管理住民投票時のレヴェルに留まったと言えば言い過ぎであろうか．振り返れば，1995年から1996年にかけての運動のピークは，1995年10月の県民総決起大会の時点にあり，そこに噴出，表出した人々のエネルギーは，県民投票によって県民の確固たる意志を創り出そうとする運動とリンクすることや，さらに大きなエネルギーを生み出すことには成功しなかった．そうしたなか，投票資格を持たない高校生たちが行った模擬投票（「高校生で県民投票をしようの会」主催，会長・浦添高校の比嘉憲司君，参加67校，投票数3万6140人）は未来への希望である．しかし，県民投票直後の知事の公告縦覧応諾は，「県民投票なんだったばー」という失望を彼ら高校生に与えたのであった．

（2）最重要なのは討論なのか投票なのか

　住民の意志の形成にとって，必要不可欠な前提条件は，行政や一部の利益団体関係者等だけに情報が独占されず，全ての住民が自ら，判断を行えるような情報開示があることが挙げられる．巻町は住民投票前に，町民シンポジウム（1996年5月17日）を主催し，その報告書を全戸に配布し，町の広報誌にも3回掲載した．それに対して，建設推進派，建設反対派は，双方とも，活発に講演会やミニ集会を開催して，それぞれの主張の正当性をアピールした．

> 推進派「明日の巻町を考える会」＝チラシ配布，講演会
> 東北電力＝地域ごとのミニ懇談会，原発見学ツアー（東電・柏崎刈羽），全戸訪問
> 通産省・資源エネルギー庁＝連続講演会，シンポジウム
> 反対派＝地域ごとのミニ集会，全戸訪問

　巻町の原発建設問題の場合，きわめて長いせめぎ合いの歴史があっただけに，その長い時間のなかで，推進派，反対派，そして一般住民を含めた町民には，問題に関する生半可ではない知識の蓄積があった．町民の原発に関する知識は，例えば，新しく町を担当した新聞記者が太刀打ちできないと感じるほどのものであり，ゆうに3時間は語り続けられるほどのものであった．[8] 知識の蓄積は住民投票の短い期間に限られていたわけではなく，もっと長い時間をかけて行われていたのである．情報が住民に行き渡っていない場合には，情報開示を町が率先して行わなければならないだろうが，巻町の場合は，その必要性がそれほど大きくなかったと言えるかもしれない．住民間に，特に直接，買収や利益誘導の対象者となる場合も多かった農民，漁民（用地買収や漁業補償）と事務職等，それ以外の職業従事者との間や，旧住民と近年の流入組である新住民との間に，情報へのアクセスの仕方や情報の質量の差異はあったとしても．そして，町ではなく反対，推進の両派が，それぞれ別個に，各自の主張を展開する場（集会）を住民投票前に頻繁に持ったのであった．

　ところで私たちの多くは，議会であれ，その他の集会の場であれ，市民相互間のコミュニケーション行為としての討論こそが，よりよい合意形成，政策形成を生むことを半ば「常識」としているが，住民投票という直接民主主義的方法，手法においては，討論はどのように位置づけられるだろうか．巻町では推進派の買収，利益誘導はとうの昔に行われてしまっていた．弁論のレヴェルでは両派とも論点，争点が出し尽くされ，もはや両派とも妥協点は見出せず，議論が平行線をたどることは明らかであった．自民二派のつばぜり合いから両派とも革新陣営の

取り込みを余儀なくされ,「原発凍結」を暫定的, 政治的に選び, 問題を引き延ばしてきただけの状況にも, 限界が来ていた. 一言で言えば巻町の膠着状態は限界に達していたのである. 膠着状態が動く直接的なきっかけは, 三選を果たし, 盤石な地盤を固めたかに見えた佐藤町長が, 一気に「凍結」を解除して「建設」へと転換したことにあった. 長く膠着状態に陥ってきた町, しかし, 他の同じような問題を抱えた地域と巻町が異なっていた点は, どこにあるのだろうか. それは, もうこの問題はどうしても解決されなければ町は立ち行かないという限界の意識, 強い危機感を持って立ち上がった町民 (「実行する会」) が巻町にはいたことであり, 彼らの危機感の共鳴盤が多くの町民の側にもあったことである. それでは討論の位置づけを考えながら, 改めてこの住民投票運動を整理し直すとどうなるだろうか. 言うまでもなく討論とは, 一般に, 公開の場で, その判断の根拠, 理由を明らかにしつつ, 問題への賛否それぞれの立場をはっきりさせる行為である. それに対して,「実行する会」はそのメンバー自身が, 先述のように, 投票前に自らの賛否の意志を公表もしなければ, 討論に参加することもなかった. そして街宣車やチラシ等で, あるいは戸別訪問によって, 住民 1 人ひとりに対して訴え, 求めたものも, 言うまでもなく, 公開の場 (討論の場) で賛否の表明をすることではなく, 改めて自分 1 人で判断して投票することだった. もちろん, 住民投票前に巻町で討論が行われなかったわけではない. たとえ, 推進派や資源エネルギー庁の集会が一方通行的な「講演」の形を採ることが多くとも, 推進派, 反対派の集会は, やはり幾分かは討論の場でありえたし, 両陣営とも活発に行った街頭宣伝や戸別訪問の際, ミニ討論が「発生」することもあった. しかし, 住民投票前夜の巻町では, 討論はもはや最重要なものではなかった. そして住民投票そのものは, 討論ではなく, 各住民が 1 票を投ずることによって自らの意志を表明する行為であった. それゆえ, 巻町の住民投票における主役は, 雄弁な討論者ではなく, ふだんは討論を聞いているだけのサイレントな個々の住民だったのであり,「実行する会」のメンバーは, 言ってみれば, 舞台上の黒子だったのである.

　ところで討論の重視は, Ｊ・Ｓ・ミルに溯るまでもなく, ハーバーマスやアーレント等に見られるような, 現代の民主主義の主たる原理の 1 つと考えられているように思う. このような考え方に立つと, あらゆる政治的な舞台の上で, 雄弁に自説を主張する討論者が政治の能動的なアクターとして, スポットライトを浴びることとなる. 議論を闘わせる少数の討論者と彼らを囲み, 聞き入る多数の聴衆. 現代においては議論にほとんど関心を持たず, 聞こうともしない無関心層の問題

がそれ以上に深刻でもあるのだが,今はそうした無関心派の問題はひとまず措く.討論が重視される見方に立つと,討論者が主役で聴衆は脇役である.実際,聴衆は自ら,はっきりとした判断を持ち合わせている場合は稀で,それゆえ,自らの判断と討論者の見解との異同を考えながら聞いていることも稀で,舞台上で主張され,あるいは闘わせられている複数の主張のなかから,どちらかと言えば自分の好みにかなうと感じる意見を選ぶだけ,という場合が圧倒的に多い.こうした聴衆にとって,自らが舞台上の討論者になることはさらに稀である.舞台に上がるには,「高度な専門性」や「見識」が必要とされ,この雄弁と説得の世界には,「技術」が必要とされると考えられているからである.聴衆に残されているのは,選択でしかないというシュンペーター的世界が広がっているのである.

　ところで,ルソーは,長々とした騒々しい討論を共同意志形成の阻害要因と見て,討論を重視しない,と言うよりむしろ,討論に内包する危険性を指摘した.現代の民主主義論の「常識」とは異なって,ルソーは討論の有益性より危険性に注視した思想家だった.ルソーは,必要以上に討論が長々と騒々しく繰り広げられる時,討論者は邪な意図を隠していると見た.長々として騒々しい討論は,樫の木の下で誰かが口を開いたら,短い時間のうちに,誰もが分かり合えるような,穏やかな話し合いとは対極に置かれている.雄弁は政治的能力の発露として高く評価されるより,むしろ,人々を知らぬうちに一部の者の特殊利益（団体利益）に誘導しうる技術として,警戒の対象とさえなる.ルソーは,討論に対してJ・S・ミルが考えたような,議論を続けるうちに,主張された意見のうち,最も理にかなった意見が残り,あるいは,個々の主張のよい点が結び合わされて,よりよい意見が形成されるという「健全な」機能を期待するのではなく,もっともらしい装い（偽りの公共性）の下に,特殊利益に専ら従うように人々を誘導する危険性を見るのである.ルソーにとって,雄弁は,徒党,団体の形成,維持の策動の温床とさえ見なされている.しかも現実の団体利益への誘導は,こうした討論や雄弁の世界以下であることも忘れてはならない.なぜなら,討論や雄弁と言った時,議論を闘わす複数の討論者の対等性が暗黙のうちに想定されているように思うが,実際の利益誘導は,多くの場合,アメとムチを巧みに使い分けた「説得」という形をとる.ここには,討論者の対等性ではなく,むしろ,力や権威の上下関係が見出される.

　さてルソーの原理論は,政治共同体＝国家という大共同体における人民集会の理論であり,そこでの表決,言うなれば「人民投票」が問題とされている.私たちは,ルソーが直接,理論化している対象が国家における主権の直接行使である

こと，しかも，このルソー的共同体においては議会，代議制を否定して，人民集会こそが立法集会であり，したがって「人民投票」の結果が法となることを，改めて確認しておかなければならない．しかし私たちはルソー主義の観点から，ルソーの理論を国家という大きな政治的単位から，地域という小さな単位へスライドさせ，置き換えて考えてみることにしよう．とはいえ，他国同様，代議制を前提とするわが国の現行法制下では，地方にも当然，議会があり，住民投票は，地方議会の可決した住民投票条例に基づいて施行されるものの，住民投票の結果がどこまでの効力を持つのか（法的拘束力）という問題が横たわっている．こうした限界，問題点については後に，論じなければならない．ルソーは人民集会の参加者である市民1人ひとりに，政府（執行部）によって提出された問題に対して，あたかも裁判官であるかのように判断を下すことを求める．ルソーの立論は，ここでもまた「常識」に反している．私たちの「常識」では，裁判官は当事者であってはならず，第三者であることが求められているのは当然とされるからである．問題の渦中にある当事者ではなく，第三者だけが公正な判断を下せると考えられるからである．しかし，このような発想とは大きく異なって，ルソーは当事者自身が，第三者の問題としてではなく，自らの問題として判断を下すことをよしとする．それゆえルソーにおいて，各市民に求められているものは，当事者性と裁判官性という2つの属性である（CS374/51-52）．

　これを巻町の住民投票の場合にあてはめて考えてみると，住民投票に参加する各市民は，原発建設問題に断を下す裁判官であるべきだ，ということになる．他方の当事者性の要件は，町民であることから，すでに問題なく充たされている．町民の問題に対する当事者性と裁判官性．55年体制下での利益政治こそが政治であると考える人にとっては笑止千万な絵空事と感じられるだろう．当事者であり，かつ，裁判官であれなどとは，どこの世界の話だろう，と．しかし，中央—地方の政府が体現する強力な政治的公共性に対して，市民の担う市民的公共性を活性化させることこそ，市民政治の展開の条件であると考える脱利益政治の発想に立てば，自らの問題を，一方で裁判官のように判断することは決してユートピア物語ではない．むしろ，各人の裁判官性は，このままでは町，そして町民の生活は立ち行かなくなるとの危機感が後押しして，がんじがらめにされてきた利益政治の網の目から住民を解き放ち，政府，県，電力会社や業界団体から押しつけられた判断に従うのではなく，1人ひとりが自らの理性と良心（感情）に従って判断することによって，獲得されうるものなのではなかろうか．しかし現代人は，人間の非合理性を注視し，感情というよりもむしろ，情動により強い関心を払うし，

「感情的」という言葉がヒステリック，情緒不安定といった意味合いで用いられることが多いことからもわかるように，「感情」に正当な地位を与えていないように思われる．しかしルソーの体系では，そうではない．そこでは，人間の判断，意志の決定は理性と感情の相互作用によって説明される．デカルトに淵源を持つ，18世紀という，哲学の世紀，理性の世紀に生きた思想家であるにもかかわらず，ルソーは理性の無謬性を主張などしない．そうではなくて，彼が主張するのは理性の騙されやすさである．ルソーはそれゆえ，感情に理性を導く役割を与え，感情に理性との同等性をさえ与えた．さらに，理性—感情は固定的なものではなく，両者ともに人類の発展，転換とパラレルに転化，変質，発展し，その関係性も動態的なものとされる．すなわち，ルソーの捉えた人類と国家の歴史においては，人類は理性の発達によって高度で豊かな獲得物を手にするが，その成果は本来，万人の幸福のために用いられるべきなのに，そうならずに，自尊心（悪しき感情）が理性を引きずってゆくために，一握りの利益（団体利益）にのみ奉仕し，他の多くの人々を疎外することになる．だが，このような事態がさらに悪化し，臨界点に達すると，遂に人々のなかで眠っていた良心が目覚め，その良心が理性と自尊心との結びつき（相補関係）を切り離し，理性を導き始めるので，危機的状況が打破されるに至ると考えられる．つまり良心は，結局は，自尊心と結びついた理性の暴走を歯止め，新しい状況を生み出す，いわば起死回生の契機と見なされる．それゆえルソーの体系は，理性の発達を肯定し，理性を前提としており，非理性主義とは異なるが，かといってデカルト流の理性主義とも一線を画している．それは理性—感情のダイナミックな動態論を特徴としているのである．

　さて，沖縄の県民総決起大会での高校生・仲村清子さんの訴えは，危機感から発する純粋な感情の発露であった[9]．このいわば良心の訴えは，確かに，活発な県民の討論，議論を生み出した．しかし，県民投票までの比較的長い日々のなかで，長すぎる討論や説得が繰り広げられ，日に日にむしろ団体的な感情が大きくなってゆき，（仲村さんに象徴された）個人の良心の叫びは，県民の心に届きにくくなってしまったのではなかろうか．だがそうしたなか，県民投票において，女性の投票率が男性のそれを53市町村中，49市町村で上回った事実は何を意味するのか[10]．運動の直接的な引き金になった少女暴行事件の性質上，より強く女性たちの心を揺さぶったことは間違いない．この有意差は女性の方が「感情」の声に耳を傾けることが多く，説得に服することが少なかったことを意味するように私には思える．内面の声に従ったこのような判断を，地域エゴとか生活保守とかいった言葉で一蹴してしまって果たしてよいのだろうか．正確な情報を手にすることは，も

ちろん，よき判断の前提条件に他ならない．しかし，合理性，科学性，専門性の名の下に，長年，一体何が行われてきたかを自らの内面の声に問うてみることこそ，今の私たちには必要なのではなかろうか．私たちは「国策」と言われて判断停止したことはないだろうか．国策とは，一体，誰が決定したことであるのか，本来は，誰が決定すべきことなのか．そして地域振興とは，本当は誰の利益となるのか，果たして地域住民に等しく恩恵を与えるのか，といったことを再考してみなければならない．ルソーはいう．

> 「理性は私たちを騙すことが余りにも多い．私たちは理性の権威を拒否する権利は十二分に獲得することになっただけだ．しかし，良心は決して騙すようなことはしない．良心こそ人間の本当の導き手だ」（E594-595/中213）．

そして，理性と良心（善き感情）の相補性を次のように表現してもいた．

> 「人間として完成させるには，人を愛する感じやすい存在にすること，つまり感情によって理性を完成することだけが残されている」（E481/上474）．

各住民は検察官でもなく弁護人でもない．このいわば「住民裁判」で検察官と弁護人の役割を果たすものを敢えて挙げるとすれば，それは，それぞれ反対派集会の弁士であり，賛成派集会の弁士にあたるだろう．なぜ討論はそれほど重視されないのだろうか．裁判官は審理を尽くすけれども，審理中に弁論はしない．裁判官は検察官，弁護人双方の主張は聞くが，その双方ともに引きずられることなく，独立して，良心に従って，最後に断を下さなければならない．裁判官は徒党を組まない！　それゆえ弁論（討論）はもちろん否定されないけれども，そのどちらにも巻き込まれることなく，裁判官たる町民は自らの判断を下さなければならない．もはや聴衆ではなく，独立した裁判官として．

4．現代デモクラシーにおける住民投票の位置づけ

住民投票は現代のデモクラシーのなかでどのように位置づけられるべきか．もし私たちが，間接民主制こそが真の民主制であり，住民投票は地方議会の存在意義を損なうものであると主張するような，代議制システムの強固な信奉者でないならば，地域の大問題に対しては，直接，住民に事の是非を問う住民投票が，現代のデモクラシーのなかに重要な位置を占めるべきであると考えるのは，自然なことのように思える．しかし，わが国の法制の現状から考えると，住民投票には，「ジレンマ」や法的拘束力の欠如といった「阻害」要因が存在する．まず，「ジレ

ンマ」は，よく知られているように，わが国には住民投票法が存在せず，住民投票を行うためには，まず，地方自治法に則して，住民の直接請求あるいは首長または議員提案を通して，地方議会で住民投票条例を制定しなければならないことから生ずる．そもそも議会が住民の真の意志を体現しているとは考えられない状態に陥っている地域だからこそ，住民投票の実施が求められているケースが圧倒的なのである．にもかかわらず，住民投票を実施しようとすると，その当の議会で，住民投票条例を制定させねばならないのである．（住民投票法がないといった）法制上の「不備」「欠陥」のために，本来は不要な高いハードルを越えなければならないことになる．さらに，法的拘束力の欠如という大問題が私たちを苦しめる．すなわち，たとえ住民投票が実施されたとしても，住民投票の結果がそのまま自治体の最終意志となるのではなく，住民投票条例において，「尊重される」と規定されるに留まっている．このため，現行制度下で，実際，首長が住民投票の結果を尊重せず，それに反した名護市のような事態も発生する．[11] このように問題は，わが国の現行法制が，住民投票という直接民主主義的方法を積極的に位置づけていないがために引き起こされているのだが，こうした現実を無批判的に受け入れ，そのことを前提として考えてしまうと，私たちは本末転倒の結論に達するかもしれない．ルソーは人が犯すこの種の本末転倒を，アリストテレスを引き合いに出して，原因と結果の取り違えとして，批判している．そこでルソー主義的視点から，この「ジレンマ」や「欠如」の問題を捉え直してみよう．

　ルソーは「一般意志は全ての人から生まれ，全ての人に適用されなければならない」と述べている（CS373/50）．ルソーにとって法は一般意志の表されたものであるから，この言葉は，全員から出たものでなければ法ではないことを意味する．地方議会の制定した法である条例は，ルソー主義的観点からは，それゆえ厳密には法とは言えない．有権者に選出された議員によって構成された議会で表決されて成立した条例（法）であっても，直接，全有権者が表決した結果でない以上，ルソーの体系からすると正式な法ではないことになる．他方，重大問題の是非を問い，実施された住民投票の結果は，各有権者がその意志を直接表明した結果，もたらされたものなので，それこそが法であるということになる．それゆえ，この視点からすると，地方議会のシステムに対する補完として住民投票があると捉えるのでも，もっと住民投票を積極的に位置づけて，地方議会と住民投票との同等性，相互補完性を主張するのでも足りないことになる．この視点からは，住民投票の結果こそが法なのであるから，住民投票の優位性，優越性が出てくる．ルソーは（先に予告しておいたように）事実を前提にして権利を打ち立てようとするグ

ロチウスのやり方を，アリストテレスを引き合いに出して批判した．すなわち，
アリストテレスが現に奴隷制が支配している世の中を見て，「本性からの奴隷」
なるものの存在を認め，「人間は決して生まれながら平等なのではなく，あるも
のは奴隷となるために，また他のものは主人となるために生まれる」と言ったこ
とを受けて，アリストテレスは結果を原因と取り違えたのだとルソーは断罪して
いるのである（CS353/18）．現にあるもの（法制）は，人間が，それも代表者とい
う一部の人間だけが，関わってつくったものにすぎない．それにもかかわらず，
そうした現にあるものの枠組のなかだけで考えると，政治のあらゆる局面で主客
が転倒し，主人であるはずの有権者が限界感，無気力感にさいなまれて，変革の
あらゆる可能性を奪われ，政治的無関心状態に陥ってしまうことになる．

　一般に代議制民主主義を重視して，住民投票を否定，批判する場合はもちろん，
住民投票の意義を一定程度，認める場合であっても，住民投票運動は，個人や地
域のエゴから出発したと見なされることが多い．個々の地域住民は，そのままで
は私利私欲を追求する存在であり，討論や，学習を通じて，他者理解を深め，よ
り広い視野を獲得してはじめて，よき判断を下すことが可能な，市民的な公共性
を担う存在に転化しうるのだと．ところが，このような発想に，ルソー主義は異
を唱える．個々の人間は，本来善き存在であったのだが，団体の発生，形成とと
もに，悪く変質すると捉える．ルソーの人間性善説は，個人性善説，団体性悪説
と言い換えることができる．ところが現実に私たちが目にするのは，団体形成と
ともに変質した後の人間であるので，あたかも個々の人間が元々，私利私欲を追
求する存在であるように見える．しかし，変質はしているものの，本来は善きも
のであった個人は，疎外の臨界点に達すると，善き感情によって目覚め，状況を
打破するために立ち上がることができる，と見なされる．このような観点から住
民投票運動を捉え直すと，運動の出発点に見出されるのは，個人や地域のエゴで
はなく，危機に目覚めた個々人の良心だということになる．確かに，たとえ危機
感を持つに至っても，人は人である限り，完全にはエゴを払拭できない存在かも
しれない．しかし，危機感によって生き方を問い直し始めた個々人は，利己心と
市民的良心とのせめぎ合いのなかで，よりよい判断を下すことが可能となる，と
考えられるのである．

　住民投票によって創り出される住民の意志は，ルソー主義の観点からは，どの
ように規定されうるのだろうか．個々人の住民の判断，意志は差異を伴っており，
全員一致の表決は例外的で，ほとんどの場合，賛否の票に分かれる．そしてたと
え賛否の立場を同じくする者同士であっても，投票に至る判断理由，根拠は一様

ではない．このような人々の差異性を前提とした上で，住民の個別意志を投票に
よって表出させ，多数を占める側の意志が住民の意志とされるのである．このよう
に捉えてゆくと，創り出される住民の意志は，全ての住民に例外なく共有され
た「共通」意志なのではなく，むしろ住民内部の意志の差異性や反対票を前提と
した上で創り出される「共同」意志なのである．共同というタームは，表決の結
果，たとえ，投票時に，自分が投じたのと異なる立場が選択され，住民の意志と
された場合でも，表決後は，その意志を住民の共同の意志とする，という約束が
込められている．それゆえ，このような観点から，それは全住民の「総意」と言
うより「共同」意志と表現されるにふさわしいと私は考える．

　さてここまで，住民の共同意志を地方のレヴェルに留めて述べてきたが，国と
の関わりはどうだろうか．住民投票で問われた問題が国策と関わり，かつ，その
投票結果が国の基本政策の方向性と異なるものだった場合は，国は地方から重大
な疑義を突きつけられたことになる．たとえ，住民投票の設問が形式的には，地
域に限定された個別の問いとして立てられていても，国レヴェルの問題として捉
えないと根本的には解決されえない問題——エネルギー政策や安全保障問題等
——の場合は，個別的な問いは，結局，全体の問いと結びついている．それゆえ，
本来的には，真の法とも言うべき正当性の高い異議申し立てが住民投票の結果の
形でなされたなら，政府は部分（地方）から発せられた問いを，今度は，全体（国）
の問題として，真摯に受け止め，等しく正当性の高い形で，応える政治的責任が
あるはずである．住民投票から国民投票の必要性が導き出される．ここに至って，
直接民主主義的な合意形成モデルは，単に地方という小さな単位に適合性を限定
されたモデルなのではなく，国というより大きな単位においても，適用されるべ
きことになる．地域住民の共同意志から国民の共同意志形成が促される．もし個
別的にして全体的でもある問題に対して，地方が示した共同意志が，国という全
体へと発信され，今度は国にその場を移して，再び問い直される機会がなくてよ
いのなら，地域の共同意志は，地域内で問題が打開されさえすればよいという地
域エゴとの謗りを完全には払拭できないであろう．しかし，共同意志は決して当
事者としての判断であるだけでなく，裁判官のごとき，広い視野に立った判断で
もあった．地域内での問題は，より大きな全体における問題の打開を促す契機と
なってこそ，より大きな正当性を主張できると私は思う．周知のように，わが国
では，国民1人ひとりに，問題化した，国策の是非を問う国民投票は，制度化さ
れていないが，その実現は，デモクラシーの成熟，深化のためにはきわめて重要
なことであると思われる．

5．アソシアシオンと個人の可能性

　ルソーの (政治学の) 主著『社会契約論』は，確かに，アソシアシオン論，ア
ソシアシオン形成論であった．『社会契約論』で1人ひとりの自発的に集った契
約当事者が結合し，設立するものこそ，ルソーはアソシアシオン (association) と
呼んでいるのだから．ルソーのアソシアシオンが，必然の結合ではなく，危機感
によって糾合された人々の任意の結合であることは重要な意味を有している．し
かし，ここで創り出されるアソシアシオンは各アソシアシオン形成者 (associé)
によって創設される契約国家＝市民国家なのであって，それは市民社会を構成す
る諸団体を指していない．つまり，ルソーの体系のなかで創り出されるアソシア
シオンは，国家という政治共同体なのであって，市民社会は，国家形成後，市民
となったアソシアシオン形成者たちの社会的，経済的な相互活動を通じて，新た
に結び直され，拡大，増殖もする社会，経済関係の圏として，二次的に捉えられ
るにすぎないのである．したがって，ルソーは『社会契約論』で各アソシアシオ
ン形成者の自発的な結合としての国家，いわば大アソシアシオンの理論を追究し
ているのであり，それは大アソシアシオン論 (＝市民国家論) であるという基本線
を忘れることはできない．そしてこの国家＝大アソシアシオンの設立後，このア
ソシアシオンと比して相対的に小さな他のあらゆる団体は，消極的，否定的に位
置づけられる．ルソーはそれらの小集団を徒党 (brigues)，部分的団体 (associations
partielles) または部分社会 (sociétés partielles) と呼んでいる．私たちはこうした部
分社会，団体を大アソシアシオン (＝国家) と区別するために，小アソシアシオ
ンと呼ぶことにしよう．つまり大アソシアシオン＝国家は肯定され，市民の社会
的，経済的圏としての市民社会の拡大，増殖過程のなかで，必然的に生み出され
る国家以外のあらゆる団体，部分社会は，初めから，消極的，否定的なエレメン
トとして捉えられているのである．確かにルソーの契約国家の枠組みのなかでは，
小アソシアシオン (部分社会) は，必要悪として存続を許容されるのがせいぜい
で，積極的な意義を見出すことは困難である．ルソーの想定した団体，部分社会
は，団体の特殊利益を団体外の人々の利益を犠牲にしてさえ追求することと，団
体内では成員それぞれの意志が失われて，団体意志への服従がもたらされること
とを特徴に持つとされ，この特質のゆえに，ルソーは団体を契約国家にとってマ
イナスの作用を及ぼす否定的要素と見なした．しかし，言うまでもなく私たちが
生きているのは契約国家ではなく，現実国家のなかである．しかも，本章で分析
した巻町の「実行する会」や70年代以降，新しい社会運動の流れのなかに出現し

たさまざまな市民団体が追求するものは，自分たちの団体利益ではなく，もっと広い公益，市民的公共性であった．これらの集団は，政府に任せておいたのでは是正されない問題の解決を図るべく立ち上げられた集団である．それゆえ，これらの集団は，ルソーが想定した団体，部分社会とは質を異にしている．ルソーが直接捉えた理論枠組からすると想定外のこれらの集団は，ルソー主義的視点からは，どのような位置づけが可能だろうか．ルソーは個人と大アソシアシオン（国家）との関係を個人が個人のままでありながら全体でもあるような関係として捉えた．個人が全体のなかに埋没してしまわずに，個でありながら全体と結びつく関係が契約国家のなかに見出された．この点をはっきりさせるだけでも，ルソー＝全体主義という一部に流布する解釈がいかに誤った，問題の多いものであるかがわかる．が，現実国家のなかに生きている私たち現代人は，国家との間でこのような関係を取り結べない．だからこそ，人はなんらかの公益の実現を目指して人々が自発的に集う市民団体の活動に活路を見出そうとする．ルソー主義は，一握りの権力エリートではなく，ごく当たり前の個人が覚醒し，個人としての自立性を取り戻し，行動し始める時，危機は克服され，問題の打開が図られると考える．とすれば，ルソー主義は，個人が潰されず，個人が個人でありながらも，団体と結びついている，このような個人―団体関係の築かれた市民団体を，積極的に肯定できる．それは，団体内部での個人―団体関係のみならず，広く，団体外にある個人と団体とが関わり合う場面においても，同様である．つまり，個が個でありながら，緩やかに連帯しうるような開かれたアソシアシオンが求められるのである．

　巻町の「実行する会」は，それぞれのメンバーが個でありながら活動する緩やかな集団であり，人々に既存の団体の団体意志に説得されるだけの受動的な存在ではなく，個々に自立した判断を下せる個人になるよう働きかけた．団体を崩し，個人の自立を促す団体，逆説的に聞こえるかもしれない，こうした小アソシアシオンの活動こそ，危機を克服し，問題を打開しうる大きな可能性を私たちに示しているのである．

注
1 ）この点に関しては，本書第 2 章，第 3 章および鳴子（2012）第 4 章，第 5 章を参照されたい．
2 ）巻町の住民投票の経緯については，以下の 3 点，新潟日報報道部（1997）および今井編著（1997: 106-131）あるいは五十嵐（2003: 139-170）に負うところが多い．なお，新

潟県西蒲原郡に属していた巻町は，2005年，新潟市へ編入合併された．

3）沖縄県民投票に至る状況の推移に関しては，以下の 2 点，高橋（2001）特に第 3 章，神奈川県自治総合研究センター（1998: 123-128）に負うところが多い．

4）問題の町有地は，その後，東北電力に売却されることはなく，2000年 1 月の町長選を前にした，1999年 8 月に，「実行する会」のメンバーを主とする23人の町民に売却された．その後，この町長の町有地売却が違法か否かを巡って建設推進派が起こした訴訟で，最高裁は2003年12月に，上告を退ける決定を下し，事実上，東北電力の原発建設は困難となった．

5）沖縄問題編集委員会編（1996: 54）参照．

6）今井（1998: 22-23）参照．

7）政府は1997年 4 月，米軍用地特別措置法（特措法）を改正し，使用期限後も基地の継続使用を可能にした．さらに，1999年 7 月，地方分権一括法の成立で特措法の改正を行い，代理署名，広告縦覧等の手続きを国の直接執行事務とするとともに，首相による裁決の代行等，強行規定を加えた．

8）新島・清水（1999: 186）参照．

9）今井（2000: 95-96）参照．

10）沖縄問題編集委員会編（1996: 91）参照．

11）沖縄タイムス社編（1998: 130-142）参照．

（補注）2007年 5 月，日本国憲法の改正手続に関する法律（国民投票法）が成立した．しかしこれは，わが国が重要な問題に直面し，岐路に立たされた時，国民の意志を問い，国民の意志に基づいて政治の針路を定める国民投票制度の真の創設には程遠いものである．

参考文献

五十嵐暁郎（2003）「直接民主主義の新しい波＝住民投票——巻町の例を中心に——」高畠通敏編『現代市民政治論』世織書房．

今井一編著（1997）『住民投票——20世紀末に芽生えた日本の新ルール——』日本経済新聞社．

今井一（1998）『住民投票 Q&A』岩波ブックレット No.462.

————（2000）『住民投票——観客民主主義を超えて——』岩波新書．

沖縄タイムス社編（1998）『民意と決断——海上ヘリポート問題と名護市民投票——』沖縄タイムス・ブックレット 1．

沖縄問題編集委員会編（1996）『代理署名訴訟　最高裁上告棄却』リム出版新社．

神奈川県自治総合研究センター（1998）『平成九年度　部局共同研究チーム報告書　住民投票制度』．

高橋明善（2001）『沖縄の基地移設と地域振興』日本経済評論社．

鳴子博子（2001）『ルソーにおける正義と歴史——ユートピアなき永久民主主義革命論——』中央大学出版部．

————（2002）「パリテかクォータか，普遍主義か差異主義か——ルソー主義から見た政治哲学的考察——」『法学新報』第109巻第 3 号 ＝（2012）『ルソーと現代政治——正義・

民意・ジェンダー・権力──』第4章.

─────（2004）「女性の政治参画における北欧モデル（クオータ）対フランス・モデル（パリテ）──女性は1つの集団なのか？──」星野智編著『公共空間とデモクラシー』中央大学法学部政治学科50周年記念論集Ⅰ，中央大学出版部＝（2012）『ルソーと現代政治──正義・民意・ジェンダー・権力──』第5章.

新潟日報報道部（1997）『原発を拒んだ町──巻町の民意を追う──』岩波書店.

新島洋・清水直子編著（1999）『闘う首長』教育史料出版会.

◆コラム**5**　選択的夫婦別姓と習俗

まずいコーヒー・おいしいコーヒー

　ここに，同姓か別姓かを選べる選択的夫婦別姓に関する，ある意識調査の数字がある．それはNHKの世論調査のもので，実施時期は，別姓を認めない現行の夫婦同姓を合憲とした2015年12月の最高裁判決が出される直前（2015年11月21〜23日）に当たっている．この調査によれば，夫婦別姓を選択可と答えた人の割合は，20，30代・40代・50代で，それぞれ61％（不可36％，カッコ内は不可の割合，以下同様），63％（36％），66％（32％）であり，60代で49％（47％）とほぼ拮抗し，70歳以上では選択可27％に対して不可が69％と逆に，不可が可を大きく上回るが，全体としては別姓の選択可は46％と不可の50％とほぼ拮抗している．以上のように，世論調査の結果は，全体としては夫婦別姓の選択について賛否が分かれるものの，50代以下では，別姓を可とする人の割合が不可とする人の割合を大きく上回っている．こうした数字から，家族をめぐる日本人の意識は若い世代を中心に変化してきていると判断されるかもしれない．しかし，事はそう単純ではないのではなかろうか．私は少し立ち止まって考えてみようと思う．

　まだ実現していない選択的夫婦別姓ではなく，現行の夫婦同姓から考えてみることにしたい．大日本帝国憲法下の家制度は戦後，廃止され，個人の尊厳，両性の本質的平等を規定した日本国憲法の下，夫婦どちらかの姓を選択して夫婦同姓とする民法改正から70年が経過した．しかし夫婦どちらかの姓の選択といっても，現実は96-97％のカップルが夫の姓を選択し，妻が姓を変える状況が続いている．96-97％と3-4％，これは余りにも大きな数値の開き，偏りである．そもそも，結婚前に結婚後の姓をどうするか真剣に語り合うカップルが，日本にどれだけいるだろうか．姓をほとんど変えない男性側の関心，感度は女性に比べ，総じて低いし，圧倒的に姓を変える女性側も，たとえ問題に直面し不都合を感じる場合でも，自分の姓を変えることを暗黙の裡に受け入れ，積極的に話し合いをしているケースは少ないのが現状ではなかろうか．だが，もし両性の本質的平等が単なる建前ではなく，男女の実質的な平等を志向するものであるなら，現行法制においてもカップルが結婚前に姓をどうするかについてまじめに話し合うのが筋ではないか．その話し合いの結果，妻の姓を選ぶカップルが半数に届かないとしても，少なくとも10％台，さらに2〜3割くらいまで増えてもおかしくないはずである．

　私はこの，夫婦の姓の選択に見られる数値の開きに，「見えない力」の作用を感

じてしまう．そもそも現行制度のここ（夫の姓を選択してしまうこと）に，問題が露呈しているように私には思える．だから，世論調査で，将来，法制化されるかもしれない選択的夫婦別姓について尋ねることは，たとえが悪いかもしれないし，世論調査そのものを否定するつもりもないが，極端なことを言わせていただければ，店員が「まずいコーヒーとおいしいコーヒーのどちらにしますか」と尋ねる若手お笑い芸人のネタと大差ない問いに思えてしまう．世論調査で夫婦別姓を可とすると答えた若い世代の人も，結婚時に（現行制度で）ほとんど夫の姓を選んでいる事実は何を意味するのか，という問いを看過してはいけないのではないだろうか．50代を境にして「見えない力」の分水嶺があるとは単純には言えず，むしろ，世代を超えて，今なお，私たちは「見えない力」の影響圏にあると見た方がよいのではないか，と．

　21世紀の日本の夫婦の姓をめぐるこうした現状を私たちはどのように考えたらよいのだろうか．私はこのコラムを「選択的夫婦別姓と習俗」としたが，それはなぜか．選択的夫婦別姓の実現が戦後長期にわたって政権を担ってきた自民党，なかでも党内保守派の反対によって阻まれてきたのは事実である．それゆえ，そうした保守派の動向を無視，軽視してよいわけではないが，問題解決の困難，遅延を，単にそうした保守政権の意向，動向に還元できるのなら，この問題はむしろそれほど難しくないかもしれない．なぜなら，選択的夫婦別姓が今なお実現していない主原因は，一部の，政治家，保守勢力の行動にあるというより，ごく「普通」の日本人の行動，選択を左右している「見えない力」，力学にあり，そこに大きな問題が隠されているように思えるからである．

　グローバル化する現代世界の変化は加速しており，性的マイノリティ，LGBTの権利擁護が問題とされ，ジェンダーとセクシュアリティの多様性が提起され，同性婚がすでに認められた国もある．日本でも少しずつ，こうした問題が可視化されてきている．このような社会の変化の大きさやスピードを思うにつけ，日本人の夫婦同姓・別姓をめぐる意識の変化の緩慢さは対照的ですらある．私は，その原因に少しでも近づくために，本コラムで日本人の習俗や当事者である女性の意識の底を覗いてみようと思う．私たちの社会を，家族形態も価値観も多様化した「いま」に適合したものにつくり変えてゆくために，誰かが不都合に直面したり精神の自由を損なったりすることなく生きられる場所にするために，何が必要か．「見えない力」とはどのようなものなのだろうか．そこで，まず習俗なるものに接近すべく，18世紀フランスのある習俗を取り上げてみることにしよう．

習俗の弁別──伝統と非伝統

（1）フランスのある習俗──里子，乳母

　私がここでご紹介するのは，里子，乳母という習俗である．18世紀のフランス，特に都市部では，母が授乳して子どもを育てるのではなく，乳母に子どもを託して養育させることが常とされていた．フランスの18世紀は「乳母の全盛期」と呼ばれる．これはどのような事態なのだろうか．乳母という慣習は，古今東西，存在してきた．王侯貴族など上流階級の女性たちは，自身で母乳育せず，子どもを宮殿や邸宅にしかるべき身分の乳母を住まわせて養育させるのが常であったからである．しかしここで取り上げる習俗は，このような上流階級の慣習に留まらぬ，あらゆる社会階層に広まった，母自らが授乳せず子どもを乳母に託して育てさせる，フランス都市部の習俗のことである．

　フランス革命前の社会では産業構造，社会構造の変容，地殻変動が進み，農村から都市（とりわけパリ）への人口流入が続いた．都市部には職人，小売店主，商人などの中間層の人々や生存ラインギリギリの貧困層の人々が多数存在することとなった．そうした変化のなかで，18世紀後半には，上流階級や富裕層のものであった乳母の慣習は，生活のために長時間働かなければ暮らしてゆけない都市の中間層や貧困層の女性たちにも広がり，斡旋人を介して，子どもを農村の農婦（乳母）に里子に出し育てさせることが常態化した．こうした乳母の実態に少し接近してみよう．フランスの社会学者エヴリヌ・シュロル（Evelyne Sullerot, 1924-2017）はパリから80キロ離れた自分の村の歴史を調査した．それによると，18世紀には村の女の5人に1人が召使の身分にあり，とりわけ乳母は人気の職業だった．乳母志望の女は村にやって来た周旋屋の男女の求めに応じ，パリの「乳母周旋中央事務所」なる所で，乳児の両親との面接に臨み，話がつけば乳母が乳児を田舎に連れて行くという段取りだったという（Decaux 1972＝1980：62）．「1780年にパリで出生届が出された21,000人の赤ん坊のうち，生みの母が授乳して育てたのはわずか5％にすぎなかった」とアメリカの人類学者サラ・ブラファー・ハーディー（Sarah Blaffer Hrdy, 1946-）は記す（Hrdy 1999＝2005（下）：86-87）．ハーディーは，母親に授乳されなかったパリの2万人の赤ん坊を「最も幸運な25％」と「最も不運な25％」とこれらの中間に位置する50％に分けている．邸宅で乳母に育てられたり，質の高い乳母に養育される「最も幸運な25％」と農村の乳母に里子に出される中間層の50％と孤児院送りにされる「最も不運な25％」の間には，確かに雲泥の差がある．しかし，母が自分の子を母乳育せず，他人である乳母が授乳，養育する点はあらゆる社会階層に共通していたのである．

　だが，この里子，乳母という都市の習俗に危機感を持って異を唱えた人物がいた．

ジャン＝ジャック・ルソーである．ルソーは生まれるとすぐ産衣に包まれる赤ん坊の不幸を鋭い筆致で描いたあと，次のようにいう．

> 「こういう不条理な習慣はどこから生じたのか．自然に反した習慣からである．母たちがその第一の義務を無視して，自分の子を養育することを好まなくなってから，子どもは金で雇った女に預けなければならなくなった」（E254/上43）．

ルソーは，子どもを金で雇った乳母に養育させることは「自然に反した習慣」，「不条理な習慣」であるとし，わが子を授乳して育てることが母の第一の義務だと訴えたのである．当時の子どもの生存率は「生まれる子どもの半分は八歳にならないで死ぬ」（E259/上52）と記されているように非常に低く，また，都市は「せむし，びっこ，がに股，発育不全，関節不能など」（表現は訳文のまま）（E254/上42）身体にさまざまな障がいをもった人であふれていた．当時の人々（とりわけ女性）の識字率は非常に低かったので，ルソーの告発を直接目にできた女性はジロンド派の女闘士・ローラン夫人のような有産者層にほぼ限られていたけれども，18世紀の大ベストセラー小説『新エロイーズ』（1761）や母と家族のあり方を論じる『エミール』（1762）は，読者層の女性たちに衝撃を与え，彼女たちに母乳育の重要性を認識させ，習俗の見直しが社会の上層から図られるようになっていった．19世紀の人民の歴史家ジュール・ミシュレは，ルソーの作品が女性たちに「驚くほど大きな影響」を与えたと述べた．王妃マリー＝アントワネットは，母であるオーストリアの女帝マリア＝テレジアに宛てた手紙のなかで次のように書いている．

> 「今の育児法によりますと，赤ん坊は以前より自由に動けるようになりました．産着で包まれることもなく，揺り床に寝かされたり，腕に抱かれるようになりました．外気にさらしても大丈夫になると，少しずつ外の空気に馴れさせられ，ついにはほとんど常に外気にふれたままにされるようになりました．これは育児上最もよく，最も良識にかなった方法だと思います」（Decaux 1972＝1980：84）．

ここにルソーの提唱した新しい育児法がマリー＝アントワネットに与えた影響を見て取ることができる．アントワネットの文面は，明らかにルソーの次のような記述と呼応しているからである．

> 「産衣にくるまれているよりも母の胎内にいたときのほうがそれほど狭くるしい思いをせず，拘束もされず，しめつけられもしなかったのだ．これではなんのために生まれてきたのか，わたしにはわからない．（中略）かれらがあなたがたからうけとる最初の贈り物はかれらの身をしばる鎖だ．かれらがうける最初の待遇は責苦だ．声のほかには自由になるものをもたないかれらは，どうしてそれをもちいて不平をいわずに

いられよう．かれらはあなたがたがあたえる苦しみにたいして泣き叫んでいるのだ」
（E254-255/上42-43）．

　以上見てきた18世紀フランスの里子や乳母の習俗の事例から，習俗の中味を問う
ことがいかに大切か学べるように思う．誰もが疑問を持たずに当たり前のこととし
て行ってきた里子や乳母の習俗にくさびが打ち込まれた．庶民の女たちの生活条件
は容易に変わらなかったけれども，揺るぎないものに見えた習俗に変化がもたらさ
れたのである．一口に習俗と言っても，その土地に連綿と続く，伝統と呼ぶにふさ
わしいものもあれば，比較的新しく，伝統とは呼びえないものもある．都市の習俗
である里子，乳母は，人間の自然に反する行き過ぎた人為として告発され，当事者
である女性のなかに，その告発を受け止め，それまでの意識を変える者が現れた．
当事者たちの意識が変われば，習俗も大きく変化することがある．要するに，習俗
の中味の検討，習俗の弁別が重要なのである．

（2）日本の習俗——家制度と明治政府の立法者

　フランスの18世紀から私たちの問題に戻ろう．いくら結婚は男女が自由意志で行
うものだと言っても，親族など身近な人々が意見したり介入したりして，結婚する
当人たちの思うにまかせないという声を今なお，しばしば耳にする．家制度は戦後，
廃止されたとはいえ，やはり「家」は日本の伝統と深く結びついたものであり，完
全にはなくならないと思っている人も案外少なくない．保守派は，「家」を，守る
べき価値，復活すべき良俗であると主張する．しかし，日本の家制度は，本当に古
来から連綿と続く日本の伝統なのだろうか．家制度は，1898（明治31）年の明治民
法によって創設され，1947（昭和22）年に民法改正が行われたので，この法制が生
きていたのは約50年にすぎない．50年といえば，戦後の70年より短い．夫婦同姓の
歴史も思いの外，短い．皇室を除く日本人が皆，名字を持つようになったこと自体
が新しい．江戸時代に武家以外で名字帯刀を許されたのは少数だったことは誰でも
知っているが，その武家の慣習は別姓であり，明治に入っても政府は夫婦別姓の指
令を発していたことはあまり知られていない（福島 1992: 165）．

　改めて近代史のおさらいを少ししておこう．ヨーロッパ列強に遅れて，19世紀後
半，近代国民国家化を急ぐ明治政府は，国民国家の基礎単位としての「家族」を創
り出す必要があった．明治政府の立法者が創設した「家」は，「近代家族」の日本
型バージョンとも言われる（千田 2011: 67）．要するに，家制度は，近代国民国家と
ともに，紛れもなく近代の産物である．保守思想家・梅原猛は，多数の神仏が共存
（神仏習合）することが日本の長きにわたる習俗，伝統であって，神仏殺し（神仏分離，
廃仏毀釈）の強行によって創造された万世一系を掲げる国家神道は非伝統であると

断じた（梅原 2011：11-45）．この梅原の伝に倣えば，家制度もれっきとした非伝統である．しかし，それならば，なぜ私たちは歴史の浅い家制度を伝統と錯覚し，21世紀の今も，その亡霊に引きずられているのだろうか．私たちが「見えない力」に引きずられているのは，連綿と続く習俗（伝統）と新しい人為（非伝統）とを意図的に混ぜ合わせて渾然一体のものと見せかけ，その境目を簡単にはわからなくさせた明治の立法者の作為，知恵のせいではなかろうか．明治政府の立法者の巧みな作為は，伝統とは言えないものまでひっくるめて連綿と続いているもののように私たちに信じ込ませることに成功した，と．

　それでは，明治政府作の「家制度」の効力が敗戦まで強固に継続したのは，立法者の卓越性の故だとしても，その亡霊がなぜ戦後70年を経過した現在まで私たちの心を縛り続けているのだろうか．天皇も靖国神社も戦後，その根本性格を変えた（とされている）．しかしそうは言っても，今も，天皇も靖国神社も，戦前と同じ名前で，目に見えるものとして，私たちの前に存在している．言うまでもなく，戦前，天皇制と国体の中枢機関である靖国神社は，「家」と強固な関係性を持っていた．それゆえ，天皇制と靖国神社が曖昧さを残して，目に見える形で存続している日本で，「家」の亡霊が「見えない力」を失わないでいるのは，このような意味からは，当然と言えるだろう．

　ところでルソーは，習俗と立法者の関係について興味深い指摘をしている．それは，新国家の立法を論ずる『社会契約論』第2編を締めくくる第12章においてである．ルソーはそこで，法を4つに分類し，政治法（または根本法），民法，刑法に続く第四の法として習俗を挙げ，法のこの部分の重要性を強調して，次のようにいう．

　　「この法は，大理石や銅板にきざまれるのではなく，市民たちの心にきざまれている．これこそ，国家の真の憲法をなすもの，日々新たな力をえて，他の法が老衰し，または亡びてゆくときに，これにふたたび生命をふきこみ，またはこれにとって代わるもの，人民にその建国の精神を失わしめず，知らず知らずのうちに権威の力に習慣の力をおきかえるものである．（中略）偉大な立法者は，個々の規則のことしか考えないようにみえるときも，ひそかにここに心をこらしている．個々の規則は，アーチの弓状部にすぎないのに，習俗は，その形成がずっと緩慢だが，結局アーチの不動のかなめ石をなすものだからである」（CS394/81-82）．

　私は明治の立法者の知恵や巧みさを称賛するためにルソーの言説を引いたのではない．むしろその逆である．彼ら立法者の習俗の巧みな利用，伝統と非伝統の混交，接合が，戦後70年たった現代の私たちにまで影響を及ぼし，日本の伝統と非伝統の弁別，習俗の中身の検討を難しくさせていることの功罪を問いたいのである．

当事者（女性）の意識と行動

　ここまで習俗や「見えない力」をめぐって論じてきたが，ここでは当事者（とりわけ女性）の意識と行動について（本コラムでここまで触れてこなかった）旧姓の通称使用をめぐって考えてみることにする．この現実的な対処策は，ほとんどの場合，姓を変える側の女性が被る不都合をある程度，軽減する．そのため，選択的夫婦別姓の法制化はさほど必要ではないと考える人もいる一方，通称使用では問題の抜本的な解決策とはならないと考える立場もあり，私は後者に属する．そこで私は，通称使用する女性の内面を，ルソーの性的差異論に即して捉えてみようと思う．ルソーは理性と感情とを等価値とする人間観の主唱者で，もちろん男女ともに理性と感情を有すると説く．しかし同時に，男性は理性により恵まれ，女性は感情により恵まれた存在であるとする性的差異論も展開する．ルソーによれば，女性の豊かな感受性は，周囲のさまざまな情報や人々の感情を遮断することができず，常にそれらを否応なく感じてしまう．それゆえ，女性は周囲にある現実の問題への対応に追われることになるが，女性の理性はそれを見事に果たすことができる，とされる．それに対して，女性に比べて感じることが少ない男性は，特に情報を遮断する必要もなく，自分が重要と考える物事の根源にまで遡って考えることができる，とされる．「感じたり感じなかったりすることはわたしの自由にならない」（E573/中171）とするルソーの直観からは，ほとんど感じない存在（男性）に感じなさいと言っても，感じる存在（女性）に感じない（気にしない）ようにしなさいと言っても無駄ということになろう．「世の中というものが女性の読む書物だ」（E737/下89）とルソーは述べている．

　このようなルソーの視点から，日本の夫婦の姓の問題はどう捉え直されるのか，試みに以下に記してみる．

　　周囲のさまざまな情報や人々の感情を感じてしまう女性は「見えない力」も敏感に感じてしまう．女性は「見えない力」の正体は何かといった根源の問いを掘り下げ，「見えない力」と対決するような行動はとらず，「見えない力」の作用する現実を受け止め，現実のなかで問題に対処しようと努める．——要するに，夫の姓を受け入れた上で，現実的対処策を選ぶ妻の意識，行動には男女の傾向的な差異が見て取れると言えそうである．

　「まずいコーヒーとおいしいコーヒーのどちらにしますか」と店員に尋ねられたら，飲みたいのはおいしいコーヒーに決まっているので，問いのナンセンスさが笑いとなる．しかし，「日本コーヒー店」では，ほとんどの女性は，おいしいコーヒーがいいと思いながらも，「見えない力」に引きずられて，まずいコーヒーを選んで

しまう．まずいコーヒーを選んだ上で，女性はコーヒーのまずさを減らすために，ミルクや砂糖を入れるなどの工夫を一生懸命している．とは言え旧姓使用のために闘ってきた先人たちの努力は大変なものだった．日本というコーヒー店を皆が心からおいしいコーヒーを選べる所に変えるために足りないものは何だろうか．

　里子や乳母の習俗を改め，母乳育を始めたフランスの女性たちには，そうしなければ子どもの命にかかわるという強い危機感があった．日本の女性たちが「見えない力」と対決する意志を固めるためにも，やはり強い危機感が必要であるだろう．最後に，ルソーの言葉を記してこの小文を終わることにしたい．

　「わたしたちの習慣というものはすべて屈従と拘束にすぎない．社会人は奴隷状態のうちに生まれ，生き，死んでいく．生まれると産衣にくるまれる．死ぬと棺桶にいれられる．人間の形をしているあいだは，社会制度にしばられている」（E253/上41）．

参考文献

Decaux, Alain（1972）*Histoire des Françaises*, Paris, Perrin（アラン・ドゥコー著，渡辺高明訳（1980）『フランス女性の歴史 3――革命下の女たち――』大修館書店）．

Hrdy, Sara Blaffer（1999）*Mother Nature : A history of mothers, infants and Natural Selection*, New York, Pantheon（サラ・ブラファー・ハーディー著，塩原通緒訳（2005）『マザー・ネイチャー――「母親」はいかにヒトを進化させたか――』上・下，早川書房）．

梅原猛（2011）『神殺しの日本――反時代的密語――』朝日文庫．

千田有紀（2011）『日本型近代家族――どこから来てどこへ行くのか――』勁草書房．

鳴子博子（2013）「フランス革命と明治維新――ルソーの「国家創設」論からの比較考察――」（『法学新報』（中央大学法学会）120-1・2）．

――――（2017a）「ルソーのリプロダクション論と18世紀――授乳と戦争――」（『経済学論纂』（中央大学経済学研究会）57-5・6）．

――――（2017b）「ジェンダー視点から見たルソーの戦争論――ルソー型国家は膨張する国家なのか――」（『法学新報』（中央大学法学会）124-1・2）．

福島瑞穂（1992）『結婚と家族――新しい関係に向けて――』岩波新書．

第 **6** 章　既存宗教・市民宗教は人間を自由にするのか

１．宗教を発展する人格から捉える

　ルソーの宗教論は，宗教思想上，きわめて革命的な理論である．ルソーは，自らを真の有神論者，18世紀における徹底したプロテスタンティズムの擁護派と自認していた．にもかかわらず，ルソーの主観に反して，彼の宗教論は，客観的にはカトリック，プロテスタントを問わず，それらの教義を否定し，既存宗教の存立を危うくする巨大な破壊力を内包していた．その意味で，ルソーの宗教論に対するカトリック側からの激烈な攻撃も，プロテスタント側からの徹底した拒絶も，彼の宗教論に内在する既存宗教への根底的否定性，破壊性を誤ることなく見抜いた反応であったといえるかもしれない．しかし，ルソーの宗教論の革命性は，単に宗教思想上の革命性にとどまるものではない．それは，「市民宗教」においては，宗教思想上の革命性のみならず，際立って政治思想上の革命性を有している．「市民宗教」は，社会契約によって設立される新しい政治体の宗教，つまり国家宗教である．「市民宗教」は，宗教であると同時に，政治体の法，もっといえば，法の神聖性を保証する，法のなかの法であるがゆえに，既存宗教への否定性のみならず，既存国家，すなわち人間を生存不能に陥らせるまでに至った専制国家を否定，打倒する破壊力を持つものである．以上の諸点は，本章において，彼の宗教論の構造，すなわち「自然宗教」「福音書の宗教」「市民宗教」間の構造的連関が解明されるにつれて，明らかにされる．それでは，以下に私の採った分析視角，分析方法について述べたい．

　本章はルソーの宗教論を構造的に把握しようとする試みである．労働概念および人格概念に関する２つの論考で私は，ルソーの思想を理論的に解明する鍵として「人格（personne）」という有効な手がかりを見出した．[1] とりわけ鳴子（2001）第３章「ルソーの人格概念──労働概念を手がかりとして──」では，自己完成能力の働きによって発展する人格の動態を捉え，人間・社会的人間・市民という３つの段階を異にする人格を分析した．ところで，人格が発展するとすればそれと呼応したそれぞれの宗教が考えられないだろうか．先の論考では，人格論が行為における人格の視角から論ぜられ，行為論に力点が置かれていたので，ここで

改めて人格それ自体の概念を明らかにしたい.

　人格それ自体を見据えるためには, 人間を最も根源的な出発点, 人間のいわば初期条件――ルソーはそれを純粋な自然状態と呼んだ――に置いてみることが有効である. 自然人は, 自己保存に必要な能力と自己愛と憐れみの情という生得感情とを与えられているが, そればかりか第1に自由な行為者であること, 第2に自己完成能力を有することという, 他の動物と人間とを区別する二大特質を帯びている. ルソーは直接, 人格そのものについて定義づけを行っていないが, こうした人間の初期条件を踏まえつつルソーの人格概念を捉えれば, ほぼ次のようにまとめることができよう.

　　「人格とは, 自然から最初, 自己保存に必要な能力と自己愛と憐れみの情という生得感情だけを与えられた人間が, 自己完成能力を働かせて自由に自らの能力を引出し, その引き出された能力に見合った感情を発達させ, このようにしてある状態 (段階) にある能力と感情の統一体としての個体を指すものである」.

　ところで人間が自由な行為を行うためには, その前提として自由な意志形成(決定) がなければならない. これまでは, いわば行為というアウトプットから人格を分析してきたが, 今回は行為の前に形成される意志に遡って論考することになる. 本章の重心は, したがって行為論から意志論へ移動する. 人間の自由な意志形成 (決定) のプロセスがまずは問題になるのである.

2．道徳

（1）道徳

　本節では, 第1に道徳のメカニズムを検討し, 第2に道徳と宗教との関係を論ずる. そこでまず悪という最も基本的な概念を確認しておく. 「人間は邪悪である. 悲しい連続的な経験がその証拠を不用にしている. けれども, 本来, 人間は善良である」(DI202 (Note Ⅳ)/147) という『人間不平等起原論』中に見出される言葉は, 『エミール』の周知のフレーズ「万物をつくる者の手を離れる時すべてはよいものであるが, 人間の手に移るとすべては悪くなる」(E245/上27) と完全に符合する. 一方における自然状態での悪の不在・欠如と, 憐れみの情を根拠に持つ人間の「自然的善性 (bonté naturelle)」の存在. 他方における社会とともに始まる人間による悪の形成. 悪とは, 私有制の導入により社会的不平等が伸長・拡大するなかで, 自らの生存や充足を他者に依存せざるをえない「社会人 (homme civil)[2)]」が, 他者よりも少しでも優位な立場に立とうと画策する心の働き, つまり

自尊心の働きによって生じさせるもの，人間界に混沌と無秩序とをもたらすものである，と捉えることができる．ところでルソーは，道徳の形成を「自分自身と自分の同類とに対するこの二重の関係によって形成される道徳体系から，良心の衝動が生まれる」(E600/中222) という一文に集約的に表現している．これを感情の発達の観点から整理すれば，自己が自己自身に対する関係のなかで持つ自己愛と自己が自らの同類に対する関係のなかで持つ憐れみの情という 2 つの生得感情の相互関係が，憐れみの情の拡大・深化を伴って変化してゆくなかから道徳体系が生まれ，こうした道徳体系から良心が発現する，と捉え直すことができる．また良心の発現は，理性の発達を待ってでなければありえないという意味で良心は理性に依存しているが，同時に良心は理性から独立した原理であって理性の導き手になること，つまり理性と良心とは相互補完的に作用し合って善を生むこと――以上の点にルソーの理性・良心論の特質を見出すことができる[3]．それでは悪しき行為を引き起こす悪しき意志の形成は，どのように捉えられるのか[4]．人間(社会人) の内面には，社会的不平等を前提とする社会のなかで自己の利益のみを優先しようとする感情 (自尊心) と同類に対する利益を重んじ共同の利益のために尽くそうとする感情 (良心) とが混在している．こうした混在状態のなかで，自尊心と良心とが少なからずせめぎ合った後，自尊心が良心を圧倒し，理性が自尊心に引きずられて意志形成をする[5]．この時理性は，良心の指し示す利益よりも自尊心によって個別的利害に片寄った方向に向けて用いられる[6]．こうして形成される意志が，悪しき意志，すなわち反道徳的な意志である，と考えられる．とすれば，道徳的な意志とはどのように表せるのか．良心が自尊心とのせめぎ合いのなかで勝利し，理性が良心に導かれて，良心の指し示す一般的秩序に合致した方向に活用されて形成される意志である，と捉えることができる[7]．それでは，人間の歴史の方向性についてルソーがどのように捉えていたかを自己完成能力の存在を中心に考えてみたい．「周囲の事情に助けられ，すべての他の能力を次々に発展させ，われわれの間では種にもまた個体にも存在する能力」(DI142/53) と規定される自己完成能力は，そのタームそのもののうちに完成という観念を含み，その観念は，ある 1 つの方向性，絶対的な価値 (完成) へと近づこうとする方向性の存在を私たちに予告する．が，自己完成能力の働きが人間の種と個体の歴史に一義的な発展過程をつくり出してゆくことは，タームのなかにだけでなく，ルソーの理性・良心論の発展プロセスのなかにも確かに見出すことができると思う．あらゆる能力のなかで「最も困難な道を通って，そして最も遅く発達するもの」(E317/上160) とされる理性は，自己完成能力の引出しうる最大の能力と言いうるも

のである．しかし理性は人間のどのような行為，人間の関わるあらゆる場面にも
用いることの可能な能力である．理性そのものが，ある１つの方向を指向し，あ
る方向性に向かってのみ作用するというわけではない．そのような意味で，人間
の理性それ自体はニュートラルなものである．だがしかし，ルソーの体系におい
て理性は，導き手たる良心（感情）という補完物を持っている．理性の発達がみ
られたエミールについて，ルソーは次のように語る．

> 「人間として完成させるには，人を愛する感じやすい存在にすること，つまり感情に
> よって理性を完成することだけが残されている」(E481／上474)．

さらにルソーは次のように断言する．

> 「理性は私たちをだますことが余りにも多い．私たちは理性の権威を拒否する権利は
> 十二分に獲得することになっただけだ．しかし，良心は決してだますようなことは
> しない．良心こそ人間の本当の導き手だ」(E594-595／中213)．

人間の理性は善をも悪をも生み出す可能性を持っているということ，両者の差
異は理性を導く感情の差異によって生み出されるということをこそ，ここから読
み取らなければならない．「正義と美徳の生得的な原理」(E598／中218) である良
心がそれ自体としてはニュートラルな理性に価値的な方向づけを施すことをル
ソーは「感情によって理性を完成すること」と言い，そのことが人間を完成させ
ることにつながる，と捉えたのである．しかし理性は自尊心と結びついて反道徳
的な意志を形成し続ける．理性と良心との相互補完的作用の機能不全はここでは
明らかである．これが社会人の陥った疎外状況の現実である．とすれば自己完成
能力の活動がこうした状況を生む理性の発達をもたらしたのであるから，自己完
成能力が人類史に絶対的な方向性を与えているという考えを捨てなければならな
いのだろうか。人類史をある発展過程のある状態に限局して捉えず，大きな歴史
の流れのなかに展望することにしよう．自己完成能力の活動は確かに疎外状況を
つくり出す結果を生んだが，自己完成能力のさらなる活動は諸能力（理性）の発
達を促し，それが社会人を疎外の極限状況へと連れてゆき，そのことによって社
会人を疎外の克服を不可避的なものと自覚させる革命期に至らせるだろう．そこ
では人々はわれとわが社会の矛盾を見抜き，自尊心に生きることをやめ，理性と
良心との相互補完的作用を意志形成に十分に発揮させうる存在に徐々に転化する
であろう．このような人々は，もはや社会人とは呼べず，社会的人間に転化しつ
つある人々と言えるのではなかろうか．このように理解しうるとすれば，人類史

の一連の段階・過程をつくり出し，自尊心を克服して良心によって理性を導くことのできる段階に人間を誘ったのは自己完成能力であり，自己完成能力は，結局，自らの惹起した悪を克服し，道徳性の発揚・発展を指向する一義的な方向性を有すると結論づけることができよう．それゆえスタロバンスキーの歴史の両義性を強調する理解を私は採ることができないのである．したがってルソーの捉える人間の歴史は，自然状態における自然的善性の遍在，悪の不在という第1段階，ついで社会への移行に伴う自然的善性の喪失，悪の発生・蔓延する第2段階，さらに悪の遍在する社会のなかで良心が自尊心を克服することによって道徳性を獲得する，目指されるべき第3段階という，いわば善の弁証法的な歴史として捉えることが可能である．こうした歴史の弁証法的構成を認識すれば，ルソーが人類の青年期──純粋な自然状態は脱したが，まだ社会状態へと完全には移行していない「新しく生まれたばかりの社会」にある人間の状態──を称揚することも，社会状態への移行をルソーが「なにかの忌まわしい偶然」(DI171/95-96) の連鎖によるものと捉え，社会状態における人間の歩みを「私たちの忌まわしい進歩」(E588/中200) と呼ばざるをえなかったことも，さらにまた悪をも選ぶ自由さえ持っている人間があえて自由を正しく用いて，その意志と行為に道徳性を獲得することにルソーが人間の功績と褒賞とを見出すことも等しく理解できるのである．

（2）道徳と宗教

宗教とは何か，また宗教と道徳との関係はどのようなものか，という問いに対して，ルソー自身の行った宗教についての以下の内的区分を参照することから始めたい．すなわち，宗教から①「儀式的なものにすぎない信仰形式」を除くと，②教義と③道徳の2つの部分が残る．そしてそのうち，②教義はさらに②a「われわれの義務の諸原則を設定し道徳の基礎として役立つ部分」と②b「純粋に信仰にかかわる思弁的な教義だけを含む部分」とに細分される (LM694/『全集』Ⅷ 203)（番号は引用者）．「私には正確と思える以上のような区分」とルソーが自負する宗教のこの内的区分から，彼が宗教は道徳を内包し，しかもその教義中に人間の義務の原則を設定し，道徳を基礎づける部分を持つと見なしていることを確認することができる．それでは，エミール──ということは理念化された個体としての人間──の宗教への接近についてルソーはどう語っているのか．そして人間の個体の成長・発達に即せば，私たちは道徳と宗教との関係をどのように解することができるのだろうか．エミールが神秘の領域に接近し，全被造物を司る唯一神，人格神の観念を得る時期をルソーはきわめて遅く設定し，その時はエミールが道

徳の世界に入った後も長らく訪れないとしている．道徳とは，社会のなかで人間と人間との関係を規定する原理であって，道徳体系から発現する良心の根源を問うこと，つまり良心はそもそも人間に対し，何者によって賦与されたのかを尋ねることは，なおエミールのなしうるところではないのである．しかし，遂にエミールは「彼の知識の自然の進歩がその方面に彼の探究を向けさせる」(E577/中139) 時期を迎える．自己完成能力の活性化によって彼の理性が真の神観念を得るだけの認識能力を獲得したからである．エミールは良心の根源を探究することによって神に到達し，神こそが良心を生得感情として人間に賦与するものであることを確信し，彼自身の信仰を獲得するに至る．彼はこのようにして神と人間との関係軸を得る．彼の信仰箇条には，彼の理性によって捉えられた神と人間との関係が記されている．この神─人関係は，まずは神と彼自身の関係として意識されるが，神は当然彼一人ではない万物の創造者であるから，神を中心において他の被造物である自分以外の人間をも含んだ神─人関係として捉えられなければならない．とすれば信仰とは，第1に，神─人関係を問題とする魂の領域と言えるが，同時に，神という視座を得て，自己と他の人間との関係を問題とする領域でもあると言えよう．以上から，宗教は，道徳が問題とする人─人関係を，神─人関係を主軸に置いた上で捉え直すものである，とすることができる．社会的人間の形成期にあって道徳的完成の途上にあるエミールは，信仰の獲得によって道徳の完成を促される．人間関係の原理は，ひとまず魂の領域を視野に入れずとも，把握することは可能である．しかしルソーは，魂の領域にまで視野を拡大し，天賦のものである良心の根源にまで遡って初めて，その原理の真の意味を理解できると考えるのである．そのような意味でルソーにとって宗教はただ単に，良心を覚醒して人間の義務の自覚を強め，道徳的な意志の強化・持続に役立つといった道徳の補完機能を担うものではなく，むしろ道徳に対して人間の義務の原則を指し示し道徳を基礎づけるものであり，道徳の完成を促すものなのである．

3．自然宗教

「サヴォワの助任司祭の信仰告白」に表出されている信仰内容を解明することが，この3節および次の4節の課題である．まず3節では信仰告白の前半部分に表出されている信仰内容を明らかにしたい．周知のように信仰告白は2つの部分に分かれているのだが，その前半に表されている信仰内容は，聞き手である「私」によって次のように捉えられている．

「あなたが今述べてくださった考えは，あなたが信じていると言っていることによってよりも，あなたが自分にはわからないと認めていることによって，いっそう新しいことのように私には思われます，それは，多少ちがったところはあるにしても，有神論あるいは自然宗教だと思います」(E606/中235)．

　それゆえ，まず（信仰告白前半に展開され）「有神論あるいは自然宗教 (le théisme ou la religion naturelle)」と呼ばれる信仰内容を明らかにしたい．4 節では第 1 に，信仰告白後半に表出される信仰内容を検討する．すなわち「私」が助任司祭に「啓示について，聖書について，あのよくわからない教理について」(E606/中236) 語るように促した後で再開される信仰告白の内容についてである．第 2 に，信仰告白の前半および後半で考察されたそれぞれの信仰内容を比較・検討して両者の関係を解明する．

　サヴォワの助任司祭の語る信仰とは，どのようにして得られたものなのだろうか．助任司祭が強調しているのは，信仰が決してなんらかの権威ある個人や団体から，つまり他者から与えられ教えられたものではない，という点である．彼は断言する．

　「私には誰かがこういう信仰を教えてくれる必要はない」(E583/中189) と．信仰は他の誰でもない自己自身の神秘への接近・探究によって獲得される，これが大前提である．これは，助任司祭が若き日に自らの過ちによって「捕えられ，職務を停止され，追放された」(E567/中158) 後に，過ごさざるをえなかった「混乱と不安の時代」(E567/中160) を克服して到達した立場なのである[14]．助任司祭は，いかなる他者の意見にも頼ることのできぬことを悟る．まずは「疑いを持つことを一切許さない教会」(E568/中161) の見解に対して，次に彼が危機の時代を脱出しようとして手にとったあらゆる哲学者の見解に対して．教会は助任司祭にすべてを信じることを要求するがゆえに，彼を何一つ信じられない状態に追いやったし，哲学者たちの理論の恐るべき多様性は，彼に「人間の精神の無力」と「傲慢」(E568/中162) とを教えたのであった．それでは他者の意見によることなく，自ら神秘への探究を開始した彼に，信仰を与えるものは何か．助任司祭はいう．

　「私には誰かがこういう信仰を教えてくれる必要はない．それは自然そのものによって私に記されている．私たちを守ってくれる者を尊敬し，私たちの幸福を望んでいる者を愛するのは，自己愛の当然の結果ではなかろうか」(E583/中189)．

　この引用文の前半では，信仰は自然によって助任司祭の内面に記されている，と言われる．ここにいう自然とは，文意から神，すなわちここで「私たちを守っ

158

てくれる者」,「私たちの幸福を望んでいる者」と表現されている意志と愛を持った人格神に他ならないから，神そのものが助任司祭に信仰を与える，とされるのである．ここに神と各人との間に他者を媒介させない，信仰における神と人間との直接性が見出される．引用文の後半では，人は自己愛からこそ，神（自分たちを守り幸福にする者）を愛すると言われる．それでは，神は助任司祭にどのような神秘への接近を許すのだろうか．神と各人との間に無媒介的なルートが存すること——信仰における神と人間との直接性——は，神意による瞬時の信仰の獲得を結果するのであろうか．例えば，創世記において神がアダムに直接，戒律を授けたように．この問いの答えは否である．それは以下の引用文中に容易に見出せる．

> 「神についての最も重要な観念は理性によってのみ私たちに与えられる．自然の光景を見るがいい．内面の声に耳をかたむけるがいい．神は，私たちの目に，良心に，判断力に，すべてのことを語っているではないか．人々はその上に何を私たちに語るつもりだろう」(E607/中238)(傍点は引用者)．

ここに神秘への接近方法，信仰獲得の方法が集中的に表現されている．「内面の声」とは，例えば「内面の光」(E569/中164)「自然的な光」(E594/中211)「滅びることなき天上の声」(E600/中223)などと表現されたものと同一物である．すなわちそれは，その賦与者である神と人とのルートが意識される局面において，より端的に言えば宗教の領域において，捉えられる良心のことである．それゆえ，[15)]接近方法を要約すれば，自らの理性と良心とを相互補完的に働かせて，（神の被造物の集合体とも言うべき）宇宙，自然界を観察することを通して神の観念が得られ信仰が獲得される，ということなのである．[16)]接近方法の選び取りに続き，今度は助任司祭の探究の範囲が問題となる．やや長いが次のパラグラフに注目したい．

> 「そこで私は，真理に対する愛だけを哲学として，① わかりやすい単純な規則，むなしい微妙な議論などしなくてもすむ規則だけを方法として，この規則に基づいて，② 自分の関心を引く知識の検討を再び取り上げ，③ 真剣に考えて承認しないわけにはいかないすべてのことを明瞭なことと認め，④ それと必然的な関連を持つように見えるすべてのことを真実と認め，その他のものはすべて不確実なままにしておいて，それを否定することも，肯定することもせず，実践の面で何も有用なものをもたらさない場合には，骨を折ってそれを明らかにするようなことはしまい，と決心した」(E570/中166)[17)](番号と傍点は引用者)．

① 方法は，理性と良心とによる信仰への接近方法に他ならないであろう．② 探究領域は，神秘に関わるあらゆることにわたるのではなく，むしろ「自分の関

心を引く知識」に限定されている．ところで助任司祭は，自らが危機の時代にあっ
た当時のことを「長い間考えても，私というものの存在の原因と私の義務の規則
について，不確実と曖昧さと矛盾を感じるばかりだった」(E567/中160) と述べて
いる．そして「どうしても知らなければならないことについて疑惑を感じている
のは，人間の精神にとってはあまりにも苦しい状態だ．人間はそれに長い間耐え
ることはできないのだ．人間はどうしても，なんらかの方法で自分の考えを決定
しなければならない」(E568/中160)[18] (傍点は引用者) とも語る．こうした助任司祭の
言葉から，②とは，「私というものの存在の原因と私の義務の規則」という「ど
うしても知らなければならないこと」を範囲とする，と捉えることができる．さ
て，それではこのような知識の検討に取り組む助任司祭にとって ③ 第 1 に問題
となる事柄（「真剣に考えて承認しないわけにはいかないすべてのこと」）とは何を指すの
だろうか．助任司祭の探究は物体に，2 種類の運動，すなわち外部から伝えられ
るそれと自発的あるいは意志的なそれとを認めることから進められる．前者の運
動は外部的な原因によるものであり，後者の運動は生命を与えられた物体そのも
ののうちに動因があると考えられる．この 2 種類の運動の区別を前提に，宇宙，
自然界を観察することによって，天体の運行，世界の運動とそれをつくり出して
いる原因についての「内面的確信」(E575/中175) を得ることになる．すなわち「な
んらかの意志が宇宙を動かし，自然に生命を与えているものと信じる」（第 1 の信
仰箇条）(E576/中176) と．さらに助任司祭は，宇宙の運行と世界の運動のなかに
一定の法則を見出し，世界が秩序と調和のうちにあることを認める．ただ意志の
みならず，英知の存することが感得される．すなわち「動かされる物質が一つの
意志を私に示すとすれば，一定の法則に従って動かされる物質は一つの英知を私
に示す」（第 2 の信仰箇条）(E578/中180) と．ここから，遂に彼は，意志，英知，そ
して力の観念に善性の観念を結びつけて「宇宙を動かし万物に秩序を与えている
存在者」(E581/中186) すなわち神の観念に到達する．このようにして神のいくつ
かの属性を見出し，神の存在の確信を得た助任司祭は，今度は自分自身に立ち戻
り，神の全被造物のなかで自分がいかなる地位を占めているかを考察する．彼は
その結果，人間が他のあらゆる被造物のなかで名誉ある「地上の王者」(E582/中
188) としての地位を占めること，それにもかかわらず「地上の王者」の社会が
悪で充満し，混沌を示すばかりであることを認めざるを得ない．彼の目に映って
いるのは「調和と均衡」を示す「自然の光景」と「混乱と無秩序」を示す「人類
の光景」との著しい対照である (E583/中190)．ひとり人類だけが混沌のなかにあ
る原因はどこにあるのだろうか．助任司祭は，被造物中，人間のみに授けられた

自由に原因があることを確信する．自由な存在者である人間が自由な意志を形成し，自由な行為を生む．「人間はそれゆえ，その行為において自由なのであって，自由な者として非物質的な実体によって生命を与えられている」（第3の信仰箇条）（E586–587/中196）と．以上のように３つの箇条に集約された助任司祭の内的確信を私は ③ すなわち「真剣に考えて承認しないわけにはいかないすべてのこと」であると理解する．このような理解が妥当であるとすれば，私は ④ 第２に問題となる事柄（「それと必然的な関連を持つように見えるすべてのこと」）とは，助任司祭の信仰の体系中に見出されるべき３つの箇条以外の，明文化されなかった信仰箇条を指すと見なす．というのは，助任司祭は上記３つの箇条が信仰箇条のすべてであるとは見なさず，後に続くべき箇条の導出を，いわば私たちに委ねているからである．すなわち「続いていちいち数え上げなくても，あなたは，これまでの３つの基本的な信条からその他の私の信条をすべて容易に導き出すことができるだろう」（E587/中196）と．特に第３箇条と後続の見出されるべき箇条との関連はより密接であろう．というのはそれらは，人間の義務の原則を設定する道徳の基礎となるべき部分に当たると予測されるからである．そして助任司祭の（もっと言えばルソーの）「自然宗教」を最も特徴づけるのは，第１，第２箇条ではなく，それらの部分である，と考えられもするのである．ところで，自由な行為者としての属性が神与のものであるとの確信を表現した第３箇条は『不平等論』に述べられた人間の２特質のうち，まず第１の特質を想起させる．『不平等論』では，この特質は自然が人間に与えたものと表現されるが，その「自然」は神を指すと考えられるので，第３箇条は人間の特質を信仰箇条として結晶させ，信仰のなかに位置づけたもの，と捉えられよう．人間の第１の特質が想起されれば，もう１つの特質（自己完成能力）が信仰のなかにどのように位置づけられるのか（あるいは否か）に関心が向かうのは当然である．第３箇条には，自己完成能力の存在を認めることはできないので，後続の信仰告白のなかにそれを捜すことになろう．さて，信仰告白の内容に立ち戻って，その叙述の順に従うことにしよう．まず人間の自由と神の摂理との関係が語られる．彼は，人間界の無秩序・混沌は，人間の自由の濫用・悪用によってもたらされたものであり，人間のあらゆる行為の責はすべて人間自身に帰せられる，とする．助任司祭の言は明快である．

> 「人間が自由に行うことはすべて摂理によって決められた体系のなかには入らないし，摂理のせいにすることはできない」（E587/中196）．

助任司祭の神義論は，死後の魂の救済論にまで進む．すなわち，現世において

魂と肉体という，相反する傾向に従おうとする2実体は，耐えがたい結合状態にあるが，死後，肉体から分離して存続する魂が，自らの同一性を生前の記憶として保持することから，魂の喜びや苦しみがもたらされる，とされる．つまり，善人の魂は現世における「腹だたしい不調和」（E589–590/中202）を償う神の秩序の回復を味わうことができる，とされるのである．助任司祭はいう．

　「私は，魂は肉体の後に生き残ることによって秩序が維持されるものと信じている」（E590/中203）．

　こうした言説中に，人間の魂の救済に関する信仰箇条を見出せぬことがあろうか．しかし助任司祭の信仰は，摂理の正しさを，ただ死後の魂の感得する秩序[24)]の回復のなかに見出すだけの神義論にとどまるものではない．この信仰は，混沌・無秩序の極みから，人間が，神の秩序の回復を志向し，それに少しでも接近しようとする努力をこの世において果たす使命がある，と捉えてもいるのである．そこで次に「私を地上に置いた者の意図に沿ってこの世における私の使命を果たすためにはどういう規則を自分に課さなければならないか」（E594/中212）が検討される．そこに見出されることを信仰箇条としてまとめると，あるいは次のようになるだろうか．

　「信仰によって神の秩序に感応する力を強めた人間が，信仰において捉え直された（魂にこだまする）良心の導きの下に，肉体と結びついた情念（自尊心）の攻勢を抑えて理性を働かせること——これが神与の自由の正しい用い方である[25)]」．

助任司祭は高らかに宣言する．

　「人々の不正のために私の心からほとんど消え去っていた自然の法に基づくすべての義務は，永遠の正義の名において，再び私の心に記される」（E603/中228）（傍点は引用者）．

ところで次の言葉はどのように理解されるべきなのか．

　「神は人間が自分で選択して，悪いことではなくよいことをするように，人間を自由な者にしたのだ．神は人間に色々な能力を与え，それを正しく用いることによってその選択ができるような状態に人間を置いている」（E587/中196–197）．

　引用文の前半は，現世において選択する力としての人間の自由は，いずれは神の秩序に合致する方向へ用いられるようになる，との確信が述べられている[26)]．で

は，その確信を現実のものとする手段はどこに見出されるのか．引用文後半に注意が向かう．「神は人間に色々な能力を与え」とあるが，これは説明を要する．自然の手から出て間もない未開人は，自己保存を果たす心身のわずかな能力の他は（DI134–135/42），まだほとんどの能力を顕在化させていなかった．というのは想像力の活動を待たなければ，自己完成能力は活動を開始しないからである．ところが，助任司祭が目にしている人間，つまり社会人は，すでに想像力の活動を受けて活性化した自己完成能力の度重なる作用の結果，次々に他の諸能力を獲得し得た存在である．それゆえ「神は人間に色々な能力を与え」とは，社会人の状態・段階での人間の諸能力に照準を合わせた表現なのであり，もし人間の能力発展のプロセスの時間的隔たりを意識して表現し直すことが許されれば，それは次のようになるであろう．

> 「神は当初，自己保存に必要なわずかな能力と自己完成能力とを人間に与えたのだが，時の経過のなかで人間が完成能力を活発に働かせる局面がつくり出され，人間は最初は持っていなかったさまざまな能力を持つようになった．これは元を正せば，神が人間をさまざまな能力を獲得し得る可能性ある者と設定したこと――自己完成能力の賦与――に帰因するがゆえに，大きく捉えれば，人間の獲得しえたすべての能力は，神の与えた能力であると見なすことができる」．

以上のような意味において，神は人間に，理性を筆頭とした色々な能力を与え，人間はこうした理性その他の能力を宗教に覚醒された良心に照らし合わせて，その良心の指し示す方向に正しく用いることによって神の秩序に合致したよいことをすることが可能になるのだ，と考えることができよう．このように捉えるならば，信仰告白においては，すでにさまざまな能力を獲得した段階にある社会人を念頭に置いているために，自己完成能力というタームそのものは，直接，基本的な信仰箇条にも後続の信仰告白中にも見出せないのであるが，それにもかかわらず自己完成能力は，この段階に至る人間の形成プロセスのなかで展開されたはるかな能力の獲得に関わり，というよりむしろ，その中核に常に存在していることが認められなければならない．自由と自己完成能力の両特質が相まって，人間の種としての歴史と人間の個体としての歴史をつくり出してゆくのであり，両特質の賦与者である神は，それらによって引き起こされる，さまざまな段階にあるあらゆる事態の責任を，あくまで人間の側に置いたのである．

4．福音書の宗教

（1）福音書の宗教

　3節で信仰告白の前半に表された信仰の内容を検討したが，4節では，すでに予告したように，まず信仰告白の後半に展開される信仰の内容を検討し，次に，上記2つの信仰の関係を論じることとする．まずは助任司祭の次の言葉に耳を傾けたい．

　　「あなたは私が述べたことに自然宗教を見るにすぎない．しかし，その他にも宗教が
　　必要だというのは全く奇妙なことだ．どうしてその必要が認められよう」（E607/中
　　238）．

　助任司祭は，この発言によって，信仰告白前半で自ら語った信仰が，自然宗教と呼ばれることに異議を唱えず，というより，むしろもっと進んで自然宗教以外の宗教の必要さえ否定する（E607/中238-239）．信仰告白の前半で述べられた「自然宗教」という信仰は「宇宙を調べることと，私の能力を正しく用いることとによって，私が自分の力で獲得できる神学のすべて」（E610/中243）なのである．しかし，助任司祭は，当初，このような「自然宗教」の地点に満足していたわけではなかった．彼はいう．

　　「私がたどり着いた地点を，信仰を持つすべての人がそこから出発してもっとはっき
　　りした信仰に到達するための共通の地点と考え，私は自然宗教の教理のうちに，宗
　　教というものの基礎を見出していたにすぎなかった」（E608-609/中241）．

　彼は自然宗教を脱し，「もっとはっきりした信仰」に到達するために神との間の「もっと直接的な交渉」を与えられ，「超自然の光」によって，他の者には許されず「自分だけに許される信仰」を与えられることを，心から願っていたのである（E608/中240）．では，そうした助任司祭の願いはかなえられたであろうか．答えは，否である．信仰告白の後半で繰り返されるのは，自らの理性の正しい利用，つまり各自の理性と良心との検討に神秘への探究をゆだねよという信仰告白の前半と同一の接近方法である．こうした信仰へのアプローチの主張は，あらゆる人間の権威，教会の権威，現実の教説を排することにつながる．助任司祭はいう．

　　「そこで，まじめに真理を求めるなら，生まれによる権利とか父親や牧師の権威とか
　　いうものは一切認めないで，私たちの幼い時から彼らが教えてくれたあらゆること

を思い出して良心と理性の検討にゆだねることにしよう」(E610/中242-243).

　信仰は自らの能力を用いて得られるのであって，現実にある教説を受け入れることによってではない，という態度があくまでも貫かれる.

　「神が私の精神に与える光によって神に仕えるのが，神が私の心に感じさせる感情によって神に仕えるのが，なぜ悪いのか．現実のある教説から私はどんな純粋な倫理，人間にとって有益な，そして人間をつくった者にふさわしいどんな教理を引き出せるのか．そんな教説によらなくても，私は，自分の能力を正しく用いることによって，それらを引き出せるのではないか．(中略) 神についての最も重要な観念は理性によってのみ私たちに与えられる」(E607/中238).

　それでは，以上から助任司祭の信仰は，信仰告白の後半に進んでも，信仰告白の前半の「自然宗教」と内容上同一であると解してよいだろうか．この問題を解くために，2つの書物について考えてみなければならない．1つは「自然という書物」(E624/中269) であり，もう1つは聖書，とりわけ福音書である．まず，助任司祭は前者に対する全幅の信頼を表明する．

　「そこで私は，すべての書物を閉じてしまった．すべての人の目の前に開かれている書物が一冊だけある．それは自然という書物だ．この偉大で崇高な書物を読むことによってこそ，私はその神聖な著者を崇拝することを学ぶのだ．何人もそれを読まずにいることは許されない．その著者はすべての精神に理解される言葉で，すべての人間にむかって語っているからだ」(E624-625/中269).

　信仰告白後半においても，「自然という書物」の各自の理性と良心とによる検討が主張されていることは明らかであり，ここには信仰告白前半との差異は見出せない．ところで，後者についてはどうだろうか．信仰告白後半は「啓示について，聖書について，あのよくわからない教理について」(E606/中236)「私」が尋ねるという形で再開されている以上，聖書に対する助任司祭の態度が表明されないわけにはゆかないのである．そこには，聖書，とりわけ福音書に関して，2つの態度が同時に見出される．すなわち，聖書に開示された啓示への懐疑と福音書に対する賛美がそれである．第1に啓示への懐疑について．助任司祭は聖書中に開示された啓示に，神ならぬ人間の作為の跡を見て取る．奇跡の目撃者も人間なら，その目撃談を書き取ったのも人間，神との間に幾多の人間が入り込むことによって，真理は遠ざかってゆく．助任司祭の言は明快である．

「彼らの啓示は，神に人間的な情念を与えることによって，神を低級な者にしているだけだ．私の見るところでは，特殊な教理は，偉大な存在者についての観念を明らかにするどころか，それを混乱させているのだ．それを高貴な者にするどころか，卑俗な者にしているのだ．神を取り巻いている理解することのできない神秘に，不条理な矛盾を付け加えているのだ」(E607/中238-239)．

　助任司祭は，自然の不変的秩序こそ神の存在を何よりも示しているという確信──それは言うなれば「自然宗教」の第1，第2箇条への確信であろうが──を表明する．奇跡は自然の不変的秩序に対する例外的現象の発生を意味するから，それは彼にとって混乱や不条理な矛盾としか映らないのである（E612/中246）．啓示について「攻撃することのできない証拠」，「解決することのできない反論」といった賛否ともに強固な理由がある助任司祭は「啓示を認めることも，否認することもしない」(E625/中270)．つまり啓示を認める義務を，神の正義と両立せず，救いへの道の障害を大きくするものとして否認し，結局「尊敬の念にあふれた疑惑のうちにとどまっている」(E625/中270-271)のである．第2に福音書に対する賛美について．助任司祭が抱く福音書の賛美の念の源泉には，福音書の伝えているイエスの生涯と死への賛美があることは明らかである．「私はまた，聖書の崇高さは私を感嘆させ，福音書の尊さは私の心に訴える，と言っておこう」(E625/中271)で始まるパラグラフのなかで，助任司祭はイエスの生涯と死をソクラテスのそれと対比している．ソクラテスが，イエスの倫理の教えとその実践の引き立て役とされていることは明白である．ここでの注目点は，第1に倫理の独自性，オリジナリティの問題であり，第2に両者の死の問題である．まず第1点に関して助任司祭は，ソクラテスがギリシャの倫理学の創始者とされることを否定しないが，ソクラテスに先立つ幾多のギリシャ人が，正義，祖国への愛，節制といった徳の実践を行っていたことを強調する．すなわち助任司祭は，ソクラテスを，ギリシャ世界でそれ以前に行為において認められた徳を体系化し，倫理学としてまとめた人物と位置づける（E626/中273）．それに対し，イエスの倫理の独自性，ユダヤの著作家との質的差異が強調される．山上の垂訓におけるモーセの倫理とイエスのそれとの質的差異は明らかである．助任司祭は高らかにいう．

　「しかしイエスは，彼ひとりが教え，手本を示したあの高く清らかな倫理を同国人の誰から学んだのか．この上なく激しい狂信のなかからこの上なく高い知恵の声が聞こえてきたのだ．そして，最も英雄的な素朴な徳が，あらゆる国民のなかで最も卑しい国民の名誉になったのだ」(E626/中273)．

　次に第2点，両者の死について．両者の死が，自己犠牲としての死であること
は間違いない．しかし，助任司祭は，ソクラテスの死を「この上なく望ましい，
和やかな死」(E626/中273) と見なし，イエスの死を「私たちに考えられるこの上
なく恐ろしい死」(E626/中273) と捉える．その違いはどこから来るのか．ソクラ
テスは「悪法も法なり」と言い切り，祖国愛という自らが説いた倫理，哲学のた
めに死ぬことを決意する．彼の死は自らの倫理，哲学のための死なのである．そ
して祖国がいかに彼を不当に処したとはいえ，彼の眼前には，哲学をともに論じ
る友，毒杯を差し出して涙を流す者がいる．ソクラテスは，いわば彼の倫理学を
自らの死によって完成させるのだという深い自己満足のなかに，安らかに死んで
ゆくことができたのである．それに比して，イエスの場合はどうであろうか．言
うまでもなくイエスの死は，彼の倫理と実践がユダヤ教の指導者たちの反感を
買ったための刑死である．人類を救わんとする倫理と実践が断罪されたのだから，
イエスは人類のために死んだのである．謗り，嘲り，呪う人々と憎悪に燃えた処
刑人に取り囲まれ，汚辱と苦痛のなかにありながら，イエスは自分を殺す人々の
救いを祈りつつ死んでゆく．自らを殺す人々の救いを祈りながら死を迎えられる
者とは，一体どのような存在だろうか．それゆえ助任司祭は，ソクラテスとイエ
スをこう総括しているのである．

　「そうだ，ソクラテスの生涯とその死は賢者の生涯と死だが，イエスの生涯と死は神
　の生と死だ」(E626/中273).

　助任司祭は「福音書が伝えている物語の主人公が単なる人間にすぎないという
ことがありえようか」(E625/中271) と問い，イエスを神と呼ぶことを躊躇しない.
ところでここで見出された神は，行いの優しみ，清らかさ，教えの美しさ，格率
の高さ，言葉の知恵，答えにみられる才気，繊細さ，正確さ，自分の情念に対す
る支配力のそれぞれに秀で，しかも「弱さも，見栄も示すことなく，行動し，悩[27]
み，死んでいくことを知っている」(E626/中271) 存在である．しかし，これらの
諸属性がイエスにおいてどんなに比類ない質の高さに達していても，それらはあ
くまで神の属性というより人間的な属性ではなかろうか．ここでイエスに見出さ
れる諸属性は，人―人関係，神―人関係の両面において，考えられうる，人間の
最高のあり方，理想型，つまり完全な人のそれではないだろうか．助任司祭は道
徳的，宗教的な側面から，完全な人，理念型を他のあらゆる人間のうちに見出し
えず，ただ1人，イエスのなかにのみ見出し，そうした存在を神と呼んでいるの
である．ところで助任司祭は「回転する天空」，「私たちを照らしている太陽」の

なかに，あるいは「草をはむ羊，空を飛ぶ小鳥，落ちてくる石，風に吹かれてい
く木の葉」(E578/中180) のなかに神を見，神の意志および英知を見出す．自然界
は調和と均衡のなかにあり，あらゆる被造物のうちに神の意志の具現を見ること
ができる．しかるに，人間界においては，あらゆる人間が自己の内部に神を感じ
うるにもかかわらず，現実には，その行為と言葉に，神の意志を具現させない．
それどころか人間は，自ら悪をつくり出し，人間界を混乱と無秩序のなかに陥ら
せている．「自然宗教」においては，人間は人間のあるべき明確なモデルを持た
ず，ただ人は自然界の調和・均衡と人間界の混乱・無秩序との対比を通して，人
間界の悪を悟り，その是正を促されるのであった．しかし，福音書に記されるイ
エスの姿 (行為と言葉) は，ちょうど自然界の草をはむ羊，空を飛ぶ小鳥らと同じ
ように，しかし今度は，人間界のなかで，神の意志を具現化するのである．イエ
スは，われわれ人間にとって神の秩序を体現した唯一無二の人間のモデルとなる．
それゆえ，助任司祭がイエスのなかに神を見るとした言説を私なりに捉え直すと，
助任司祭はそこに，実はイエスの行為と言葉を通して神の意志と英知とを見出し
ているのであり，神の意志の具現化をひとりなす完全な人＝イエスを見出してい
る，と言うことができよう．そうであるならば，イエスの生と死が神の生と死で
あると言い切った助任司祭の感動の表現にもかかわらず，それは (神の意志と英知
を体現した) 完全な人の生と死である，と捉え直すこともできよう．一般に，改
めて述べるまでもなく，イエスの十字架の死は，キリスト教の中心思想である原
罪—贖罪論が集約的に論ぜられる場である．イエスの死は，人類の罪責 (原罪)
をイエス自身の上に置き，人類に代わってその罪を贖ったこと，しかも，神がイ
エス＝キリストを立て，キリストにおいて神の和解が人類に恩恵として与えられ
たこと——このような原罪論を前提とした贖罪論のなかで，キリスト教信仰固有
の明確な意味を持つ．ところで，助任司祭は確かに，イエスの死を人類の救いの
ための死，人類に対する自己犠牲，と捉え賛美するものの，人類の罪過 (原罪)
の贖いのための死，と捉えることはできない．人間の自然的善性を強調するルソー
の思想体系中に，人間の根源的な罪を位置づけることはできないから，キリスト
教において切り離しがたい原罪—贖罪論の結合を助任司祭の信仰のなかに見出す
ことができないのはいわば当然である．また，イエスの死をめぐる助任司祭の言
説のなかに，父なる神と子なる神＝イエスとの関係を明示する表現が見られない
ことも看過できない．「むごい処刑をうけつつも，イエスは憎悪に燃えた処刑人
のために祈る」(E626/中273) と助任司祭はいう．しかしこの祈りが子なる神＝イ
エスから父なる神へ向けられたものであるとは言われない．「父よ，彼らをお許

救しください．彼らはなにをしているのかを知らないからです」──ルカによる
福音書 (23-34) のイエスの言葉のうち「父よ」という呼びかけの言葉は，助任司
祭の言説中には見出されないのである．しかし，キリスト教の通常の理解に従え
ば，処刑人のための祈りに限らず，神のひとり子イエスは十字架の死を迎えるま
での苦悩の間，父なる神に向かって問いを発し，祈り，神のみ心への服従を誓っ
たのである．つまりイエスは死の瞬間まで神と向き合っていたのであり，そこに
おいて両者の関係は，最も鮮明に捉えられる局面にあったと言えるのである．に
もかかわらず助任司祭は神を父とも呼ばず，イエスを子とも表現しないのである．
要するに，ここにおいて，啓示と救いの働きにおける三一性，つまり三位一体説
の片鱗をも見出すことができないのである．以上から，助任司祭の──そしてそ
れは少なからずルソーの──「イエスの死」理解は，キリスト教信仰の側から見
れば，キリスト教の中心教義の欠落──原罪論の欠落，贖罪論の空洞化，三位一
体説の欠如──を露呈させ，その死の意味を著しく不分明にするものとの謗りを
免れないであろう。[28]

　以上のような問題を孕みつつも，助任司祭がイエスの生涯と死，とりわけ死に
よって高められた福音書に対する尊崇の念を抱いていることは紛れもない事実で
ある．助任司祭の内面において，聖書に対する２つの態度 (啓示への懐疑と福音書
への賛美) は，啓示への判断停止という独特のバランスの上に，分裂することな
く共存しうるものと考えられている．というよりむしろ，この判断停止状態は，
啓示は人間の義務の実践に関わらぬとの確信を持って助任司祭に肯定される．彼
はいう．

　「こうした懐疑のうちに私は心ならずもとどまっている．しかし，この懐疑は私にとっ
　て決してつらいことではない．それは実践上の本質的な点に及ぶことではないし，
　私は自分のあらゆる義務の原則については十分に決定的な考えを持っているからだ」
　(E627/中274).

それゆえ「否認することも理解することもできないようなことには，何も言わ
ずに，敬意を払うことだ．そして，ただひとり真理を知っている大いなる存在者
の前に頭をたれるのだ」(E627/中274) と述べられるのである．要するに，啓示に
対する疑惑は，福音書の崇高さを賛美する立場から，あくまでも「尊敬の念にあ
・・・・・・・・
ふれた疑惑」(E625/中270) (傍点は引用者) でなければならないのである．とはいえ，
この信仰は聖書のなかで福音書が特に意義あるものとして取り出され，その福音
書に開示された啓示を──「尊敬の念にあふれた」とは言いながら──事実上排

除するものであることだけは押えておかねばならない．しかし，ともかくも助任司祭は，福音書に「真理のしるし」(E627/中274) を認め，「福音書の精神」(E629/中278) に従うことが表明されるのである．では「福音書の精神」とは何だろうか．助任司祭は次のように語っている．

> 「人々に教える時には，私は教会の精神よりもむしろ福音書の精神にそって教えることにする．福音書には単純な教理，崇高な倫理が見られ，またそこには，宗教的な行事については余り記されず，慈悲深い行為について多くのことがしるされている」(E629/中278)．

　対比されているのは「教会の精神」である．カトリックの聖職者である助任司祭は「教会の精神」ではなく，あえて「福音書の精神」を選び取ることを大胆に宣言しているのである．彼が福音書に見出すものは「単純な教理」，「崇高な倫理」そして「慈悲ぶかい行為」の記述である．これらの言葉の裏に，ここに直接は語られていないカトリック教会への批判を読み取るべきだろう[29]．このような「教会の精神」との対照，暗に示された批判から，「福音書の精神」とは，イエスの行為と言葉によって示された「崇高な倫理」を尊び，イエス自身のなした「慈悲深い行為」を手本として，私たち人間が人間の義務に関わる数は多くない「単純な教理」に従って生きようとする精神である，と考えることができる．このような「福音書の精神」に従う信仰こそが，助任司祭の持つに至った信仰なのである．まさにここで，『社会契約論』第4編第8章「市民宗教について」中の「人間の宗教」あるいは「福音書の宗教」と呼ばれる信仰に目を向けたい．ルソーは同章において，3種の宗教（「人間の宗教」「市民の宗教」「聖職者の宗教」）のおのおのを論じているが，その筆頭のものが「人間の宗教 (la Religion de l'homme)」である．すなわちルソーいわく．

> 「前者（人間の宗教）は，寺院も祭壇も儀式も伴わず，もっぱら至高の神に対する純粋に内的な信仰と道徳の永久不滅の義務とに限られており，純粋で単純な福音書の宗教であり，真の有神論であり，自然的神法と呼びうるところのものである」(CS464/184-185)（(　) 内は引用者)．

　上記はルソー自身による「人間の宗教」の定義と見なすことができるが，この定義中にそれは「純粋で単純な福音書の宗教 (la pure et simple Religion de l'Evangile)」と言い直されている．また「人間の宗教」は，同章の別の箇所で「福音書のキリスト教」(CS465/186) と言い換えられてもいる．ここに表された「人間の宗教」

──「福音書の宗教」あるいは「福音書のキリスト教」──は，助任司祭の信仰告白後半に叙述された信仰と内容上の一致が見出せるのである．というよりむしろ，「市民宗教について」中に定義を見出せる「人間の宗教」＝「福音書の宗教」の内容的展開を，信仰告白後半全部を使って行っていると言った方が適切であるように思う．信仰告白後半を締め括るいわば総括部分に記される信仰の基本要素──外面的な儀式ではなく求められているものは内面的な信仰であること，宗教において道徳的な義務の真の意味が捉えられること──は，『社会契約論』（第4編第8章）中の「人間の宗教」の規定と完全に一致している．助任司祭は自分の信仰を総括しつつ「私」に助言する．

> 「さらにまた，あなたがどんな立場を採ることになるにしても，宗教の本当の義務は人間のつくった制度とはかかわりがないこと，正しい人の心こそ本当の神殿であること，どこの国，どんな宗派においても，何よりも神を愛し，自分の隣人を自分と同じように愛することが律法の要約であること，道徳的な義務を免れさせるような宗教は存在しないこと，そういう義務の他には本当に大切なことはないこと，内面的な信仰はそういう義務の最初に来ること，信仰なしには本当の徳は存在しないこと，こういうことを念頭に置くがいい」（E631–632/中283）（傍点は引用者）．

　以上から「福音書の精神」に従う助任司祭の信仰とは，まさに「福音書の宗教」のことであると結論づけることができる．

（2）自然宗教と福音書の宗教との関係

　（2）の検討課題は，信仰告白前半に表された「自然宗教」と信仰告白後半に語られた「福音書の宗教」（＝「人間の宗教」）との関係についてである．そこで再び2つの宗教の聖典に注目したい．まず「自然宗教」の聖典は「自然という書物」のみである．この万人に開かれた唯一の書物は，啓示というやっかいな存在を持たぬがゆえに，理性と良心によるアプローチに際して，私たちに大きな困惑を与えない．それに対して「福音書の宗教」は，「自然という書物」に加えて福音書を聖典として持っている．このことから，助任司祭は否定も肯定もできない理解困難な啓示の存在から逃れられなくなるのだが，しかしまた信仰者（助任司祭）は福音書から自然そのものからは獲得しえないもの，すなわち神への愛の回路や人間の義務の実践の手本，あるいは自己犠牲のメカニズムといったものを得るのである．それらはすべてイエスの生と死を通して信仰者に与えられる．「自然宗教」においても意志と英知とを示す神への崇高な感情，感動を人は抱くだろう．

しかし「福音書の宗教」に見られるほどの神への愛の高まりを人はそこに見出せるであろうか．イエスの生は，福音書の倫理の要約ともいうべき「他人にしてもらいたいと思うように他人にもせよ」(DI156/75) という格率の生きた完璧な模範となる．人はイエスのなかにのみ，人間界において神の秩序に従うことのできる完全な人間を見出し，人間の義務の実践の手本を得るのである．またイエスの死を通して，人は，「自然宗教」においては見出せない自己犠牲のメカニズムを学ぶ．ルソーは人間の義務の実践，そしてその最も困難な事例である生命を犠牲にした義務の実践に関して次のようにいう．

> 「それは，みんなが自己愛をそれに優先させる，秩序への愛のためばかりではなく，彼の存在をつくった者への愛，自己愛そのものと溶けあう愛，のためでもあり，さらに安らかな良心とあの至高の存在者の観照が彼に約束している幸福，この世を立派に過ごした後にあの世で与えられる永遠の幸福を楽しむためだ」(E636/中287)．

神への愛は，自己愛と矛盾することなく，それどころか自己愛のゆえに人は自分をつくり，幸福にする神への愛を抱く．それゆえ信仰者は自己愛の秩序への愛に対する優位状態を突破し，神への愛によって倍加された，神の秩序に従おうとする倫理感・義務感に促されて，生命を犠牲にすることすらとわぬ人間の義務の実践を果たすことが可能になる，とされる[32]．ところで，この世における人間の義務の実践は，死後の魂の救済に関わる問題である．神への愛に目覚め，神への愛を経由して良心を覚醒させた人間が，この世で人間の義務をどれだけ果たしえたか（人がどれだけ隣人愛，人間愛の発露としての行為をなしえたか）が死後の審判で問われるであろう．「福音書の宗教」において審判は，人間の死後の運命を神にゆだねる場と捉えられる．信仰者に期待されるのは，慈愛に満ちた神の裁きである．もちろん，神の秩序に従わなかった不信心の徒は審判におびえなければならないだろう．しかしあくまでも，人は神の審判にすべてをゆだねればよいのである．これに対して「自然宗教」においては，「福音書の宗教」におけるほど明確な死後の審判の観念は見出せない[33]．魂の救済は，言うまでもなく神と神の秩序なくしては考えられないが，しかし「自然宗教」においては，死後の魂（「私」）が自己の生前の記憶によって，生前の「私」を裁くという趣が強いように思われる．一方で「善人の喜び」すなわち「自分にたいする満足感から生まれる純粋な楽しみ」があり，他方で「悪人の苦しみ」すなわち「卑しいことをしたという苦い後悔の念」がある．そして死後，魂の保持する記憶によってもたらされるこうした感情によって「各人が自分が自分でつくり上げた運命を区別することになる」とされ

るからである（E591/中205）．要するに「自然宗教」においては神は背後にあり，人間の自己褒賞・自己処罰による死後の運命の決定という色彩が強い．善人の幸福は疑われていないものの，「福音書の宗教」におけるほどの確信──「安らかな良心とあの至高の存在者の観照が彼に約束している幸福，この世を立派に過ごした後にあの世で与えられる永遠の幸福」（E636/中287）と語られるほどの確信──と比較する時，多分に曖昧さを残している．「自然宗教」の教理の曖昧さについて助任司祭は次のように語る．[34]

> 「教理についていえば，それは明瞭で，その明証によって心に訴えるものでなければならない，と理性は私に語っている．もし自然宗教が不十分であるとすれば，それは，私たちに教えている重大な真理について曖昧な点を残しているからだ」（E614/中250）．

　そして「あらゆる宗教のなかで最もすぐれた宗教は最も明快な宗教であることは間違いない」（E614/中250）と明言する時，「福音書の宗教」が念頭に置かれていることは疑いない．神への愛の回路や人間の義務の実践の手本や自己犠牲の観念を人々に与え，さらに死後の神の審判という魂の救済に関する観念を有している「福音書の宗教」は，それゆえ重大な真理について「自然宗教」よりも明確な観念を信仰者に与える，より明快な宗教と位置づけることができる．ルソーが「人間の宗教」すなわち「福音書の宗教」を「真の有神論（le vrai Théisme）」と呼び，また同時に「人々が自然的神法（le droit divin naturel）と呼びうるもの」としていたことを想起すべきである（CS464/184-185）．それは信仰告白前半の信仰が「有神論あるいは自然宗教」と呼ばれていた事実と対照されなければならない．「福音書の宗教」（＝「福音書のキリスト教」）は，理性と良心によるアプローチの徹底，啓示の事実上の排除，人間＝イエスへの賛美を経由した神への愛の獲得を特徴とする，ルソー流に純化されたキリスト教である，と捉えられよう．ルソーはあくまでも「福音書の宗教」はキリスト教であると自認していた．「しかしそれは今日のキリスト教ではなく，福音書のキリスト教であり，それは今日のとはまったく異なったものである」（CS465/186）との自覚の下に．あえてさらに言うならば「福音書の宗教」は，ルソーの主観においてはカルヴァン主義的なプロテスタンティズムの展開と見なされていた．[35] こうした自負の支えとして，ルソーの「宗教改革」理解があるように思う．彼は①「聖書を自分の信仰の規範として承認すること」②「自分の他には聖書の意味の解釈者を認めないこと」の2点を，宗教改革の基本点と解している（LM712-713/『全集』Ⅷ 227）．なかでも②は，各人の個別的理性

が教理の判定をなすとする聖書の自由解釈の主張である．ところでこうした2つの基本点を，終始，力説する宗教こそ「福音書の宗教」である，とルソーは見なしているのである．いわばルソーは「聖なる福音主義改革宗教」(LM712/『全集』Ⅷ226) の精神に忠実に，あるいはそれをさらに徹底させた，プロテスタンティズム擁護派，18世紀における純粋なプロテスタンティズムの提唱者，との自負を隠そうとしないのである．[36] しかし，これはあくまでもルソーの主観において言えることであった．[37]「福音書の宗教」に見出されるキリスト教の純化は，客観的には，キリスト教の自然宗教化と捉えられるように思う．しかし，それは決して (あらゆる宗教の基礎たる)「自然宗教」への退行を意味しない．「福音書の宗教」は，「自然宗教」を基礎に持ちつつ，人間の地上における義務に関わる教理を明確化した宗教，「自然宗教」をさらに発展させた宗教として位置づけられる．[38] 自己を犠牲にしてまで義務を果たそうとする強固な倫理感——これこそ「福音書の精神」の核心にある——は「福音書の宗教」において真に養われる．人格が段階的に発展するのに対応して，人間はその理性と良心の段階に呼応した高さの信仰を獲得しうる，と捉えることができよう．[39]

5．市民宗教

（1）福音書の宗教の功罪

　ルソーは周知のように『社会契約論』第4編第8章「市民宗教について」において3種の宗教 (「人間の宗教」「市民の宗教」「聖職者の宗教」) をそれぞれ考察し，政治的観点からその功罪を論じている．3種の宗教のなかでも，「人間の宗教」すなわち「福音書の宗教」に対する検討が中心となるが，こうした検討は「市民宗教 (la religion civile)」の創出の必然性を導出する，いわば前提作業である．「聖職者の宗教 (la Religion du Prêtre)」および「市民の宗教 (la Religion du Citoyen)」への批判は簡潔に行われる．まず「聖職者の宗教」について．この宗教の最たるものがローマのキリスト教 (ローマ・カトリック) である．「2つの法体系，2人の首長，2つの祖国」(CS464/185) の存在が批判される．ローマ・カトリックにおいて「2つの法体系」とは国家の実定法とカトリック教会の法を指し，「2人の首長」とは国王とローマ教皇を，「2つの祖国」とは世俗国家と教会 (彼岸の魂の王国) とを指すものと考えられる．ルソーが「聖職者の宗教」の法を「名前のつけようもない，混合した非社会的な一種の法」(CS464/185) と呼ぶのは，国家の実定法と教会の法とが相違しており，2つの法に同時に服そうとする人々を矛盾した状態に追いやるからである．これはまさに，聖俗間の二重権力批判である．聖俗両権

力の「果てしのない管轄争い」(CS462/182) は，人間を良き市民にも良き信者に
もすることが困難であり，それゆえこの宗教は否定されざるをえないのである．
次に「市民の宗教」について．この宗教は聖俗の統合された一元的支配を実現さ
せ，法への愛，祖国愛を喚起する点では評価されるが，人々を軽信的，迷信的に
する点，さらに人民を排他的・圧制的にし，特に他国民と敵対する状況をつくり
出す危険性を多分に持つ点に著しい欠陥がある．ゆえにこの宗教も否定される．
最後にルソーは「人間の宗教」の分析に移る．上記2つの宗教が現実の宗教であ
るのに対し，「人間の宗教」すなわち「福音書の宗教」は助任司祭の信仰告白の
形で提示された理念的な宗教である．「この神聖，至高にして真なる宗教によっ
て，同一の神の子である人間たちは，すべて互いに兄弟と認め合うのであり，人
間たちを結合する社会は死に至っても解消しないのである」(CS465/186) とルソー
はいう．「福音書の宗教」は境界を持たず，その領域は人間愛を紐帯として「人
間たちを結合する社会」に広がり，その社会は「死に至っても解消しない」とさ
れる．個々の信仰者の純粋に内面的な信仰としては，この宗教が肯定されている
ことは言うまでもなかろう．問題となるのは，次のパラグラフである．

> 「しかし，この宗教は，政治体となんら特別の関係を持っていないので，法に対して
> は，法がそれ自体から引き出す力のみを認めておき，法になんら他の力をつけ加え
> るようなことはしない．それで，そのような事情によって，特殊社会の偉大な絆の
> 一つが効果を生まぬままに放置される．それだけではない．市民たちの心を国家に
> 結びつけるどころか，この宗教は，彼らの心を地上のすべての事柄からと同じよう
> に，国家からも切り離す．これ以上社会的精神に反するものを，私は知らない」(CS
> 465/186-187).

この密度の濃いテクストのなかでルソーが最初に明示するのは，この宗教が国
家（特殊社会）となんら特別の関係を持たないという前提的な事実である．「福音
書の宗教」が境界を持たない一般社会を領域とするのに対し，国家は，国境を有
する特殊社会である．「福音書の宗教」の普遍性は，国家の特殊性とは相容れな
い．それゆえまず，この宗教は，国家の実定法に対してなんら他の力を与えない
とされる．すなわち，神の法と実定法とはその方向性を異にし，両法の内容的不
一致は明らかであって，この宗教は実定法そのものの有する力は認めはするもの
の，神法が実定法の遵守を促進はしない，ということである．まさに「特殊社会
（国家）の偉大なきずなの一つ（法）が，効果を生まぬままに放置される」（（　）内
は引用者）という事態が発生する．次に主張されるのは，この宗教が市民の心を

「地上のすべての事柄から」と同様，「国家から」切り離しさえするということである．このうち，市民が実定法の遵守を促進されないばかりか，「国家から」切り離されるとさえ言われるのはなぜなのか，まず考察しよう．現実の国家は，治者の被治者に対する抑圧装置であり，あらゆる虚飾を剥ぎ取れば，その実定法は被治者に対する抑圧を固定・存続化させるための法に他ならない，と考えられる．それゆえ，「福音書の宗教」の信仰者が，神法の求める人間の義務を自らの内面に問う時，単に両法の妥当領域の差異を意識するにとどまらず，信仰者が神の法の命ずる義務に忠実であろうとすればするほど，実定法の課す義務との差異を矛盾として強く意識することになる．そうして国家との心理的距離は拡大してゆき，心理的な溝は埋めがたくなるであろう．ところで，『不平等論』中の以下の叙述は，このような事態を描出しているように思われる．それは，ルソーが自然状態にある未開人は果たして惨めであろうかと問うて，逆に現実の社会——ここでは法が問題となるので，現実の国家としてよいと思う——に生きる人の惨めさを告発する箇所である．すなわち「われわれは身の回りにほとんど自分の生存を嘆く人たちばかりしか見ないし，幾人かの人たちは，実に自分に可能な限り自分の生活を棄てることにかかっているのだ」とした上で，ルソーは「そして神の法と人間の法とを一緒にしてみても，この無秩序を食い止めるにはほとんど十分とは言えない」(傍点は引用者) と断言する (DI152/68)．これを私たちの問題に即して理解すれば，次のようになろう．

> 「現実の社会矛盾を固定，存続化する国家に生きる人々は，真に惨めな状態にあるため自らの生存を嘆き，その生活を棄てようとさえしている．しかしそうだからといって，神法と実定法とを混合させてみても，人々のこのような無秩序を，食い止めることはできないのだ」．

再び『社会契約論』に戻って問題を先に進めよう．それでは彼らの心を「地上のすべての事柄から」切り離すとは，一体どのように考えればよいのだろうか．「地上の事がら」は明らかに「天上の事柄」との対比があって使われる言葉であるが，「福音書の宗教」は，地上における人間の義務の実践を強調する宗教ではなかったか．確かに助任司祭の信仰告白後半には，繰り返し，この世での，人間つまり兄弟たる他者に対する義務の実践が促されている．しかしそれは，現実の国家＝特殊社会のなかに積極的に生きることを促すものと解してはならない．人間の義務の実践は，あくまでも人間愛を紐帯として人々が兄弟と見なされる一般社会に向けられた行為なのである．この義務の実践は，それが信仰者が神法にか

なう行為か否かを常に自らの理性と良心との検討に付して，遂行されるものである．信仰者は，神法への服従を通して天上に至るルートをつくり上げようとする．信仰者はこの義務の行為を限りない熱心さで果たすだろう．しかし地上における義務の遂行は，突き詰めてみれば，神法に従うことによって信仰者が，自らの死後の魂の救済を願い，その願いの実現を神に委ねんがためのものである[41]．このように地上での義務の実践も，究極的には天上での魂の救済のためのものなのである．こうした視点を得れば，「福音書の宗教」における地上と天上との比重は，地上での人間の義務の強調にもかかわらず，明らかに天上に傾かざるをえないのである．それゆえ私たちは，彼らの心は，究極的には「地上のすべての事柄から」切り離されている，とルソーとともに考えることができるのである．最後に，このパラグラフの締め括りとして「福音書の宗教」が「社会的精神」に反する最たるものと結論づけられていることの真意を捉えることが残されている．ここにいう「社会的精神」とは何を意味するのだろうか．それは，現実の国家（特殊社会）と現実の社会とを支配する精神，言い換えるならば「社会人」の精神のことである，と捉えられる．ルソーは，こうした「社会的精神」に「福音書の宗教」が全く反していると明言しているのである．この「社会的精神」の対極にあるものが，「福音書の宗教」が鼓舞する人間愛を紐帯として広がる一般社会——天上への連続性を有する地上＝天上社会——の精神，すなわち「社会的人間」の精神であることは，もはや明らかであろう．

　結局，以上の論考から，ルソーに従えば，「福音書の宗教」は，国家との無関係という癒しがたい欠陥を克服すべく止揚されなければならないことは自明であろう．国家の法に新たな力を加えること，市民としての義務を愛させる力，促進力を持つことこそが，新たな宗教には求められているのである．ルソーはいう．

> 「ところで，それぞれの市民をして，自分の義務を愛さしめるような宗教を市民が持つということは，国家にとって，実に重大なことである」(CS468/190)．

　国家の要請する義務と宗教の求める義務との矛盾を一挙に解消し，信仰を有する市民が，神法と調和・連続した——つまり地上と天上との連続性を獲得した——立法下に生きることができるために，「福音書の宗教」は止揚され，新たな宗教がつくり出されねばならないことになる．市民が政治体の法の課す義務を果たすことが，同時に神の法の命ずる義務に従うことでもあるような宗教，こうしたものこそが「市民宗教」と呼ばれるのである．

（2）宗教の譲渡

　周知のように『不平等論』では，人間の歴史への凝視から，自然状態を起点として現実国家の疎外が最終段階に達した専制国家を終点とする歴史過程を，抽出，理論化して描き出している．また『社会契約論』では，歴史過程が単純化・2段階化され，自然状態から社会状態への移行が，社会契約＝全面譲渡によるドラスティックな転換として捉えられており，新しい政治体＝公的人格への転換に至る現実の歴史過程を描くことはしていない．というわけで，よく知られているように，この両著作の間――前者の論考の終わりと後者の論考の始まりの間――には，ルソーによって書かれなかった“問題の空間”が存在する．私たちは，この書かれなかった“空間”を埋める，というよりむしろ，ルソーの思想の体系性，統一性が明確になるように，一方から他方への積極的な架橋を試みなければならない．『社会契約論』は転換点を次のように捉える．

> 「私は想定する――人々は，自然状態において生存することを妨げるもろもろの障害が，その抵抗力によって，各個人が自然状態にとどまろうとして用いうる力に打ち勝つに至る点まで到達した」(CS360/28-29).

　そして，「統一」，「共同の自我」，「生命」，「意志」とを持った公的人格＝新しい政治体をつくる社会契約＝全面譲渡は，次のように定式化されている．

> 「われわれの各々は自分の人格と自分のあらゆる力を共同のものとして一般意志の最高の指揮の下に置く．そして，われわれは各構成員を，全体の不可分の一部として，一団となって受け取るのだ」(CS361/31).

　“問題の空間”は，想定された転換点と定式化された社会契約＝全面譲渡との間に広がっている．というのはこの想定は，『不平等論』を踏まえれば，次のように捉え直せると考えられるからである．

> 「私は想定する――人々は，疎外の終極点＝専制国家において生存することを妨げるもろもろの障害が，その抵抗力によって，各個人が疎外の終極点＝専制国家にとどまろうとして用いる力に打ち勝つに至る点にまで到達した」．

　『社会契約論』で想定された人々の生存の臨界点が『不平等論』で捉えられた「不平等の到達点」，「円環を閉じ，われわれが出発した起点に触れる終極点」(DI 191/126-127) であるとするならば，私たちは新しい政治体の創出の前に，旧権力の打倒＝革命を置かざるをえないのであり，つまり書かれなかった空間には，人々

を生存困難に陥らせるほどの極限的な疎外状況をつくり出した専制国家の打倒＝革命が隠されている，と考えざるをえないのである．『社会契約論』を「始りから，すなわち虚無から ex nihilo 再出発する」もの，あるいは「抽象的なユートピア」と捉えない限りは (Starobinski 1971：45＝1973：49-50)．では，ルソーによって書かれなかった革命論とはどのようなものでありうるのか．ルソーは，周知のように，国家の設立以降の不平等の必然的な進行を3段階に分けて捉えているが，[44] その最終段階にある人々（「社会人」）たちは，専制君主の恣意を「正義」として強制され，この主人―奴隷関係を存続させていては，自らの生存が危ういほどの危機的な状況に陥っている．「社会人」たちは，生存の危機に直面するに至って，この体制は専制君主（主人）の特殊な意志が「正義」とされ，最強者の暴力にすぎない権力によってそれが強行されるシステムに他ならないことに気づき始め，奴隷である自分たちが主人の権力保持のシステムの歯車として組み込まれ，活用されてきたことに気づき始める．すなわち，ここに至って「社会人」はこのシステムの下で自らの利益を追求することが，自らを潤すより，実は主人の支配の維持に役立っていることに覚醒してゆく．このような覚醒は，初めは少数の「社会人」にしか見られないだろうが，徐々にその数を増してゆくことだろう．体制の本質的矛盾に気づき始めた「社会人」を私たちは，もはや純粋な（！）「社会人」と呼ぶことはできないだろう．というのは「社会人」は，もはや「社会的人間」への転化の過程を歩み始めていると考えられるからである．そして専制国家の疎外の度合が，「社会人」の覚醒を促し，さらに「社会的人間」に転化しつつある人々の数を多数化するほど，強まった時，権力の打倒は秒読み段階に入り，もはやこのような人々を担い手とする革命は不可避となる．彼らの持つに至った理性と良心は，腐敗の極に達した権力の構造的矛盾を――その洞察の深さに個体差はあるものの――おおむね見出しうるだけの水準に達しており，それゆえ，彼らの力を権力の打倒という1つの目的に結集することが可能となるだろう．彼らは自らの判断によって革命を遂行するだろう．[45] しかし古い権力の打倒と新しい政治体の設立とは異なる2つのことである．というのは，古い権力の悪に気づくことのできる人々が，治者と被治者の同一化を実現させる止揚された国家＝新しい政治体を自力で案出できる人々であるとは到底考えられないからである．むしろ，専制国家が打倒された後に一時的に出現する権力の真空状態において，1人の人間，一握りの集団の利益を優先した国家建設への策動に晒される危険を，人々は多分に持つだろう．だからこそ，ルソーは彼らだけでは「市民」となりえない人々の理性の限界を打破し，人格の質的転化を図るために，立法者と呼ばれる自己完成

能力の促進者を国家の建設時に必要不可欠な存在として位置づけるのだ，と考えることができる．それゆえ立法者の理論化は，ある意味で，ルソーのリアリズムが要請したものである，と言いうるかもしれない．

　以上のように私たちは“問題の空間”に革命を置いた．ところでスタロバンスキーが一方で不平等の到達点に「否定の否定」を見出したエンゲルスの解釈（「マルクス主義的」な解釈）を置き，他方にカント——カッシラーの教育論による架橋（「観念的」な解釈）とを対置した——あの「革命か教育か」という——二項対立をどう考えるべきだろうか（Starobinski 1971: 46–47＝1973: 50–51）．繰り返すまでもなく，私たちは“問題の空間”に革命論を置いた．しかし私たちは教育論を捨てて革命論を選んだのではない．スタロバンスキーの二項対立の妥当性を私たちは疑う．教育論——私たちは，それを人格の動態的発展論と呼び直したいが——は当然，革命論と結びつけられるべきであると考える．それゆえ，私たちが選び取るものは，人格の動態的発展論とリンクした革命論であり，私たちが捨てるものは革命論を欠落させた教育論なのである．

　ところで私たちは，革命期に人々が「社会人」から「社会的人間」に転化しつつあることを推論したが，宗教の側面から疎外の極限状況を捉えるとどうだろうか．既存宗教は「社会人」の疎外された人格に対してどのように働くのだろうか．そしてそれは「社会人」の疎外状況に，そして現実の国家にどのように対するのであろうか．まず，信仰を持つ個々の「社会人」の内面への働きかけについて．隣人愛，人間愛の教えは，神への愛を媒介にした他者への愛の喚起である．それは個々人の良心の喚起であり，悪しき情念である自尊心の拡大の抑制として機能する．ルソーが見て取った宗教と道徳との一般的関係——宗教は道徳を基礎づけるものであり，道徳に諸原則を提供する——は，ここにも妥当する．しかしすでに明らかなように，「社会人」の内面に自尊心の蔓延，憐れみの情の窒息という感情の変質が進行している以上，「社会人」は自己愛と憐れみの情との関係から形成される道徳体系とそこから発露する良心の活動領域を著しく部分化，矮小化されている．それゆえ，既存宗教が良心の覚醒を説いても，「社会人」の多くは，自らの自尊心の動きをいくらか減少させたり，さらなる自尊心の増大を阻止したりといった程度にしか，その微弱な良心の活動を機能させえない．次に，既存宗教が「社会人」の陥っている疎外された状況に，そして現実の国家に，どう対するかについて．人々が自己保存さえ危うい極限状況に陥っているのに，既存宗教は，人々に現実の国家の秩序の受け入れを教える．元来，キリスト教は，国家，社会の悪の是正を人々に積極的に促すことをしない．キリスト教は，個々人が神

の前に正しくあることは求めるが，個人の外部にあるもの——つまり他人や国家，社会——の悪・不正を，個人が正すことを押し止める．それは「人を裁くな」と説く宗教である．自己の外部にある悪を裁き，断罪するのは，神のなすところであって，人間が現世において，それらの悪・不正を裁くことは，神が人間に求める謙虚さに反することなのである．結局，既存宗教は，国家の秩序への服従・忍従を促すがゆえに，国家の秩序維持機能の一端を，現実には担っているのである．⁽⁴⁶⁾ところで，生存の危機に直面して，遂に現実の国家の矛盾に気づき始めた人々（「社会的人間」へ転化しつつある人々）は，その矛盾に気づかずそのシステムに従っている「社会人」の理性より，発達した高い理性を獲得しえた人々である，と捉えられる．こうしたより高いレベルへの理性の発達が見られると，この理性の発達を待って，曇らされていた良心が本来の働きを取り戻し，理性と良心との相互補完的作用の機能不全が徐々に解消されてゆく．こうして高まった理性と回復した良心とをともに働かせて，人々が既存宗教の上述のごときあり方を考え始めると，そこに不信や疑問が生じるのはむしろ自然である．既存宗教はなぜこのようなあり方をとり続けるのか．その根本的原因は，既存宗教が神と個々の人間（信仰者）との間に介在して神と人間との直接性を阻み，教会の説く教理を人々に無批判的に受け入れさせてきたことにある．それゆえ，革命期の人々には助任司祭と同様の内面的なプロセスが開始される．サヴォワの助任司祭は，個人的事件から，教会の教説を信じることのできない混沌に陥ったが，革命期の人々は，極限的状況下での教会のあり方への不信から，教説を信じることのできない混沌に投げ込まれる．助任司祭と同様に人々は，ただ自らの理性と良心とによって，この精神の混沌から這い出さなければならない．信仰は自分自身（の理性と良心と）で獲得するものである——これがこの内面的プロセスの要約である．国家が破滅の前夜にある時，既存宗教だけが無傷であることができるだろうか．自らの理性と良心とに基づく信仰の模索——「社会的人間」化のプロセスを歩みつつある少なからぬ人々は，「福音書の宗教」への道の途上にある，と捉えることができよう．以上の推論を前提として，全面譲渡を宗教の側面から捉えることにしたい．人格は全面譲渡時に政治体に譲渡される重要な項目であるが，人格が譲渡される時，仮に信仰が譲渡されず個々人のうちにとどまっているとすれば，どうして人格が完全に譲渡されうるだろうか．それゆえ，人格と密接不可分な関係を持つ信仰もまた同時に譲渡される，と考えられなければならない．政治体の構成員となろうとする人々は，その時，持っている自らの信仰を譲渡することを要請される．したがって個々人の抱いている信仰——「福音書の宗教」やまだ完全に払拭されていない

既存宗教——が譲渡され，一般意志の指揮の下に置かれる，と考えられなければ
ならない．全面譲渡後，政治体は「市民宗教」を創り出すことになる．「市民宗
教」の成立は，政治体における既存宗教の破棄を前提とする．「市民宗教」は，「福
音書の宗教」を土台にしつつも，それを乗り越え，質的に転化した新しい宗教な
のである．

（3）市民宗教

　（3）は「市民宗教」がいかなる宗教であるかを論考することを目的とするが，
ルソー自身が「市民宗教」の教理について語っている箇所から，「市民宗教」の
教理に関する要件として以下の3点を取り上げ，論考を進めることにする．すな
わち「市民宗教」の教理は，まず①「主権者がその項目を決めるべき」ものであ
り，次に②「厳密に宗教の教理としてではなく，それなくしては良き市民，忠実
な臣民たりえぬ，社会性の感情として」定められるものであり，さらに③「単純
で（項目の）数が少なく，説明や注釈なしできちんと言い表せるものでなければ
ならない」とされる（CS468/191-192）（番号は引用者）．以上の3点に沿って順次検
討するが，その前に「市民宗教」の教理そのものを掲げる．「市民宗教」の積極
的教理とは「全知全能で慈愛に満ち，すべてを予見し配慮する神の存在，来世の
存在，正しい者の幸福，悪しき者への懲罰，社会契約と法律の神聖性」であり，
消極的教理とは，不寛容であってはならないということである（CS468-469/192）．
　まず①【「市民宗教」の教理は「主権者がその項目を決めるべき」ものである】
とは，「市民宗教」は，政治体の主権者たる人民の一般意志による立法としてつ
くり出されることを意味する．つまり，政治体の「立法の一部分」として，政治
体にただ1つの「市民宗教」がつくり出されるということである（LM703/『全集』
Ⅷ 215）．「市民宗教」の形成過程については，『社会契約論』（第4編第8章）はも
ちろん，他の著作中にも，残念ながらまとまった記述を見出すことはできないが，
私たちの問題関心からは重要である．以下に推論を織り交ぜながら，形成過程を
追ってゆくことにする．新しい政治体の構成員が全面譲渡前に持っていた宗教は
「福音書の宗教」であることが，論理整合的には求められている．しかし，これ
はあくまでも理念的な想定である．より現実に即した想定は，5節（2）ですで
に述べたように，「福音書の宗教」を持つに至った少なからぬ人々がいる一方で
「福音書の宗教」を獲得するには至っていない人々が他方にあり，既存宗教がな
お残存している，というものであろう．しかしルソーが，純粋な内面的信仰とし
ては「福音書の宗教」を肯定していることは確かであり，新しい宗教をつくり出

す際に，それ以外の宗教を前提とすることは困難である．それゆえ「福音書の宗教」を前提としつつ政治体との関係を持ちえないというこの宗教の欠陥を克服することが求められる．いかにして「福音書の宗教」の信仰者の心を，来世から現世の政治体に重心移動させるか．「市民」が政治体のなかに生き，市民的義務を真に愛することを可能にする信仰はどのように生み出されるのか．繰り返すまでもなく「福音書の宗教」は政治体との関係を持たない宗教であるから，この信仰に基づいて各人が政治体全体の問題を考えることは困難である．したがって各人がそれぞれの信仰箇条を表明したとしても，それはあくまでも個人の信仰告白にすぎぬものであり，決して政治体全体の問題——この場合は政治体の宗教をつくり出すという問題——に対して「市民」が（宗教的な）個別意志を表明したことにはならない．政治体の信仰箇条をつくり出すための個別意志が得られないのであるから，個別意志の表明に基づく一般意志の形成という単純なプロセスによっては，「市民宗教」をつくり出せないことになる．すなわち，政治体の設立時において，人々は直ちに自力では「市民宗教」を創り出すことができない，のである．それでは，「市民宗教」の教理はいかにして生み出されるのか．そこに立法者の介在，政治体の構成員への働きかけの理論的必然性が存するのである．すなわち，他の政治の領域と等しく，宗教の領域においても，立法者によって法が編まれることが必然的に要請されるのである．つまり「市民宗教」の教理は（自力では教理を見出しえない）人々に代わって立法者が案出し，提示する法なのである．立法者の「市民宗教」の教理の提示は，彼らに，政治体と宗教との結節を学ばせ，その信仰箇条によって各人の市民化を促す行為である，と捉えることができる．それは，構造的視点から言えば，立法者による各人に対する（「市民宗教」の信仰箇条を通しての）市民性の付加である，と捉えられよう．そして最後に，「市民宗教」（の教理）は，他の立法がそうであるように，立法権者である「市民」によって受け入れられ，名実ともに新しい政治体の唯一の宗教＝法として成立するのである．「市民宗教」の成立に続いて，今度は「市民」への宗教の与え返しが行われる．宗教の譲渡によって白紙となっていた「市民」1人ひとりの内面に，「市民宗教」が与え返されるのである．ところで「市民宗教」はひと1人のすべてをカバーしきる宗教ではない．ルソーは「この宗教の教理は，その宗教を信じている市民が，他人に対して果たすべき道徳と義務に，この教理が関係する限りにおいてしか，国家ならびにその構成員の関心を引かない」(CS468/190) と明言する．つまり「市民宗教」の問題とするのは市民的道徳，市民的義務に関してのみであると，その妥当領域の限界を付しているのである．「公共的有用性の限界」は，「市民宗教」

にも当然，妥当する (CS467/190)．それゆえ人々は市民の道徳・義務に関わらぬ領域では，個人的な内面的信仰の世界を持つことが，再び許され取り戻されるのである．[48] しかし忘れてはならぬのは，この内面的信仰は，あくまで各人の理性と良心とによって得られる信仰であること，すなわち各人の「福音書の宗教」でなければならないことである．全面譲渡時に，譲渡された既存宗教は，政治体によって破棄されるのであり，各人に許される内面的信仰のなかにその残滓が混入していてはならない．それは実現させたはずの宗教の止揚を，自らの手で覆すことに等しいからである．人々は「市民」であると同時に「福音書の宗教」を信じる「社会的人間」であることを，政治体によって改めて求められているとも言えよう．

　次に②【「市民宗教」の教理は「厳密に宗教の教理としてではなく，それなくしては良き市民，忠実な臣民たりえぬ，社会性の感情として」定められること】について．「市民宗教」が彼岸を志向する純然たる宗教とは言えないのは，それが政治体の宗教として「立法の一部分」を構成するという一事からすでに明らかである．ルソーはここで，追放と死罪とを問題とする．まず追放についてであるが，これは主権者は「市民宗教」を信じない者を政治体から排除する権限を持つということである．つまり「市民宗教」への信奉は，人が「市民」の資格を有するための要件とされているのである．ルソーは追放の理由として，該当者の「市民」としての不適格性を次の3点に集約する．1つは「非社会的な人間」であること，2つは「法と正義を誠実に愛することのできぬ者」であること，3つは「必要に際してその生命を自己の義務に捧げることのできぬ者」であること，である (CS468/191)．ここから逆に「市民宗教」が「市民」を社会的な人間にし，法と正義を誠実に愛することのできる者にし，必要に際してその生命を市民の義務に捧げることのできる者にする機能を担うものとされていることがわかるのである．ところで，ここでルソーが用いている「社会性」あるいは「非社会的な」というタームについてであるが，ここで問題とされているのは，政治体の「市民」としての適格性であることから，それらはそれぞれ「市民性」，「非市民的な」という言葉に置き換えた方が，その意味するところを明確に理解しうると思う．次に死罪であるが，ルソーはこれについて「もし，これらの教理 (「市民宗教」の教理) を公に受け入れた後で，これを信ぜぬかのように行動するものがあれば，死をもって罪せられるべきである．彼は，最大の罪を犯したのだ，法の前に偽ったのである」と述べている (CS468/191-192) (（ ）内は引用者)．ルソーは「市民宗教」の受容後の侵犯をなぜ最大の罪と位置づけ，死罪という最も重い量刑に値するものとしたのだろうか．この死罪の主張は，多くの論者に困惑の念や非難の感情を呼び

起こしてきた．例えば『社会契約論』の岩波文庫版の訳者は訳注において，この主張を「この残忍な理論」と呼び，「ルソーが非難されるのはもっともだ」とした上で，『新エロイーズ』Ⅴ−5の手紙の原注（1）に見出されるルソーの見解を，むしろルソーの真意の表れであるとして，引用している．私は，この訳者の見解を支持することができない．第1の理由――より本質的な理由――は，「社会契約と法律の神聖性」という教理が「市民宗教」に含まれていることと関わっている．「市民宗教」が立法の一部であることは繰り返すまでもないが，「市民宗教」は「社会契約と法律の神聖性」という教理を持つことから，それは社会契約と法律に神聖性を付加する法と捉えられると思う．「市民」が「市民宗教」を受け入れるとは，この市民的な信仰箇条を自身の信仰箇条とすると宣言すること，つまり社会契約と法律――それはすなわち政治体――への忠誠，服従を宣誓することなのである．いうまでもなく，社会契約と法律への服従は，政治体存立の根本条件である．「市民宗教」は，社会契約と法への服従が，政治体存立の根本条件であるから遵守しなければならないというより，もっと進んで社会契約と法律とが，政治体と「市民」とにとって神聖なものであるからこそ，死守しなければならないと説いているのである．それゆえ「市民」がいったん，この市民的な信仰箇条をわがものにすると誓ったのにそれを破ったなら，それは社会契約と法律に神聖性を付加する法――いわば法のなかの法――への侵犯であり，自らなした政治体への忠誠・服従の宣誓を自ら覆す行為ということになる．このように捉えることが許されるならば，ルソーが「市民宗教」の受容後の侵犯を政治体に対する最大の罪とし，それに最も重い量刑を当てたことを困惑も非難も伴わずに受け止めることができるように思う．第2の理由は，『社会契約論』における「市民宗教」の侵犯者への死罪の主張と『新エロイーズ』Ⅴ−5の手紙の原注（1）における無神論者への態度，対応との間にある設定及び論点のずれを，訳者が看過しているように思える点にある．原注（1）でルソーが最も訴えたかったのは，真の信仰者は不寛容たりえず，無神論者を告発する迫害者にもなりえない，ということである（NH589/『全集』Ⅹ 245）．またⅤ−5の手紙本文中においては，無神論者＝ヴォルマールは，無神論的言動を公然と繰り返すどころか，家族とともに教会に行き，「国家が市民に要求しうるすべてのことを，法によって定められた信仰にのっとって行う」人物とされている（NH592–593/『全集』Ⅹ 240）．もちろん原注（1）で問題となっている無神論者一般がすべてヴォルマールのような，言動を控えた無神論者であると断定することはできない．しかし，無神論者がその言動によって国法に違反しているとしても，少なくとも彼らは，『社会契約論』で死罪とな

るべきとされた人のように，自ら「市民宗教」を受容した――すなわち，その市民的な信仰箇条をわがものにすると誓った――後で，その宗教＝法への侵犯を公然とやってのけたわけではないのである．以上の追放と死罪をめぐる論考から，「市民宗教」が法の神聖性を付加する法――いわば法のなかの法――であり，その市民的な信仰箇条を自身の信仰箇条とすることが，どうあっても免れない「市民」の資格要件とされる所以が明らかになったと思う．「市民宗教」の教理は，まさに「それなくしてはよき市民，忠実な臣民たりえぬ」政治体の根本精神＝市民性の感情の集約的表現に他ならないのである．

　さらに③【「市民宗教」の教理は「単純で（項目の）数が少なく，説明や注釈なしできちんと言い表せるものでなければならない」こと】について．「市民宗教」の教理は，③が宣せられた直後に，前掲の，あの積極的教理と消極的教理とが明示される．これらの明示された教理は，確かに，単純で項目の数がきわめて限定的である．宗教の教理が「単純で（項目の）数が少なく」と言われるのは，すでに「自然宗教」においても「福音書の宗教」においても同様であった．ルソーの宗教が，理性と良心との検討によって獲得される信仰であることは，あらゆる段階を貫いた信仰の最大の特徴である．したがって教理の単純性と項目の少数性は，「市民宗教」に至っても，ルソーの宗教が示す理性（―良心）信仰の証であると捉えられよう．ところで，ルソーによる宗教の教理の明示ということに注意を向けてみたい．「市民宗教」の教理は明示されているが，「自然宗教」や「福音書の宗教」の教理はどうであったか．まず「自然宗教」については，最も基本的な3箇条が明示されている．ただし「自然宗教」の教理は，それにとどまるものではなく，この基本3箇条から，他の教理は容易に引き出せるとされているのである．あらゆる宗教の基礎とされる「自然宗教」は，あらゆる宗教を基礎づける最も根本的な教理を持っていなければならず，その教理は，あらゆる信仰者の共有事項として把握されうるものでなければなるまい．これに対し，「福音書の宗教」の教理は「市民宗教」におけるような教理の列挙も，「自然宗教」におけるがごとき基本教理の提示もなされていない．「福音書の宗教」の教理がまとまった形で明示されず，示されているのは教理というより根本精神（「福音書の精神」）であるのは，なんらかの理由があるのか，それとも単なる偶然にすぎないのか．私は，教理の明示の欠如には必然的な理由があると考える．「福音書の宗教」は，「自然宗教」をその基底に持ち，その上に福音書という聖典を，各人が各人の理性と良心とによって捉えることを通して成立する信仰である．聖典たる福音書の解釈権者が信仰者個人であることから，理論的に言えば，100人の信仰者には100通りの

信仰箇条がありうることになり，ただ1通りの信仰箇条を「福音書の宗教」の教理として明示することは，ルソーが力説する「福音書の宗教」の基本枠組を自ら裏切るものとなるだろう．ただし私は100人の信仰者には100通りの信仰箇条がありうると書いたが，それはもちろん理論上の可能性としてであって，教理が多岐にわたったり煩雑なものになったりすることが想定されていると考えてはならない．ルソーはそれどころか，人間の義務の実践に関わらない神学上の論争の種となっている多くの複雑，難解な教理を排除しようとしている．要するに，「福音書の宗教」の教理は，このような神学的な教理とは無縁の，人間の義務をめぐっての単純・明快な少数の教理を中心としたものであることが求められるのだが，と同時に，信仰者の個体差に起因して，各人が獲得する信仰箇条は，なんらかの差異を伴っているとも考えられる．したがって「福音書の宗教」の教理がまとまった形で提示されないのは偶然なのではなく，各信仰者の内面的な信仰としてのみ成立する「福音書の宗教」の基本性格に由来する必然的帰結と考えられるのである．ここで改めて「市民宗教」に戻ると，その教理が「説明や注釈なしできちんと言い表せるものでなければならない」とされるのは，「市民宗教」が「福音書の宗教」と異なって政治体の唯一の信仰として創出されることの必然的な帰結である．先に見たように「市民宗教」の創出において「市民」は，立法者の教理の提示がなければ，それを政治体に唯一の統一的な信仰として受け入れることができない．教理の明示は，宗教創出の必要条件なのである．しかも，この教理は，「市民」による受け入れが確認されるや，政治体の法となる．政治体の法であるものが「説明や注釈なしできちんと言い表せるものでなければならない」とされるのは当然である．「市民宗教」の形成過程において宗教＝法の編纂に立法者の助けを借りるとはいえ，「市民」が受け入れることによって成立する宗教＝法が，「市民」の理解を阻むほど難解なものであってはならないだろう．自力で編むことはできずとも，少なくともそれが提示された時，自らの宗教＝法として理解されなければならないのだから．また，宗教＝法の成立後を考えても，その意味するところがいかなる「市民」にとっても明瞭に把握されなければならないのは当然と言えよう．「市民宗教」の教理が充分に把握しえないものにとどまっていて，どうしてそれは「市民」に対し，義務の実践を促し，義務の遵守を強制することができようか．ゆえに「市民宗教」の教理が，信仰・法の両面から，説明や注釈なしで明示されるものでなければならないのは，論理上必然的であると考えられるのである．

　「市民宗教」は，社会契約と法律に神聖性を付加する法であった．ところでそ

れらはなぜ神聖視されなければならないのだろうか．それはルソーの「人間の正義 (la justice de l'homme)」，「神の正義 (la justice de Dieu)」の両概念に関わる問題である．この 2 つの概念はそれぞれ，ルソーによって次のように捉えられている．

> 「人間の正義は各人に属するものを各人に返すことにあるが，神の正義は神が各人に与えたものについて各人の責任を問うことにある」(E593–594/中210)[52]．

ところで各人に属するものを各人に返すという「人間の正義」は，現実の国家のなかで実現されてきたであろうか．私たちは，国家の歴史のなかに——進行する不平等の 3 つの段階にそれぞれ対応して——① 富者の正義，② 強者の正義，③ 主人 (専制君主) の正義を見出すにすぎない．それでは「福音書の宗教」においては，「人間の正義」は見出されるのであろうか．「福音書の宗教」は，人間の義務の原則を示し，道徳を基礎づける機能を持つ．それゆえ各信仰者は，この宗教に指し示され，基礎づけられて各人の道徳体系を確固たるものとし，この道徳体系から発現する良心と自身の理性とをともに働かせることによって，自らの正義の規準を獲得する．このように信仰者 1 人ひとりのうちに，個々人の正義の規準が見出されるのであり，個々人の正義の規準を集約するメカニズムはここでは見出されない．こうして各々の信仰者の正義の規準は，各人が自身のあり方を正し，悪を除き善をなす自身の行為にそれぞれ適用されるだろう．しかし，個々人の正義の適用は，それぞれ信仰者本人に対して行われうるのであって，自己の外部にある他者や，社会・国家に対して行われうるものではない．自己の外部にある悪や不正は，したがって正されえず，制裁を加えられることなく存続するだろう．それゆえ問題は，個々人の正義の規準を集約するメカニズムの不在と正義を社会全体に実現させる実行力の不在なのである．そこでまず「各人に属するもの」とは何かを決すること，つまり誰もが納得する統一的な正義の規準がつくり出されなければならない．社会契約 = 全面譲渡によってつくり出された新しい政治体において，一般意志が「各人に属するもの」の唯一の規準を決定し，法がその規準を明文化，定式化する．そして政治体は，この法を執行することによって政治体全体に「各人に属するもの」を「各人に返す」こと——つまり「人間の正義」——を実現させる．すなわち政治体の意志が「人間の正義」の基準をつくり，その力が「人間の正義」を実現させるのである．私たちは「人間の正義」を，神から各人に与えられたものであるにもかかわらず，各人から奪われていたものを各人に返すことである，と捉え直すことができるだろう．「人間の正義」の実現は，各人に属するものであるにもかかわらず奪われていたあらゆるもの，すなわち人

格・生命・あらゆる力・財産の返還をもたらす．それは決して物質的なものにとどまらず，私たちは，非物質的なもの（とりわけ人格）に着目しなければならないと思う[53]．それゆえ，社会契約と法律とに神聖性を付加する「市民宗教」は，政治体において，神によって与えられたにもかかわらず各人から奪われてしまったものを各人に返す「人間の正義」を神聖視し，その実現を促すものである．1人あるいは一部の人の意志によってではなく，「市民」の統合された意志＝一般意志によって現実の国家・社会の悪を裁きにかけ，「人間の正義」を地上で実現させるシステム——それこそ「市民宗教」を有する新しい政治体のシステムなのである．ところで地上における「人間の正義」の実現は，人間の自由の領域に属する事柄である．神はその実現を人間になんら保証しない．しかし神は，人間に自由と自己完成能力とを与えたのであり，それらを活用して人格を高め，この地上に「人間の正義」を実現させることは，まさに人間に託された責務と言えよう．ルソーは「人間の正義」をあえて「神の正義」と並置させた．ルソーは「神の正義」の最終的で絶対的な裁きを前提にしつつも，「神の正義」の領域からの「人間の正義」の領域の自立化を宣言しているのではなかろうか．神はいずれにしても，この世における人間の責務の成否を，あの世での「神の審判」によって問い，「神の正義」を顕現し，人間に対して最終的で絶対的な裁きを与えるであろう．しかし，ルソーは，神にあらゆる現世の悪の裁きを全面的に委ね切ってしまうのではなく，人間は，人間の地上における責務として，一般意志に基づいた「人間の正義」の実現を，すなわち，政治体における悪の裁き＝悪の是正を果たさなければならないと考えたのである．そして「人間の正義」を実現させる新しい政治体においてこそ，人間の法（国家の実定法）と神の法との矛盾が止揚され，人間の法（新しい政治体の法）を神の法に接近させることができると考えたのであった[54]．

6．既存の宗教・既存の国家から人間を自由にする宗教

　本章は，宗教は人格と密接不可分の関係にあるものであるから，人格が動態的・発展段階的な変化を遂げれば，それに対応して，発展したそれまでと異質の宗教が見出されるのではないか，という予測から出発した．ところでこれまでの研究史においては，ルソーの宗教論が，人格の発展との関係から構造的に捉えられてきたとは言い難かった．多くの研究者は，「サヴォワの助任司祭の信仰告白」に見出される宗教の前半部分と後半部分の内容を分けることなく，それらを「自然宗教」と一括して捉えるか，あるいは，その差異を見出しても，それらを2つの異なった宗教として十分に理論化し，位置づけるまでには至っていない．本章で

は，「サヴォワの助任司祭の信仰告白」に見出される宗教は，信仰告白の前半部分と後半部分とでは質的に異なっており，後者＝「福音書の宗教」は，前者＝「自然宗教」を土台に持ちつつも，前者の持たない新しい重要な要素を持つ，より発達した宗教であると捉えた．この「自然宗教」から「福音書の宗教」への発展は，人格の第2の発展過程（「社会的人間」の形成過程）に対応する，大きく捉えれば同一の発展過程内での発展・変化であるが，2つの宗教の質的な差異の把握やそれらの位置づけは重要であると考えた．次に「市民宗教」とサヴォワの助任司祭の宗教とについてであるが，両者の間に発展段階的な質的転化を見ずに，そこに断絶を見て取る論者が多い．私は「福音書の宗教」から「市民宗教」への発展段階的な質的転化を，「社会的人間」から「市民」への人格の質的転化との密接な関連のなかで捉えようと努めた．ルソーの宗教論の革命性は，既存宗教の教義に敵対し，その存立を根底から揺るがし，否定するという宗教思想における革命性にとどまらない．その宗教論は，同時に政治思想上の革命性を有するのである．確かにルソーは『社会契約論』における人類の生存の臨界点，すなわち，かの“想定”を抽象的に記すことによって『不平等論』における人類史の円環の終極点＝疎外の極点と社会契約＝全面譲渡との間に“問題の空間”を残した．彼は新しい政治体の創出のための専制国家の打倒論，革命論を直接，書くことはなかった．しかし，私は“問題の空間”に革命論が置かれざるをえないとの認識から，推論によってその空間の架橋を試みたのであった．ルソーの宗教論は，人格の発展に伴う宗教の必然的な発展の帰結として，「福音書の宗教」を止揚した「市民宗教」を持つことによって，既存宗教のみならず，既存国家をも根底から否定，破壊する政治思想上の革命性を有することになる．なぜなら，「市民宗教」は社会契約に基づく新しい政治体の立法の一部をなすもの，もっと言えば，その立法中の法のなかの法——法の神聖性を保証する法——だからである．「市民宗教」は，「福音書の宗教」——自然宗教化したキリスト教——を政治化した宗教であって，革命的な政治理論の体系の中核に位置する宗教＝法，すなわち革命的な国家宗教だからである．「市民宗教」は，政治体において「人間の正義」を実現すること——神から与えられているにもかかわらず各人から奪われているものを各人に返すこと——を人間に可能にする宗教なのであった．

注
　1）人格概念は，労働論考，鳴子（2001）第2章すなわち本書第1章において析出され，かつ人格論考「J.-J. ルソーの人格概念——労働概念を手がかりとして——」（鳴子　2001：第

3章）において，労働のみならず教育・善行・立法といったさまざまな人的行為において検出された．

2）「社会人（homme civil）」は「社会的人間（homme sociable）」とは異なる概念である．前者は疎外状況にある矛盾に満ちた現実の人間を指し，後者は発達する人格の第2段階の表象であり，社会性を有する理念的な人間を指している．両概念の自覚的な区分，対照性の獲得は，『エミール』において見出される．『不平等論』においては，「社会人（homme civil）」のタームが多用されるが，同書の末尾近くで，矛盾した現実の人間を homme sociable と表記する箇所が1箇所，見られる．これは『不平等論』から『エミール』への思想の成熟過程を考える上で，1つの手がかりとなるものである（DI193/129）.

3）詳しくは，鳴子（2001）第3章3.（2）を参照されたい.

4）「あらゆる行動の根源は自由な存在者の意志にある」．助任司祭はいう．「そこで，人間の意志を決定する原因は何か．それは彼の判断だ．では，判断を決定する原因は何か．それは彼の知的能力だ，判断する力だ．決定する原因は人間自身のうちにある」と．また同時に「人間は真実を判断した時によいことを選び，判断を誤れば選択を誤るのだ」と述べられるが，私はまず，人が判断を誤る場合の意志形成のメカニズムを捉えたい（E 586/中195）.

5）ルソーは，この状態にある人間を受動的であるとする（E588/中191）．社会人が現実にどこまで邪悪な感情を増大させるかという問いに対して「同胞の損害のなかに自分の利益を見出し，また一方の破滅はほとんど常に他方の繁栄となる」ことを通り越して「公共の災害が多数の個人の期待となり希望となる」場合が例示されている．ルソーはその1例として「豊年の兆しを見て泣き悲しむ恐ろしい人々」を挙げている（DI202-203（Note IX）/148）.

6）ルソーは理性の無謬性という神話から自由である cf.（E594-595/中213）.

7）この状態にある人間の能動性をルソーは明示している（E583/中190-191）.

8）本書第1章2節参照.

9）「この特異なほとんど無制限な能力が人間のあらゆる不幸の源泉であり，平穏で無辜な日々が過ぎてゆくはずのあの原初的な状態から，時の経過とともに人間を引き出すものがこの能力であり，また，人間の知識と誤謬，悪徳と美徳を，幾世紀の流れのうちに孵化させて，遂には人間を彼自身と自然とに対する暴君にしているものこそ，この能力であることは，われわれにとって悲しいことながら認めないわけにはいかないだろう」（DI 142/53）（傍点は引用者）.

10）ドラテは，ルソーが彼の思想のなかに2つの異なる理性概念を並置させることで満足したと述べている．2つの理性概念とは，一方がコンディヤック流の心理学的平面におけるそれであり，他方がマルブランシュ流の形而上学の領域におけるそれである．ところでドラテの主張するように，果してルソーは2つの理性概念の並置で満足していたのであろうか．ルソーは一方で，それ自体としてはニュートラルな能力である理性の非道徳領域での発展を論じる．しかし彼は，人間の各期における理性の完成は，感情（良心）の作用を受けて初めて果たされると明言する．つまり，道徳領域における理性と感情との相互補完的作用があってこそ，理性は完成するものとされる．私は，ルソーが理性を非道徳・道徳の両領域で捉えつつも，最終的には，道徳領域における理性の完成のなか

に，理性を統合的に捉え直していると考える（Derathé 1948：177-178＝1979：247-248）．

11）Starobinski（1971：32-35＝1973：30-33）．プレイヤード版中のスタロバンスキーによる以下の注も参照（DI1340）．

12）人間を個体として捉える場合と同様，種として捉える場合にも，人間の認識能力の発達が宗教の獲得の条件とされているのは明らかである．真の宗教と区別される未開人の原始「宗教」については（E552-553/中129-130）参照．

13）道徳は精神─肉体の領域に属し，宗教は魂─肉体の領域に属するものである．

14）このことは，エミールが神への探究へと向かうのが，人々の教えによってではなく「彼の知識の自然の進歩がその方面に彼の探究を向けさせるときだ」とされていることと当然一致している（E557/中139）．

15）良心の根源に接近しようとする局面で語られる良心は，「感情」より「光」，「声」などと表現されることが多い．神に対する人間の魂の感応・呼応をより感じさせる表現である．

16）このようなアプローチを続けて得られた信仰（箇条）には，それゆえ「理性に反することや観察とくいちがうことはそこには１つもない」とされるのである（E576-577/中177）．

17）①─④はそれぞれ，①方法，②探究領域，③第１に問題となる事柄，④第２に問題となる事柄，という内容である．

18）ここにいう「なんらかの方法」が，先に述べた理性と良心とによる接近方法であることは繰り返すまでもなかろう．

19）注10参照．

20）第１，第２の信仰箇条が神と全被造物との関係を記しているのに対し，第３箇条には，自由な行為者としての属性の賦与によって，他の被造物から区別された人間と神との関係が記されている．

21）ある事柄を論ずる時，その最も基本的な要素は明示するが，その全体は語らず，読者自身が明示された基本要素から導出して全体を把握すべしとする態度は，ルソーのしばしば採るところである．『不平等論』で自然法について，その定義など一切与えず，理性に先立つ２つの原理（自己愛と憐れみの情とを指す）を示唆するだけにとどめ，両原理を協力させたり，組み合わせることから「自然法のすべての規則が生じてくる」としているのがその例である（DI126/31）．

22）（LM694『全集』Ⅷ 203）参照．

23）第１，第２箇条は，ルソーによる宗教の内的区分に従えば，②b，つまり「純粋に信仰にかかわる思弁的な教義だけを含む部分」と見なされよう．

24）死後の世界における神の秩序の全的回復を語ることによって，神の摂理の正しさがさらに力強く主張されているのはもちろんだが，ここに，この世において苦しんでおり，かつ，この世では十分な償いを受けることのかなわぬ「善人」ルソーの魂の叫びをも聞く思いがする．

25）「そこで，その自由を正しく用いることは，功績になり，報賞になるのであって，魂は地上の情念と戦い，初志を貫徹することによって，変わることのない幸福への道を準備するのだ」（E603/中230）．

26）ルソーにとって，人間の自由とは「人間の魂の霊性」の現れる場であり，「力学の法則

によっては何も説明されない」,「意志する力, というより選択する力」のうちにある (DI
142/52).

27) ここで列挙されるイエスの属性は『山からの手紙』(第3の手紙) においてルソーが語
るイエスの魅力的な人柄の特質と符合している (LM753-754/『全集』Ⅷ 272).

28) 原罪の教義を認めないとの批判に対するルソーの直接的反論は『ボーモンへの手紙』中
に見出される. 彼の基本的な主張は, 聖書のなかに明確かつ厳格な形で原罪の教義が含
まれているとは言えず, それは後世のアウグスチヌスや神学者が打ち立てた教義でしか
ない, というものである.「アダムが背いた命令は私には真の禁止であるよりは父の忠告
であるように思われる」というルソーにとって, なぜ, アダムのごく軽微な過ちにかく
も恐ろしい罰が科されねばならないのか理解しえないのであり, 原罪の教義は苛酷な神
学者たちのつくり出した憎むべき教義としか考えられないのである (LB937-940/『全集』
Ⅷ 452-456).
　　また, 原罪の教義や三位一体の玄義に対する否定的見解については, (LM705/『全集』
Ⅷ 217) 参照. そこでは純粋な市民宗教の確立の見地から, 2つの教義が国家の紐帯の強
化にとって無効あるいはマイナスであり, 市民宗教の教義から除かれるべきことが主張
されている. しかし, 国家と宗教の関係においてのみならず, 両教義はもっと根底から
否定的に捉えられている. すなわち, それらは無数の解釈や決定によって人々に争いを
もたらす「教条的あるいは神学的キリスト教」の教義とされ, ルソーのいう真の信仰に
とって無用なものと考えられていることは間違いなかろう.

29) 例えば「単純な教理」という言葉の裏には, 煩雑で難解な教理, さらに言えば「行動に
も道徳にも影響しないのに, 多くの人を悩ましている教理」への批判が込められている
だろうし, あるいはまた「慈悲深い行為」という言葉の裏には, カトリック教会が慈悲
深い行為よりも「宗教的行事」に重きを置いている事実があろうことも容易に想像され
る (E627/中274).

30) 信仰告白後半に見出せないものは, ただ「人間の宗教」,「福音書の宗教」,「福音書のキ
リスト教」といった名称だけである, としても過言ではなかろう.

31)「この偉大で崇高な書物を読むことによってこそ, 私はその神聖な著者を崇拝すること
を学ぶのだ. 何人もそれを読まずにいることは許されない. その著者はすべての精神に
理解される言葉で, すべての人間に向かって語っているからだ」(E625/中269).

32) 自己犠牲の死 (殉教) は, 視野をこの世に限定すれば, 自己保存を否定する行為である
から, 自己愛の圧殺を意味するように思える. しかし, あの世にまで視野を広げ, 死後
の魂の救済を確信する信仰者の目から見れば, その死は自己否定どころか永遠の生命を
獲得するための行為であり, 自己愛はなんら神への愛, 秩序への愛と矛盾しないことに
なろう.

33)「自然宗教」における死後の魂の救済については注24の前後ですでに述べた.

34) 人間の自己褒賞・自己処罰による死後の運命の区別を述べた後の助任司祭の以下の発
言, 参照.「ああ, よき友よ, そのはかにも幸福や苦しみの源があることになるのかどう
か, と聞かないでほしい. それは私にはわからないのだ (後略)」(E591/中205).

35) 助任司祭によってカルヴァン派の宗教は次のように捉えられていた.「それは非常に単
純で, 神聖な宗教だ. それは地上に見られるあらゆる宗教のなかでこのうえなく純粋な

倫理を含み，最もよく理性にかなった宗教だと私は信じている」（E631/中282）．ここに述べられた諸特徴が「福音書の宗教」の有する諸特徴と一致していることを改めて述べる必要はなかろう．

36) cf. (LM (Seconde Lettre) 719/『全集』VIII 234–235).

37) 各人を聖書の自由解釈権者とする主張を徹底化したためにルソーは，教会の基礎をなす教理の正統性を確定，固守するカルヴァン派の立場から大きく逸脱してしまっている．ルソーにおいては，教会もなく，したがって統一的な教理の確定，固定化もない個別的な内面的信仰の獲得が問題とされるのである．もとより，聖書を規範として承認する立場と，聖書のうち，福音書だけが取り出され，しかも啓示の事実上の排除を伴っているルソーの立場との乖離は覆いがたいものである．

　ところで，吉岡知哉氏は「宗教改革の原理は，十八世紀後半のルソーによってその最も徹底した主張にまでいきついているのである」と述べた上で，「だが福音書解釈に関して完全な自由を主張することは，いうまでもなく，完全な宗教的アナーキーの主張となるであろう．問題はすでにカトリックかプロテスタントかというような次元ではありえない．宗教という概念の定義が問われているのである」と主張する．確かに確定した正統な教理を固守しようとするあらゆる既存宗教，教団に対して，ルソーの主張は並外れた破壊力を持っている．しかし，彼の主張を「完全な宗教的アナーキーの主張」と言い切ってしまうのは果たして妥当であろうか．後に論述するように，個別的な内面的信仰である「福音書の宗教」の持ちえなかった教理の統一・集約のメカニズムを「市民」は「福音書の宗教」を止揚して創り出された「市民宗教」において獲得するのである（吉岡 1988: 221）．

38) ドラテは「助任司祭の信仰告白」に表示される宗教を次のように総括している．「福音書に対する尊敬，宗教的心情の熱烈さにもかかわらず，ルソーは，自然宗教の限界から逸脱することのない宗教を信奉している．というのは，彼は恩寵について語ることなく（というのは彼はこれにいわば全然捉われたことがないのである），奇蹟を拒否しているからである．『サヴォワの助任司祭の信仰告白』は，実際上，クリスト教徒の信仰よりは，ヴォルテールの理神論により近いところに位置している」(Derathé 1948: 61 = 1979: 79).さらに同書第2章注65も参照．このように，ドラテは助任司祭の宗教を「自然宗教の限界から逸脱することのない宗教」と捉えている．この総括から，ドラテにおいては，「助任司祭の信仰告白」のなかに2つの異質な宗教を見て，両宗教の間に宗教の発展を見出すような視角は存在しないことがわかる．

39) 人格の発達と宗教の発展との関係は，エミールのなかでどう捉えられるだろうか．20才のエミールは「自然宗教」の段階にとどまっているとルソーは明言する．「人間の権威も生まれた国の偏見も一切認めない限り，理性の光りだけでは，自然の教育において，私たちが自然宗教よりもさらに遠いところへ導かれていくことはありえない．だから，そこに私はエミールとともにとどまっているのだ」と．そして続けて次のようにいう．「もし，彼がそれとは別の宗教を持つべきだとするなら，この点においては，私はもう彼の導き手になる権利を持たない．それを選ぶのは彼が一人ですべきことだ」（E635–636/中286）．「自然宗教」を越えてさらに確固たる信仰を獲得するための道が歩まれるだろう．しかし，信仰の選び取りはエミールが1人でなすべきこととされる．エミールの世間へ

の旅とヨーロッパ諸国への旅は，風俗と人間，統治と人間の現実を観察する旅である．こうした観察と経験の積み重ねがエミールの自己完成能力の活動を一段と活性化させ，この完成能力の働きかけによって，彼の理性は，自らが生きるべき国，地方を選び取ることが可能な段階にまで高まる．こうした高められた理性とそれに対応する良心とによって信仰へのアプローチを続けるエミールは，「自然宗教」を基底に持ちつつ，さらに明快な自らの信仰を獲得しうる状態にすでに達しているだろう．『エミール』において宗教論の展開を「サヴォワの助任司祭の信仰告白」に集中・限定したルソーは，エミール自身の「福音書の宗教」の選び取りを直接語ってはいない．しかし，私は，社会的人間としての人格の一応の完成をみたエミールが「福音書の宗教」を自ら選び取っているという想定を疑うことはできないのである．

40）「市民の宗教（la Religion du Citoyen）」は「市民宗教（la religion civile）」と，明確に区別されなければならない．前者は，神政治治下の宗教を指し，その例は多く古代国家に見出されるものである．

41）地上における義務の天上との連続性は，それがただ「道徳の義務」と呼ばれるのではなく「道徳の永遠の義務」と呼ばれていることのうちにも表現されている．

42）スタロバンスキーは次のようにいう．「このようにルソーはひとつのすでにある社会から完全に公正な社会への移行についての実践的な問題を避けている」（Starobinski 1971：45＝1973：49）．

43）人格の原語は personne である．これまで身体と訳されることのほとんどであった personne を人格とした理由については，鳴子（2001：75）第3章3．（3）を参照されたい．

44）それは以下の3段階である．①法律と所有権との設立（富者と貧者との状態）②為政者の職の設定（強者と弱者との状態）③合法的な権力から専制的権力への変化（主人と奴隷との状態）（DI187/121）．

45）『不平等論』に語られる，専制国家の本質的矛盾の覚醒なしに力を力によって打倒する「暴動（émeute）」あるいは「こうした短い，頻繁な革命（ces courtes et fréquentes revolutions）」と，私たちが論じている，人々の覚醒を伴った真の革命とは，区別されなければならない．なぜなら前者は，古い専制国家に代わる新たな専制国家を生む行為にすぎないからである（DI187/121）．

46）ルソーは断言する．「キリスト教は，服従と依存とだけしか説かぬ．その精神は圧制にとても好都合なので，圧制は常に，これを利用せずには済ませない」（CS467/189）．

47）人々は政治体の創設時に，立法者という外在的な自己完成能力の促進者に働きかけられることによって，理性の質的転化を遂げた新しい人格＝「市民」となることができるのである．

48）「その上，めいめいは，好むままの意見を持ってよいのであり，それは主権者の関知すべきところでない．なぜならば，主権者は彼岸の世界についてはなんの権限をも持たぬため，臣民がこの世においてよき市民であるならば，来世においていかなる巡り合わせに遭おうとも，それは主権者のあずかり知らぬことなのである」（CS468/190–191）．

49）ルセルクルは次のようにいう．「世界で最も寛容な人間，さらには自分の世紀の中で唯一寛容な人間と公言していた作家にあっては，少なくとも驚きを感じさせる決定である．啓蒙の時代にありながら，彼は無神論的な宣伝に死罪を言いわたすのだ」（Lecercle

1973：143＝1993：173）.

50）「この点についての私の本当の気持ちをはっきりさせておこう．それは，真の信仰者で不寛容や迫害者でもありうるものは 1 人もないということだ．もし，私が役人であり，また無神論者を死刑にする法があるとすれば，私はまず他人を無神論者だと知らせてくる奴を誰でも無神論者として火刑にさせることから始めるであろう」．桑原武夫・前川貞次郎訳『社会契約論』岩波文庫，第 4 編第 8 章訳注（11）＝220-221頁.

51）周知のように社会契約は，その前提として一般意志への服従という約束を含む．一般意志への服従は，一般意志が定式化され表明された法への服従を当然もたらす(CS364/35).

52）このフレーズ中の「人間の正義」の規定は，岩波文庫においても『ルソー全集』においても「各人に属するものを各人にあたえること」と訳されている（『全集』Ⅶ 49頁参照）．ここでの問題のタームは rendre である．私は「各人に属するものを各人に返すこと」とした方が，ルソーの真意を的確に表すことができると考えた（傍点は引用者）.

53）社会契約による「人間の正義」創出の，ルソーの思想のなかでの位置づけについては，ポランの所論 Polin（1971＝1982）第 3 章を参照．ところで非物質的なもの，とりわけ人格に着目して「人間の正義」論を検討したのが鳴子（2001）第 5 章である.

54）「市民宗教」の創出によって私たちの眼前に市民道徳の領域が広がり始める．「市民宗教」は，市民の義務の規準を指し示し，市民道徳の基礎を与えるからである．「市民道徳の体系は，自己愛と祖国愛（憐れみの情の発展形態）との関係のなかから生まれ，市民的良心を発現させる．この市民的良心が市民的理性と相互補完的に機能することによって，市民的な道徳的意志が形成される」．以上は，ルソー自身の手によって提示されたものではない．しかしこの「市民宗教」―市民道徳の基本枠組は，「福音書の宗教」―道徳関係とのアナロジーから導き出せるのである．市民道徳の領域の検討は，今後の課題として残されている.

参考文献

Derathé, Robert（1948）*Le rationalisme de J.-J. Rousseau*, Paris, Presses Universitaires de France（ロベール・ドラテ著，田中治男訳（1979）『ルソーの合理主義』木鐸社）.

Lecercle, Jean-Louis（1973）*Jean-Jacques Rousseau―modernité d'un classique*, Librairie Larousse（ジャン＝ルイ・ルセルクル著，小林浩訳（1993）『ルソーの世界あるいは近代の誕生』法政大学出版局）.

Polin, Raymond（1971）*La politique de la solitude*, Paris, Editions Sirey（レーモン・ポラン著，水波朗他訳（1982）『孤独の政治学』九州大学出版会）.

Starobinski, Jean（1971）*Jean-Jacques Rousseau La transparence et l'obstacle*, Paris, Gallimard（ジャン・スタロバンスキー著，山路昭訳（1973）『透明と障害――ルソーの世界――』みすず書房．＊旧版（Plon, Paris, 1957）からの訳出）.

鳴子博子（2001）『ルソーにおける正義と歴史――ユートピアなき永久民主主義革命論――』中央大学出版部.

吉岡知哉（1988）『ジャン＝ジャック・ルソー』東京大学出版会.

第 7 章　権力・戦争・歴史——フーコー対ルソー

1．パトリオティズム・ナショナリズム・コスモポリティズム問題

　時代や文脈や論者によって多様に用いられ，混乱をきたしているパトリオティズムとナショナリズムの言説，思想を私たちはどのように理解したらよいのだろうか．私は本章と「フランス革命と明治維新」(鳴子 2013) で，「ルソーにおける自由・奴隷・祖国愛」(鳴子 2009)に続いて，パトリオティズム，ナショナリズム，コスモポリティズムの問題を考えるために，ルソーの理論の解析を通してアプローチする[1]．本章ではとりわけ彼のアソシアシオン (国家) の創設論がどのようなものであるかを明らかにする．

　よく知られているようにナショナリズムはフランス革命に発するとされる．例えばシュヴェヌマンは，ナショナリズムについて「1792年9月21日のヴァルミーの戦い以来であり，共和派の兵士たちが「ナシオン万歳」と叫んだときが始まり」と簡潔に述べている (シュヴェヌマンほか 2009: 116)．とすると，革命勃発の11年前にこの世を去ったルソーは「ナショナリズム時代」の前夜にあって，しばしば語られるようにナショナリズム概念の揺籃に手を貸したのだろうか[2]．鳴子 (2009) でも指摘したことだが，ルソーが著作中で用いるタームは，「祖国愛 (amour de la patrie)」である．本章と鳴子 (2013) では，ルソーに従えばパトリオティズム，ナショナリズム両概念はどのように定義づけされうるかを論じるとともに，彼の立論からは両概念は峻別されるべきものとなるのだが，その分岐点には何があるのかを論じる．そしてパトリオティズムは，冷戦後，21世紀に入ってますます私たちの関心を惹きつけるコスモポリティズムといかなる関係にあるかについても論じることになる．なぜなら，私たちの時代を映すキーワードは人権，マイノリティであり，冷戦後の民族─宗教紛争，地域紛争の結果，大量に生み出された難民を前にして，例えば，アーレント (Hannah Arendt, 1906-75) の無国籍者の「権利をもつ権利」が再評価されていることからもわかるように (Arendt[1951] 1976: 296 =1972: 281)[3]，時代のトレンドは国家を超える EU のような広域構想，さらにはカントに代表される世界共和国，世界政府への道，コスモポリティズムなのであり，パトリオティズムとは言えないからである[4]．さらに鳴子 (2013) では日本がフラ

ンスと比較検討されることから，郷土愛と愛国心との関係，あるいは郷土愛と祖国愛との関係も論じることになる．自分の生まれた土地に対する愛，幼い時から見慣れた山や川への愛着である郷土愛は多くの人々にとって否定しがたい自然的な感情だが，そうした郷土愛から発展，拡張させて愛国心を捉えることは果たして妥当なことだろうか．

　以上のような問題意識から，本章では，まずルソーのアソシアシオン論の理論的，思想的な特質を明らかにし，鳴子 (2013) では，そのアソシアシオン論を分析視角として日仏両国の近代の「国家」創設，つまり明治政府による「建国」とフランス革命によるフランス共和制の創設とを比較検討する．

　1節を終えるにあたって，本章では，『社会契約論』末尾の短い結論の章の直前に置かれ，実質的には同書の最終章とも言える第4編第8章で論じられ，宗教なのか宗教でないのかよくわからないと言われるルソーの「市民宗教 (religion civile)」が問題の核心にあり，問題を解き明かす鍵となることをここで強調し，予告しておきたい．なお，通常の用語法では「国家 (État)」，あるいは「政治体 (corps politique)」と呼ばれるが，ルソーが構想，立論する当のものが，自由になった人々が自発的な意志に基づいて創設する結合体であることから，それを「アソシアシオン (association)」と表記することをお断りしておく (CS360–364/28–35)[5]．

2．フーコーとルソーの権力論

（1）ルソーの奴隷国家

　ルソーは革命論者なのだろうか．『ルソーにおける正義と歴史』(鳴子 2001) とは異なったアプローチから改めてこの問題を捉え直そうと思う．

　　「人間は自由なものとして生まれたが，しかもいたるところで鉄鎖に繋がれている．自分が他人の主人であると思っているようなものも，実はその人々以上に奴隷なのだ」(Ⅰ–1) (CS351/15).

　『社会契約論』冒頭のこのあまりにも有名なフレーズから社会契約を論じる第1編第6章に至るまで，ルソーの思考の中心軸は「主人と奴隷」，「自由と鉄鎖」である．各章のうち，第1編第4章は文字通り「奴隷状態について」と題されているが，その間，同章のみならず，主人─奴隷，自由─鉄鎖をめぐる問題が，ルソーの脳裏を去らないことはテクストを追ってゆく多くの者の看取できることだろう．ここで彼の問題とする奴隷が古代の奴隷制に見られるような可視的な奴隷ではなく，不可視の奴隷であることは鳴子 (2009: 647–656) で論じた．自由なも

のとして生まれた人間が目に見えぬ鉄鎖につながれているという眼前に展開する社会＝国家への鋭い批判は，18世紀においても現代においても時空を超えて，現にある社会＝国家のあり方をよしとしない人々の心を打つ大きな力を持つであろうことは改めて言うまでもないが，私が注意を促したいのは，それに続く「自分が他人の主人であると思っているようなものも，実はその人々以上に奴隷なのだ」という言葉の方である。主人が奴隷以上に奴隷であるとは，単なるレトリックと見なすべきものだろうか。私にはそのようには捉えられない。ここに現にある社会＝国家の深層を抉る，さらに激しいルソーの告発をみるからである。私は，問題はルソーが見て取っている社会＝国家が二項対立的なそれなのかどうかという点に関わっていると考える。主人と奴隷という対概念を見る限り，ルソーは二項対立的に社会＝国家を見ているように思えるが，彼が現にある社会＝国家に生きる人に与えている「社会人 (homme civil)」という別称を想起してみると事情は異なってくる。社会人，それは『人間不平等起原論』や『エミール』に活写される自己の欲求の充足を他者を犠牲にしてまで追求する，社会＝国家を分母に持つ存在を指す言葉である。社会人は，『エミール』のなかで価値的に追求され，「人間―社会的人間―市民」という三層に重層化し発展的に捉えられた第二の人格である「社会的人間 (homme sociable)」と対置され，その対極にある存在とされた。そこで，現にある社会＝国家に生きる「社会人」と「主人と奴隷」とを突き合わせてみると，社会＝国家を分母とする当の社会＝国家システムのただ中でしか生きられない人間という意味では，主人も奴隷も等しく社会人である。だが，主人が人々の支配者と自認しているにもかかわらず，多数の奴隷なしには自己の大きすぎる欲求を充足できない，自足性，自立性から最も隔たった存在であるという点からは，主人が奴隷以上に奴隷であるという言葉は，レトリックどころか，自由であるかに見えて実は最も自由のない，社会人中の社会人としての主人への，まさに直球批判ではないかと思えてくる。現にある社会＝国家にどっぷり浸かっている者には気づくことの困難な事実を暴いてみせるどんでん返しをルソーは仕掛けていたと言えるのではないだろうか。このように理解してゆくと，社会＝国家を二項対立的に捉えるのは皮相な見方と言わざるをえないのであり，奴隷も奴隷のなかの奴隷でしかない主人も，ともに奴隷であり，ルソー自身はそのように表現してはいないが，そこにあるのは実は，全員が奴隷のいわば「奴隷国家」だということが露わになってくるのである。

（2）フーコーの権力論とルソー

　ルソーのこの「奴隷国家」をさらに鮮明に捉え直すために，少々唐突のようだが，フーコー（Michel Foucault, 1926-1984）の権力論とルソーのそれとを対照させてみようと思う．ただし，ここで参照するのはフーコーの権力論の全体ではなく，75-76年度に行われたコレージュ・ド・フランスにおける講義を集成した『社会は防衛しなければならない』（Foucault 1997＝2007）に見られる権力論に限定することにする．しかしこの講義集成のなかでフーコーが取り上げ，重視する著述家はフランスに限ってみた場合，ブーランヴィリエや革命期のシエイエスであり，直接，ルソーを問題にし，言及する箇所はかなり少ないと言わざるをえない．それゆえ，なぜそれほど密接な関連がなさそうな2つの思想，哲学を対照させようとするのかと疑問を抱かれそうである．ところがこの講義集成を読んだ後で『社会契約論』を改めて読み返してみると，フーコーは『社会契約論』に大きな影響を受け，ルソーの立論を批判的に摂取したのではないかと思わざるをえなくなってきたのである．言い換えるなら，ルソーのように考えることを拒否し，ルソーを踏み越えて進んでゆくフーコーの姿が見えるように思えてきたのである．しかし，フーコーは主権論を否定する哲学者である．彼は自身の権力論をミクロ物理学と呼び，例えば「権力を主権から導き出すのでなく，歴史的で経験的なやり方で，権力の関係，支配の操作子を抽出しよう」あるいは「権力関係そのものから，すなわち事実としての，そして効果を生むものとしての支配関係からこそ出発すべき」であると言う（Foucault 1997 : 38＝2007 : 47）．それゆえ，フーコーの読み手の中には，主権論を否定したフーコーにルソーの主権論的権力論を突き合わせてみても，そもそも前提を共有していないのだから，両者は接点を持ちようがないのであって，異質なもの同士の形式的な対照表をつくることにはほとんど意味がないと思う人もいるかもしれない．あるいはまた，政治学の教科書風に記述すれば，軍隊や警察のような目に見える実体として権力を捉え，そうした国家や政府の支配者側の権力と被抑圧者側の力とが対峙し，争い合い，妥協すると見る権力論と社会や国家を構成するアクターの関係，機能を重視して権力を捉える権力論との2つに大別される権力論があると言えるが，こうした二分法的理解から，ルソーは実体概念的権力論であり，フーコーは関係概念的な権力論であるとして，それらを突き合わせることにどれほどの価値があるのかと訝しく思われるかもしれない．が，立ち止まって考えてみることにしよう．先程，フーコーの権力論がミクロ物理学と呼ばれると記したが，その伝で言えば，後述するように，ルソーの『エミール』は一種の人間の実験物理学と言ってもよいものだったのだから．

さて，前置きが長くなりすぎたが，フーコーは社会を張り巡らされた権力関係の網目と見る．彼は言う．

> 「権力に関して下から上へと向かう上昇的な分析をこそ行うべきである．固有の歴史，固有の行程，固有の技術および戦術を持った，諸々の無限小のメカニズムからこそ出発すべきである」(Foucault 1997：27＝2007：33)．

　この網目の中で個人は，単に支配，抑圧を受ける（従属化）一方的な存在なのではなく，同時に権力の中継項，通過点として権力作用の一端を担う（主体化）存在でもある．つまり個人は主体化＝従属化の両方向の機能を帯びた，単純ではない存在なのである．そして社会は真理のない世界であり，あるのはただ真理効果だと特定領域の知識人たるフーコーは強調する．

　このようなフーコー的な権力論を読んだ後で，もう一度，ルソーが批判の眼差しを向けている社会＝国家を捉え直してみると，自立性，自足性を失った人々がそれぞれの立ち位置から思い思いに，他者の利益を損なうことにほとんど痛みも感じずに，私利を追求し，活動する姿が見えてくる．しかもその人々は，実は一方が支配する側，他方が服従し，抑圧される側，というような単純な支配—服従関係にはなく，目に見えない相互依存の関係の網目に捕えられ，そこにつながれたまま作用し合い，こうした関係なしには一日も生きてゆけない状態に陥っていることが鮮明に浮かび上がってくる．とすれば，ルソーの権力論とフーコーの権力論とは，前者が実体概念的権力論あるいは古典的な主権論，後者が関係概念的権力論あるいは主権論を否定した非主権的権力論であるという差異性，異質性よりも，むしろ相互依存の網目に捕えられた人々とその網目を通して作用する権力関係といった両者の共通項や類似性の方が意識されざるをえなくなってくる．

　さらに『社会契約論』冒頭の以下のテクストも参照しよう．

> 「もし，私が力しか，またそこから出てくる結果しか，考えに入れないとすれば，私は次のようにいうだろう—ある人民が服従を強いられ，また服従している間は，それもよろしい．人民が軛を振りほどくことができ，また振りほどくことが早ければ早いほど，なおよろしい．なぜなら，その時人民は，（支配者が）人民の自由を奪ったその同じ権利によって，自分の自由を回復するのであって，人民は自由を取り戻す資格を与えられるか，それとも人民から自由を奪う資格は元々なかったということになるか，どちらかだから」（I−1）(CS351–352/15)（下線および傍点は引用者）．

　引用文の最初に「もし，私が力しか，またそこから出てくる結果しか，考えに

入れないとすれば」という仮定的な留保，但し書きを付す著者ルソーの用意周到さのおかげで，読者はこのテクストをまたもやレトリックとして読むか，少なくともかなり慎重に読むことになる．しかしフーコーを通して改めてルソーを読み直してみるとどうだろうか．ルソーは本来，理性をニュートラルなものと見て，理性と相補関係にある感情の質，感情の善し悪しによって，理性はいかようにも対象に作用すると考えるが，現にある社会＝国家において人々は，人間の２つの生得感情のうちの１つであった「自己愛（amour de soi-même）」が変質，変容を遂げた「自尊心（利己心）（amour propre）」によって，もう１つの生得感情である「憐れみの情 pitié」の進化発展形態である「良心（conscience）」が曇らされてしまっているために，理性は良心にではなく自尊心（利己心）に誘導される[8]．このような人々の奉ずる「正義」は「主人の正義」に他ならないが，主人の正義，すなわちこの社会＝国家の「秩序」は，人々の相互作用によって維持されている．そうすると，下線部の「<u>ある人民が服従を強いられ，また服従している間は，それもよろしい</u>」という文言は，こうした「秩序」に無理に反逆すべきではないという判断を，レトリックではなしに，文字通りルソーが下していると読むことがむしろ自然にできるように思われる．『社会契約論』冒頭では人類の歩んできたそれまでの長い歴史が意図的に隠され，大きな変動期がクローズアップされているために，引用文の傍点部分の変化に読み手の意識が向かいがちだが，——以下の3節（1）の奴隷革命の議論と重ね合わせて考えなければならないけれども——結論を先取りすれば，このような社会＝国家の有り様は，歴史のほとんどを占めるいわば常態ですらある，とルソーが見なしていると言えるのではなかろうか．『人間不平等起原論』で分析された歴史の常態期がすっぽり隠されているのである[9]．そうだとすると，ルソーとフーコーの権力論は真っ向から対立し，なんら接点を持たないよそよそしいものではなく，むしろ重なる部分，類似する部分を持つのではないだろうか．だが私はフーコーのなかにルソーを溶解させようとするのではない．そうではなくてむしろ私の向かおうとする方向は別のところにある．

3．フーコーとルソーの戦争観・歴史観

（1）ルソーの奴隷革命

　ルソーとフーコーとが決定的に分岐する点がある．それこそが引用文の傍点部分の「人民が軛を振りほどくことができ，また振りほどくことが早ければ早いほど，なおよろしい」とされる地点なのである．何が変化したのだろうか．奴隷国家の権力は不可視の網目であり，歴史の常態と言えるものだったが，ここで異変

が生じる．人々が目に見えなかった権力の網目を自ら振りほどいて大挙して広場に集まって来るのである．結集して来る人々の力に対して，権力の網目を防衛しようとする側の「主人の力」(権力) とが対峙，衝突する．このようにして権力は突然，可視化する．防衛する側の力 (権力) と打ち倒そうとする力とは実体的なものであり，目に見える二項対立的な衝突が繰り広げられる．権力が取り出され，権力が奪取される地点がルソーの捉える歴史過程には刻まれている．ルソーはここでフーコーと袂を分かつのである．けれども奴隷国家からの離脱，「奴隷」によって引き起こされるいわば奴隷革命は，起こることのきわめて稀な歴史の例外(期) と考えられている (CS351/15)．革命と「短い頻繁な革命」とルソーが表現する騒擾とは区別されなければならないからである (DI191/127) (傍点は引用者)．両者が区別されるポイントの１つには，悪を自己の外部にのみ見るのではなく，自身が服従するだけでなく同時に加担もしてきた権力の網目のなかに見て，この網目をそのままにしていたのでは誰一人生き残れないという痛切な危機感を持つことにあるだろう．自らの加担性をも自覚した心の曇り (利己心) の払拭．これが蜂起した人々の良心の叫びであり，こうした良心の声に導かれた人々の行動が革命と呼ばれうるのである．この峻別は，後述する歴史観の問題に関わってくるのだが，蜂起が権力者 (主人) の交代，単なる首のすげ替えに終わらないためには，まだいくつもの条件が必要とされるだろう．まずは，良心の覚醒が少数の賢者だけに限られず，多数者のものになっており，その覚醒の強さが，人々に共有される危機感の大きさに比例して，もはや誰にも止められない強度を伴っている必要がある．こうなって初めて，ルソーは，これまでの権力ネットワークを振りほどく人々の行動を早ければ早いほど望ましいとして肯定するのである．念を押すようだが，逆に良心の覚醒，危機感の共有がそこまでの広がりも強さ，深さも持っていなければ，権力ネットワークは維持された方がましだと考えられている．まさに，社会は防衛しなければならないと言えるだろう．ルソーは慎重な革命肯定論者である．しかしここでより重要なのは，ルソーにおいては，常態に比して稀な例外期に限ってではあるが，不可視の権力は可視化し，取り出され，二項対立的な力の対峙，衝突によって奪取されるという点である．フーコーは「権力は，与えられたり，交換されたり，取り戻されたりするのではなく，行使されるのであり，現勢態においてしか存在しない」(Foucault 1997: 15＝2007: 18) と語るが，もしルソーが語るならば，「権力は取り出されなければならない稀な時がある」と言わなければなるまい．歴史の常態においてフーコーとともにあったルソーは，歴史の例外においてフーコーと決別する．

　さて，まだ問題が残っている．網目からの離脱は，今述べたような要件だけで
はなお完全なものとはならない．すなわち，それはなお当事者間の文字通りの戦
争にすぎないのであって，少し長いスパンで見れば，一方の当事者の他方の当事
者への権力の交代は，再び権力担当者の主人化，人々の奴隷化に陥り，歴史を循
環させるだけに終わる危険性に晒されている．これらの条件だけだと，革命と思っ
たものが，実は騒擾にすぎぬものだった，ということにさえなりかねない．革命
観は革命だけを問題にしていては理解しきれるものではない．それは，戦争観，
歴史観と深くつながっているからである．

（2）フーコーの戦争観・歴史観

　『戦争論』の著者にしてプロイセンの軍人であったクラウゼヴィッツ（Karl von
Clausewitz, 1780–1831）が「戦争は他の手段によって継続された政治である」と述
べたことは有名だが（Clausewitz 1832），フーコーはこのクラウゼヴィッツ・テー
ゼの戦争と政治を置き換えて，「政治は他の手段によって継続された戦争である」
とするフーコー・テーゼを提起した（Foucault 1997: 16＝2007: 19）．政治は，フー
コーに即して言えば，戦火を交える衝突・紛争というより，常に対抗言説のせめ
ぎ合う（対外的というよりはむしろ中心的には）国内的な戦争である，ということに
なる．戦争と政治を置き換えるこの巧みな反転は，社会を鋭く分析してみせるフー
コーのさまざまな言説とともに，彼の哲学に直接触れる知識人に対してはもちろ
ん，知の巨人フーコーを読まない多数の普通の人々に対しても，思考，認識，感
情に多大な影響を及ぼしている．しかし，その影響力が大きければ大きいほど，
落ち着いて考えてみなければならない．フーコーにならって私たちは本当に，政
治を戦争であると言い切ってしまってよいものだろうか．

　ところで今述べてきたような「政治＝戦争」観を持つフーコーが捉える革命は，
ルソーの言う革命とは大きく隔たり，異質なものであるのはむしろ当然である．
フーコーの言う革命は，あくまで力の次元にのみ属する．それは天体の回転のよ
うな，出発点への回帰と見なされる．彼が「構成（constitution）」と表記する国家
の創設の瞬間をめぐってどのように語っているか見てゆこう．

　「見出すべきこの構成の瞬間に到達するためには，根本的な力関係を知り，回復させ
　なければならないのです．古来の法律を復活させることによってではなく，諸々の
　力の革命・回転——まさに日暮れから夜明けへと，もっとも低い点からもっとも高
　い点へと移行するという意味での革命・回転——のようなものによって接近するこ

とのできる構成を配置することが問題なのです．（中略）構成がもはや法的な枠組みや法律の総体ではなく，ひとつの力関係だとすれば，この関係を無から回復することができないのは言うまでもありません．それを回復できるのは，歴史の円環運動のようなものが存在する場合だけ，とにかく歴史を回転させ，出発点に戻らせることのできる何かが存在する場合だけです」（Foucault 1997：172＝2007：192-193）（下線および傍点は引用者）．

フーコーが繰り返し強調するのは，「力関係」であり，「力の革命・回転」であるし，出発点への回帰，回復である．つまりフーコーは，回転，回帰としての革命を国家の構成すなわち創設と捉え，歴史の結節点と見なす．彼はいわばアーレント型革命の系譜に属しているのである（Arendt 1963：53-55＝1995：90-92）．このような革命観は，歴史を循環，円循環の運動と見る歴史観と結びつく．フーコーはイタリアの歴史哲学者のヴィーコ（Giambattista Vico, 1668-1744），アーレント，さらにはルソー研究者のR・ポランの歴史観と軌を一にしているのである．歴史は循環する．ヴィーコ＝アーレント＝ポラン的円循環のラインにフーコーは連なっている．ゆえにフーコーの革命はアーレントとともに政治革命であり，円循環としての革命を結節点に持ち，歴史の断絶性でなく連続性が見出される．フーコーは国家の創設に際しても真理を見出さない．そこにあるのは力への意志なのである．

（3）ルソーの戦争観・歴史観

ジュネーヴ共和国に生まれ，フランスで活動したルソーは社会＝国家に張り巡らされた網目の外側から異邦人の目で，戦争状態にある政治に鋭い批判の眼差しを向ける．異邦人の彼が主著『エミール』で企図するのは，彼の分身である家庭教師が生徒のエミールを社会＝国家の網目に捕捉されない自由な存在に育てる実験である．そのために教師はきわめて注意深く実験空間のなかにエミールを隔離し，あらゆる手立てを駆使して，生徒を自由な人間に育て上げる困難な仕事を遂行する．

「こんにちのような状態にあっては，生まれたときから他の人々のなかにほうりだされている人間は，だれよりもゆがんだ人間になるだろう．偏見，権威，必然，実例，私たちをおさえつけているいっさいの社会制度がその人の自然をしめころし，そのかわりに，なんにももたらさないことになるだろう．自然はたまたま道のまんなかに生えた小さな木のように，通行人に踏みつけられ，あらゆる方向に折り曲げられ

て，まもなく枯れてしまうだろう」(E245/上27)．

　人間に対するこの「実験物理学」の試みは25年間にもわたる．ルソーの賭けているものは何か．結論から言えば，彼の賭けは政治を道徳化することである (E524/中74)．言い換えれば，ルソーの政治学とは戦争としての政治を道徳化する賭けである．その間の事情を少し整理すると，フーコー同様，ルソーにとっても政治は戦争である．というよりむしろ，彼は「政治＝戦争」期が歴史のほとんどをおおっていることを誰よりも痛切に認識している．だが彼は，政治が戦争であることが常態となっている歴史のなかで，人間の奴隷化が極まってその生存を不能にする状態に達した時，人々の生存を賭けてなんとしても政治を道徳へ転化しなければならない，危機でありかつチャンスでもあるような，稀な時期があると考えるのである．未曽有の危機と同時に，人間再生のチャンスが到来すると考えるのである (CS385/68-69)．こうした歴史の稀なる例外期の開始こそ革命 (奴隷革命) なのである．ゆえに歴史の転轍機としての革命が，フーコーの語る革命，すなわち歴史を出発点に回帰，回復させるアーレント型の政治革命と似ても似つかぬものであるのはむしろ当然である．奴隷化が極まって，それまで防衛されてきた社会に張り巡らされた網目こそが，人間の生存を不能にするに至ったのだから，その網目から抜け出すだけでなく，最終的には網目を断ち切る，つまりはこれまでの歴史を切断するところにまで至らなければ，奴隷からの解放，自由なものとしての復活・再生は可能とはならないにちがいない．ゆえにルソー型革命は，単に主人を交代させる政治革命であってはならず，政治ばかりか経済，社会，宗教にわたる全面革命とならざるをえない．こうした革命だけが，人々の生存条件を根底から見直し，それらの条件を質的に転換させうると考えられるからである．こうしてルソーの戦争観は革命—歴史観と密接な連関のなかにある．繰り返しを恐れずにまとめれば，ルソーにおいて歴史は，常態としての「政治＝戦争」期と例外としての「政治＝道徳」期とに峻別され，その政治学は戦争としての政治を道徳化する賭けなのであった．

　とはいえ，ルソー研究者のR・ポランは『孤独の政治学』において，ルソーの描く歴史をヴィーコ的——本章で言えば，ヴィーコ＝アーレント＝フーコー的——な円循環と見なした (Polin 1971：279-282＝1982：276-279)．ポランに即してみると，人々は，戦争状態 (「大きな革命」による社会の形成後の戦争状態) → 現実国家の形成 → 国家の専制化の極点 (専制主義下の戦争状態) と進んだ後に，一回転して元の戦争状態に戻り，現実国家の形成 → 国家の専制化の極点と循環し続け，こ

うした円環運動を突破して革命 → 立法への歩みを始めることはないことになる[11]. あるいはまた，J・L・ルセルクルはその著書『ルソーの世界〈あるいは近代の誕生〉』において，ルソーの歴史観について論じている (Lecercle 1973: 143＝1993: 173). ルセルクルは一方でヴィーコ的な円循環であるとの可能性を指摘し，他方でエンゲルス的ならせん的展開の可能性をも示す. 彼はこの2つの解釈の可能性の前でらせん史を選び取ることを躊躇し，迷いのなかに留まっている. しかし私は，本章では『ルソーにおける正義と歴史』(鳴子 2001) で試みた『人間不平等起原論』と『社会契約論』との接合，『エミール』を中軸に据えた三著の統合的理解をいったん括弧に入れて，フーコーを通してルソーを読み直したのであるが，フーコーを通過させたことで (拙著での論証にも増して) 歴史を切断し，円循環を突破する歴史観をルソーの立論のなかに読み取らざるをえないことが改めて浮き彫りにされたように思う.

　ところで，主人の正義を打破したつもりで結局は違うバージョンの主人の正義を再構築しただけだった，という悪循環＝円循環に陥らないためには，革命に続いて，合意に基づき，誰もが受け入れられる新たな正義をつくり出すアソシアシオン (国家) の創設がどうしても必要になる. 力の次元から正義の次元への移行が不可欠なのである. ではこのアソシアシオンの創設時に，真理は見出されるのだろうか. 結論を先取りすれば，ルソーはアソシアシオンの創設時に見出され，獲得される正義をある意味ではフーコーと同様，真理とは見なさない. けれどもフーコーとは異なって，人々の合意 (約束) に基づいてつくり出されるアソシアシオンに真理効果しか認めないのではない. そうではなくて真理ではないけれども，まやかしではない相対的な正義が発見されるのである.

　ルソーの歴史観の魅力と可能性は，マルクス史観に代表されるような，ある歴史の画期が到来すると，人類を解放する一群の人々(例えばプロレタリアート)によって理想の社会，世界が切り拓かれる，と唱える歴史観ではない点にあるように思われる. つまり，ルソーのらせん史，らせんモデルは，例えばプロレタリア革命のような一回のあるいは最終の革命によって人類が遂に解放される，と考えるような歴史モデルではない. そうではなくて，革命はその時点，その場所では，根底的なものだろうし，革命を経てようやく創設されるアソシアシオン (国家) は政治を道徳化することに成功するだろう. しかしこの革命 → 建国のプロセスを経ても，人々を永久に解放することはできず，政治は再び戦争と化すことをルソーは冷徹に見通している. 要するに，人間の二大特質である自由と自己完成能力とによって歴史は動かされ，と同時に「事物の力 (force des choses)」は時間の

経過とともに不可避的に「立法の力 (force de la législation)」を凌駕することから (CS392/78)，人類の歴史は，革命 → 建国 → 政治の道徳化 → 政治の再戦争化 → 革命 → 建国というエンドレスならせんの軌跡を描かざるをえないのである[12]．要するに，人類は一回の革命によって解放されきることは永久にできない．それゆえ彼の政治論はユートピアなき永久民主主義革命論と呼ばれうるのである．

　以上，私たちはフーコー哲学の部分化，批判を行ったが，それは同時にルソー理論の解釈の刷新，現代化でもあったと言えよう．

4．ルソーのアソシアシオン（国家）の創設

（1）アソシアシオン（国家）の目的

　人々が革命後に創設するアソシアシオンの目的とは何か．私たちはフーコーとの対比を通してルソーが戦争としての政治を道徳化することに賭けている，との理解を得たが，さらにルソーに内在して理解を深めてゆきたい．『エミール』第4編にある以下の規定に注目しよう．

> 「人間の正義は各人に属するものを各人に返すことにあるが，神の正義は神が各人に与えたものについて各人の責任を問うことにある」(E593–594/中210)．

　ルソーは，権威を持った人間集団（教会・教団）を介在させず，人間に神と直接向き合うことを求める．彼は神―人間関係をイスラームのような主人と奴隷の関係と見ずに，父―子関係になぞらえる[13]．神は人にとっていわば父である．子（人）は，死後に父（神）の裁きを受けることになるが，だからといって，子は父の死後の裁きにすべてを託してこの世を生きるのではないとされる．そうではなくて，むしろ，この地上で，できうる限り，子が父への義務，責任を果たすべきだと考える．父から子に与えられた自由と自己完成能力とを用いて．このような神―人関係のエッセンスが，神の正義と人間の正義の規定のなかに集約的に表現されている．すなわち，神が各人に与えたにもかかわらず，各人から奪われてしまった各人に属するものを各人に返すことが，この地上での人間の果たすべき義務，神への義務である，と見なすことができる．しかし，そもそも，本来，各人に属するものが奪われてしまっている不正義を恒常的なものにしてしまったのが，人類のこれまでの歴史であり，そうした歴史をつくり出したのは，自由と自己完成能力を有する他ならぬ人間自身でもあった．不正義＝奴隷状態をつくり出した責任は人間側にある．けれどもルソーは決して人間に絶望しきってはいない．なぜなら人は，神に対して奴隷ではなかったのであり，再び人間に自由を取り戻させる

のも，やはり人間自身の責務にちがいないからである．とすると，地上での不正
義（奴隷状態）を打ち倒す行為が革命であり，人間の自由を損なわずに，しかも
これまでの不正義を正して，各人に属するものであるにもかかわらず，各人から
奪われていたものを各人に返すことがアソシアシオンの目的だ，ということにな
る．以上を一言で言い表そう．アソシアシオン（創設）の目的は人間の正義の実
現である，と．

ところで，ルソーは，神に対して人間が地上での義務を果たすことで父である
神に報いようとする敬虔を人々に求める．それゆえ，ルソーの求める宗教は，立
派に宗教である．が，同時にその宗教は政治でもある．なぜなら，神（父）への
愛に報いる人間（子）の正義の実現は，この世の政治においてのみ可能である，
と考えられるからである．その間の事情をもう少し見てゆこう．ルソーにおいて
道徳の基礎，土台をなすのは宗教である．創設されたアソシアシオンが政治の道
徳化の場に他ならないのであるから，道徳化を促す力としての宗教が，アソシア
シオンのなかに明確に位置づけられる必要がある．ここに至って私たちは本章の
1節のなかで記した市民宗教とは何か，市民宗教は宗教なのか宗教でないのかと
いう問いに答えることができる．アソシアシオンが地上での神への義務，つまり
人間の正義の実現を遂行する場なのだから，宗教と政治はここで一体化する．ゆ
えに市民宗教は宗教であり，しかも同時に政治でもある，という帰結が導き出さ
れる．建国の法の根幹に，人間の正義の実現を力強く促す市民宗教が置かれなけ
ればならない所以はここにある．アソシアシオンの創設には市民宗教が不可欠な
のである．こうしてルソーのアソシアシオンにおいて，古代の都市国家ともイス
ラーム国家とも異なった意味において政教一致の境界が出現する．

（2）『どんぐりと山猫』と立法者

力によって権力は打倒された．奴隷であった人々自身の良心の覚醒が自由を取
り戻したことは事実だとしても，人々が抜け出した社会の網目に再び捕らえられ，
再奴隷化することなく，人間の正義を実現するアソシアシオンを創設するには一
体何が必要なのだろうか．私たちはこの問題を考えるにあたって，宮沢賢治の童
話『どんぐりと山猫』を参照することにする．

かねた一郎さま　九月十九日
あなたは，ごきげんよろしいほで，けっこです．
あした，めんどなさいばんしますから，おいでんなさい．とびどぐもたないでくな

さい.

山猫　拝　(宮沢 2007: 44)　(傍点は引用者)

　ある日, 一郎という名の少年のもとに, 山猫から上のような文面の葉書が届く. それはどんぐりたちがお互いに言い争って譲らず収拾がつかないので, 一郎にその争いに決着をつける裁きをしてほしいという依頼の葉書だった. 葉書に興味を覚えた一郎は, 一日中うきうきした気持ちで依頼に応えて, 翌日, 山猫とどんぐりたちのいる山に向かう. 出かけてみると, どんぐりたちは誰が一番偉いどんぐりかをめぐって喧しく遣り合っている. やれ, 頭の一番とがっている自分が一番だとか, やれ, 一番大きい自分が一番だといった具合に, われこそは一番偉いどんぐりだと主張して譲ろうとせず, 一向に埒が明かないのである. そして, 裁判官の山猫にはどんぐりたちを納得させる知恵はなく, みんなを大人しくさせられないでいるのだった. その有様を目にした一郎は笑いながら, 迷うことなく彼らを大人しくさせることに成功する. 「いちばんばかで, めちゃくちゃで, まるでなっていないような」どんぐりが一番だと言って. この寓話から「どんぐりの背比べ」という言葉を思い出し, ユーモアを交えながら資質比べや競争の愚かしさを論じ, 謙虚であれという道徳的なメッセージを伝えようとするものだと感じ取る人もいるだろうし, 宮沢賢治の思想的背景に分け入って, 仏教的な精神, 法華経の教えの反響を聞き取る人もいるかもしれない. 賢治の作品世界は尽きせぬ魅力を湛えている. しかしなぜ私が『どんぐりと山猫』という作品にこだわっているのかその理由を述べておく必要があるだろう. それはここで起こっているどんぐりたちの争いを賢治が裁判だとしている点と関わっている. 普通, 裁判と言えば, 当事者が二手に分かれて争い合うものだが, どんぐりたちは二手に分かれて争っているわけではなく, それぞれのどんぐりの主張が自分以外のどんぐりの主張と対立し, 争い合っている事態に何らかの一致点を見出そうとすることが裁判と呼ばれている点に興味をそそられるからである.

　ところで, 『どんぐりと山猫』では「一番偉いどんぐりは誰だ」という点をめぐって比較と争いが起こっていたわけだが, 賢治の世界をルソーのアソシアシオン (国家) 創設論に引き寄せて, 変形, 焼き直しすることを許していただきたい. つまり, ここでの比較と争いを「一番, 建国の法の起草者, つまり立法者にふさわしいのは誰だ」というどんぐり共和国創設の立法者選びに置き換えてみたい. そうすると, 百家争鳴のどんぐりたちは, いかに自分が立法者としての資質に他の者より優れているかを競う, 資質比べ, 能力競争をしていることになる. われ

こそはと思うやる気のあるどんぐりは，秀でていると思われる自らの長所をアピールしようとする．つまり差異の強調とその差異に基づく価値の優劣，序列化の主張と考えてよさそうである．名乗りを上げたどんぐりたちは，それぞれ，自分が秀でていると考える個々別々の基準を主張しているのである．しかし，優劣の基準が千差万別である上に，その基準のなかでどれだけ自分が高い水準にあるかの判断を第三者ではなく自身でしている主観性とが重なって，どの主張を採用しても，どんぐりたち全員の合意が得られるわけではない．そこで一郎の出番がやって来る．能力や資質は千差万別であっても，それらの差異はどんぐりたちが思っているほど大きくも決定的でもなく，文字通り「どんぐりの背比べ」に他ならないということを客観視でき，すべてのどんぐりの主張を一掃し，自らの基準を示し，判定を下すことができるのはどんぐり山の外からやって来て，どんぐりたちには備わっていない知恵を持ち，徳の教えに触れたことのある一郎にしかできないからである．さて，この一郎の裁定に表れたエートスは，東洋的には仏教的な謙虚さや謙譲の精神と言えるだろうし，西洋的に言えば，ソクラテス的な無知の知の精神に近いように思えるが，本章の問題であるルソーのアソシアシオン(国家)創設論とこのどんぐり共和国の創設とを突き合わせてみよう．ただ，どんぐり共和国の場合は，それ以前にどんぐりたちが立ち上がって打倒しなければならない権力システムは存在しない点が大きく異なっているので，どんぐり山にはなくてルソー論のなかにあるものには〈　〉を付すことにする．一郎＝立法者は自力では合意に到達できないでいるどんぐりたち〈蜂起者たち〉をとびどぐ（武力）ではなく，叡智によって導く存在であり，一郎＝立法者は，どんぐり共和国＝アソシアシオン（国家）の創設に一時的に介在する，外部からやって来た利害関係のない第三者だということになる．要するに，〈体制を打倒する力と護持しようとする〉力の次元の問題はとびどぐもたない立法者の介在により，正義の次元の問題へと移行しているのである．

　アソシアシオン創設論に軸足をずらしながら，もう少し敷衍しよう．蜂起者の多くは自身の良心の覚醒によって社会の網目を抜け出してきたと考えられるが，抜け出てきたばかりの網目は社会から未だ影も形もなくなったわけではない．つまり，権力が打倒された後にも，なお存在するだろう反革命勢力の存在もさることながら，もっと問題なのは蜂起者自身の内部の，網目に捕捉されていた時代の奴隷性の残滓である．人々の奴隷性は完全には払拭されていないだろう．それゆえ，長年，社会の網目のなかで生きてきた，網目を抜け出てきたばかりの人ではなく，社会の網目の外側にいて，外部からやって来た利害関係のない第三者であ

る立法者に，人々がようやく抜け出してきた網目に再び捕らえられてしまわないうちに，大鉈を振って網目を断ち切ってもらう必要があることになる．

　さて以上のように『どんぐりと山猫』は，革命から建国に至るアソシアシオン論理解に役立つが，だからと言って，賢治の物語世界だけでは捉えきれない，より深刻な事態についても考えてみる必要がある．それは，蜂起者は素朴な天然のどんぐりではない，という点である．『どんぐりと山猫』のどんぐりは，頭の大きさや背の高さといった自然的な差異，自然的な不平等を比較して文字通り「どんぐりの背比べ」をしていただけであり，一郎の裁きの前に自身の愚かさ（どんぐりの背比べの無意味さ）を反省さえすればよかった．だが，どんぐりならぬ革命の蜂起者たちは，自然的な不平等だけでなく，幾世代，幾世紀にもわたって人為的・社会的不平等を積み重ね，文字通り，不自然なまでに増幅，拡張させられた不平等，格差の蔓延する社会に革命前までどっぷり浸かって生きてきた人々である．ルソーが『人間不平等起原論』のなかで，人間の不平等には自然的不平等と人為的・社会的不平等の二種類があり，後者こそが人間の世界に不平等，格差を増幅，拡張させるものだとしたことを想起する必要がある．だから，蜂起者たちはこうした深く大きな溝，格差を伴った世界からようやく抜け出てきたのであるが，自然的差異だけでも収拾のつかぬ争いになるのであれば，彼らは，ただ立法者の前に，自身の愚かさを反省し，沈黙するだけでは足りないのは当然である．彼らは立法者の起草する建国の法にすべてを託して，蜂起者のなかに残っている奴隷性を全員ですっかり捨て去る必要がある．その行為こそが「全面譲渡（aliénation totale）」と呼ばれるのである（CS360/30）．

　ところで，立法者は神のような人だとルソーは言う．その意味をどう考えたらよいのだろうか．神のような人は，言うまでもなく神ではなく人間であるが，人智の及ばぬ普遍的な法の起草者であると見て，そのように言われるのかと問われるなら，そうではないと答えなければならない[14]．立法者はアソシアシオンに人々の身の丈にあった，時と場所に応じた建国の法を与えるのだから，そもそも普遍的な法の起草者でないと言えるが，私が注目するのは，生命体としてのアソシアシオンという観点である．立法者が神のようであるのは，彼がその誕生に立ち会ってアソシアシオンに生命を吹き込む人だからであると私は考える．ルソーはいう．

　「政治体の生命の原理は，主権のなかにある．立法権は国家の心臓であり，執行権は，すべての部分に運動を与える，その脳髄である．脳髄は麻痺してしまっても，個人はなお生きることがある．人間は虚弱にはなっても，そのまま生きているのである．

しかし，心臓がその機能を停止するやいなや，動物は死んでしまう」（Ⅲ-11）（CS424/126）．

　この政治体と人体とのアナロジーには，「脳髄（cerveau）」＝行政権（執行権）に対する「心臓（coeur）」＝立法権の重要性，圧倒的優位が見て取れる．立法者は，人間の上位に裁判官を置かず，誰からも支配されず誰も支配しない仕組み，市民全員が裁判官となる仕組みを建国の法に書き込む．行政権（政府）は立法権の下位に置かれ，建国の法の中枢に立法権を担い，一般意志を生み出す人民集会の規定が記される．それゆえ，心臓である立法権を刻み込むその行為は，アソシアシオンに生命（魂）を吹き込み，それを生けるものとする行為と見なしてよいだろう．だが，人間の作成にかかる国家は死を免れず，「最もよく組織された国家にも終わりがある」（CS424/125）と断定するルソーの眼差しは熱くありながら，同時に人類がたどってきた過去とこれから歩む未来とをはるかに展望する冷静さとを兼ね備えている．以上を踏まえて，より正確に言えば，立法者は有限でいずれは死すべきアソシアシオンに生命を吹き込む人である．このように捉え直すならば，私たちは立法者をありえない存在として高みに追いやってしまわずに，その現代的イメージを，例えば，泥沼の内戦で疲弊した紛争国の平和構築，新しい秩序構築のために一時的に非軍事的に介入する，利害関係のない第三者機関に見たらどうであろうか．ただし，軍事介入ではなく非軍事介入であることやあるいは，利害関係がないどころか大いに利害関係があったり利害関係が隠されていたりすることの方が多い現実と弁別すべき点があることには大いに注意を払わなければなるまい．

5．なぜルソーは人間愛より祖国愛を選ぶのか

　ルソーの「祖国（patrie）」とは何か．「パトリへの愛＝祖国愛（amour de la patrie）」とは何だろうか．この問いへの答えは，ルソーの歴史と正義をめぐる理論・思想のなかに書き込まれている．それゆえ私たちは，もう一度，『社会契約論』のあの問題のパラグラフに戻ることになる．ルソーが区別した歴史の2つの時期の1つ目の「ある人民が服従を強いられ，また服従している間は，それもよろしい」とされる時期は，彼が『人間不平等起原論』のなかで活写した，現実国家で人々が不可視の奴隷として生きている歴史の常態期，つまりフーコー的な政治＝戦争期を指している．ルソーはこの時期を『エミール』のなかで次のように語っている．

「私たちの知恵と称するものはすべて卑屈な偏見にすぎない．私たちの習慣というものはすべて屈従と拘束にすぎない．社会人は奴隷状態のうちに生まれ，生き，死んでいく．生まれると産衣にくるまれる．死ぬと棺桶にいれられる．人間の形をしているあいだは，社会制度にしばられている」(E253/上41)．

他方，2つ目の「人民が軛を振りほどくことができ，また振りほどくことが早ければ早いほど，なおよろしい」とされる時期は，奴隷が自身の奴隷性を自覚して，社会＝国家の網目から抜け出す歴史の例外期，政治を戦争から道徳へと向かわせる始まり，つまり革命期を指している．この時期の到来をルソーは『エミール』のなかで，次のように予告していた．

「あなたがたは社会の現在の秩序に信頼して，それが避けがたい革命に脅かされていることを考えない．そしてあなたがたの子どもが直面することになるかもしれない革命を予見することも，防止することも不可能であることを考えない．高貴な人は卑小な者となり，富める者は貧しい者になり，君主は臣下になる．そういう運命の打撃は稀にしか起こらないから，あなたがたはそういうことを免れられると考えているのだろうか．私たちは危機の状態と革命の時代に近づきつつある．その時あなたがたはどうなるのか，誰があなたがたに責任を持つことができよう．人間がつくったものはすべて人間がぶち壊すことができる．自然が押したしるしの他には消すことのできないしるしはない．そして自然は王侯も金持ちも貴族もつくらないのだ」(E 468-469/上449)．

革命期には，社会＝国家の網目のなかに留まってそれを防衛しようとする奴隷（社会人）と網目から抜け出し，立ち上がった奴隷（社会人から社会的人間に転換しようとする人）とが対峙，衝突している．この点を踏まえて，「私は，人間をあるがままのものとして，また，法律をありうべきものとして，取り上げた場合，市民の世界に，正当で確実な何らかの政治上の法則がありうるかどうか，を調べてみたい」(CS351/14)と語ることから『社会契約論』を始めたルソーの問題提起を改めて捉え返してみよう．革命期の人間を「あるがままのものとして」捉えると，ただ彼らを現実に生きる社会人と見ることは誤りだし，これからつくり出される法律を「ありうべきものとして」捉える時，それを普遍的な理想の法と見ることも一面的な理解であることに気づくだろう．祖国は『社会契約論』のテーマである正義と利益の一致を実現させる場である．祖国のメンバーはすべて問題の当事者である．問題とは，どうやって生存の危機を乗り越えて人々が生き残るのか，どうやって自由なものとして生き直すのか，という問題である．人民集会は，全

面譲渡によって，それまでの財産や権利をいったんすべて捨てたメンバーたちが，全員で，自己の利益を追求しながらも他人の権利を損なわない新たな正義，各人に属するものを各人に返す人間の正義の規準を決める，きわめて切実で真剣な場なのである．自分のこれからの生存条件（財産や安全や権利）を決めること以上に，具体的で切実な問題があるだろうか．当事者1人ひとりが文字通り，正義の判定者（裁判官）であり，そうして決定をみた1つひとつの正義の規準＝法（一般意志）が自分たちの生活を大きく変えてゆくものであるがゆえに，すべてのメンバーは文字通り，運命共同者である．こうした祖国の立法メカニズムの理念とその理念を共有する人々への愛が祖国愛に他ならない．そうであるならば，祖国愛がどうして弱々しく抽象的な愛に留まることができようか．祖国愛は生き生きとした具体的な愛なのである．

　私は鳴子（2009）において，祖国愛と人間愛（人類愛）との関係について，ルソーは「人間愛の無限定性は，人間性の感情の希薄化・弱体化を伴うとして，人間愛の圧縮，同胞市民への集中の必要性を論じて，後者の系列を敢然と選び取っている」（鳴子 2009：662）と記した．後者の系列とは，世界—人類愛—世界市民（前者の系列）に対する，祖国—祖国愛—同胞市民を指している．本章を終えるにあたって，ルソーにあっては，なぜ人間性の感情の希薄化・弱体化が強調され，人間愛の圧縮，同胞市民への集中が不可欠とされたのか，確かめておかねばならない．端的に言えば，ルソーは神に対する人間の責任を果たすためには，人間の責務を担保する結合体を生み出し，限定された責任領域を確定するしかないと考えたからである．時と場所と状況によって変化するものではあるが，その時々に最も妥当であると全メンバーに考えられる正義（人間の正義）を実現させるアソシアシオンの創設に賭けていたからである．アソシアシオンは日々更新されうる正義の規準の束（アソシアシオンの法）を持ち，法の違反者を裁く強制力を伴った，限定された地上の責任領域である．ルソーはもちろん人間愛，人類愛を否定してはいない．だが，人間愛から発する個人の発言や行為がいかに徳高く卓越したものであっても，そうした言動が地上に実効性を有する法を生み，限定された責任領域を生み出す保証はないことをルソーは見抜いている．彼は人間愛が人を裁けない点を致命的な欠陥であると見なした．人間愛あふれる人々の善意や知恵は，一握りの悪人の行為の前に無力であると考えられた．彼がソクラテスよりも古代の建国者を称揚するのも，そのためである．

　人間の正義を実現する場を地上につくり出すこと，そしてつくり出された場が豊かな生命力を維持し続けること，この目的のために権力は可視化されなければ

ならない.「社会契約（Contrat social）」は問題の当事者全員が一堂に会し, すべての人々の姿が見えるなかで 1 人ひとりが他のすべての人々と結びつくアソシアシオンをつくる約束である.「集合（agrégation）」は「結合（association）」と区別される（CS359/27）. 当事者たちは単に広場に集合しているのではない. 実効性のある地上の責任領域を生み出すために結合するのである. そして重要なことは, 結合体が生き続けるために定期人民集会を開いて, 問題の全当事者が繰り返し一堂に会して, 可視化された権力を行使して立法し続けることである.

> 「国家は, 法律によって存続しているのではなく, 立法権によって存続しているのである. 昨日の法律は, 今日は強制力を失う」（Ⅲ-11）（CS424/126）.

市民宗教には美しく飾られた祭壇も（神と人とを媒介する）聖職者も煩雑な儀式もないだろう. なぜなら, 人々がそこに集まる時, 共に自己決定権を持つことを喜び, 再び奴隷とならない思いを強め, 確かめ合える間は, 人民集会それ自体が立法行為であると同時に, 市民宗教の礼拝であり, 祝祭であるだろうからである. アソシアシオンは自らを解放した元奴隷たちの理性と自由と熱情の共和国である. 祖国愛は熱情である, ただし, 理性を伴い, 自由を志向する熱情である.「なんたるユートピア！」と叫ぶ人々に対しては, ルソーは「権利と自由とがすべてであるところでは, 不便は物の数ではない」（Ⅲ-15）という言葉を贈るであろう（CS430/134）.

最後に, 鳴子（2013）への課題を指摘して本章を終えることにしたい.「日々の人民投票」とは, ルナン（Ernest Renan, 1823-1892）が『国民とは何か』（Renan 1887：277-310＝1997：41-64）で用いた周知の言葉である.「国民とは日々の人民投票である」と述べるルナンの力強くある種, 魅惑的な言葉は, ルソーの人民集会, 人民投票と共鳴関係にあるのだろうか. この問いは, パトリオティズムとナショナリズムの分岐点を明らかにするために, 避けて通れないものである. 本章で得られたルソーのアソシアシオン創設論の分析視角を用いて日仏近代の「国家」創設を分析する鳴子（2013）で, この問いに答えることにしたい.

注

1）本章は鳴子（2009）と鳴子（2013）とともにルソーの「祖国愛」を中心に, パトリオティズム, ナショナリズム, コスモポリティズムの問題を考察する一つながりの論考である. 論文化に先立ち, 学会および研究会において, 関連する以下の報告を行った.
　①社会思想史学会第32回大会（立命館大学衣笠キャンパス, 2007.10.14）報告「神仏殺しと非キリスト教化,「靖国」とアソシアシオン」（セッション「パトリオティズムと

　　　　ナショナリズムの比較思想」）
　　②　社会思想史学会第34回大会（神戸大学国際文化学部キャンパス, 2009. 10. 31）報告「〈フー
　　　　コー権力論〉批判からルソーの国家創設論を再考する──政治は戦争なのか？──」
　　　　（セッション「戦争と宗教──国家の創設をめぐって」）
　　③　〈ルソーと近代〉第6回研究会（日仏会館, 2011. 2. 19）報告「ルソーのアソシアシオ
　　　　ン論からみた日仏近代の「国家」創設──パトリオティスムとナショナリズムの問題
　　　　──」
　2 ）例えば，橋川（2005）序章参照.
　3 ）「権利をもつ権利」の再評価については，まずは Benhabib（2004＝2006）第 2 章を参照
　　　されたい.
　4 ）資本＝ネーション＝国家を超える道筋を語る柄谷（2006）をまずは参照されたい. また,
　　　広域構想, 広域秩序論をめぐる近年の研究成果の例としては，大竹（2009）がある.
　5 ）なお，村上ほか編著（2004 : 282）で私は「ルソーのアソシオシオン論」の用語解説を
　　　している.
　6 ）ところで市民社会と国家とを峻別した19世紀人のヘーゲルとは異なって，ルソーが社会
　　　と国家との区分をせずに，社会の語を用いるのは周知のことに属するが，無用の誤解を
　　　避けるために，煩雑ではあるが，必要に応じて社会＝国家と表記することにしたい.
　7 ）鳴子（2001）第 3 章, 特に76-86頁.
　8 ）鳴子（2001）特に第 3 章, 第 5 章を参照されたい.
　9 ）鳴子（2001）特に第 5 章を参照されたい.
　10）Polin（1971＝1982）第 6 章参照.
　11）筆者作成の人類のらせん図（鳴子 2001 : 217）を参照されたい.
　12）鳴子（2001 : 194-212, 217）を参照されたい.
　13）本書第 6 章および鳴子（2009 : 655-656）参照.
　14）本書第 2 章, 第 3 章, 参照.

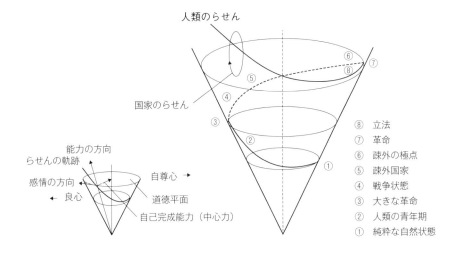

参考文献

Arendt, Hannah（［1951］1976）*The Origins of Totalitarianism*, Harcourt, Brace and Jovarovich, New York（ハンナ・アーレント著，大島通義・大島かおり訳（1972）『全体主義の起源（2）帝国主義』，みすず書房）.

───（1963）*On Revolution*, PenguinBooks, NewYork（ハンナ・アレント著，志水速雄訳（1995）『革命について』ちくま学芸文庫）.

Benhabib, Seyla（2004）*The Rights of Others : Aliens, Residents, and Citizens*, Cambridge University Press, Cambridge（セイラ・ベンハビブ著，向山恭一訳（2006）『他者の権利──外国人・居留民・市民──』法政大学出版局）.

Clausewitz, Karl von（1832）*Vom Kriege*, liv. Ⅰ, chap. Ⅰ§ⅩⅩⅣ, in *Hinterlassene Werke*, Bd. 1–2–3, Berlin（クラウゼヴィッツ著，清水多吉訳（2001）『戦争論』上下巻，中公文庫）.

Foucault, Michel（1997）*Il faut défendre la société, Cours au Collège de France 1975–1976*, Seuil/Gallimard（ミシェル・フーコー著，石田英敬・小野正嗣訳（2007）『社会は防衛しなければならない』コレージュ・ド・フランス講義1975–76年度（ミシェル・フーコー講義集成Ⅵ）筑摩書房）.

Lecercle, Jean-Louis（1973）*Jean Jacques Rousseau modernité d'un classique*, Librairie Larousse（ジャン＝ルイ・ルセルクル著，小林浩訳（1993）『ルソーの世界　あるいは近代の誕生』法政大学出版局）.

Polin, Raymond（1971）*La politique de la solitude*, Paris, Sirey（レーモン・ポラン著，水波朗・田中節男・西嶋法友訳（1982）『孤独の政治学』九州大学出版会）.

Renan, Ernest（1887）*Qu'est-ce qu'une nation?* in *OEuvres complètes de Ernest Renan*, vol.1, Calmann-Lévy（エルネスト・ルナン著，鵜飼哲訳（1997）『国民とは何か』インスクリプト）.

大竹弘二（2009）『正戦と内戦──カール・シュミットの国際秩序思想──』以文社.

柄谷行人（2006）『世界共和国へ』岩波新書.

シュヴェヌマン，J＝P・樋口陽一・三浦信孝（2009）『〈共和国〉はグローバル化を超えられるか』平凡社新書，2009年.

鳴子博子（2001）『ルソーにおける正義と歴史──ユートピアなき永久民主主義革命論──』中央大学出版部.

───（2009）「ルソーにおける自由・奴隷・祖国愛──「神仏殺しと非キリスト教化，「靖国」とアソシアシオン」を考えるために──」『法学新報』（中央大学法学会）第115巻第9・10号.

───（2013）「フランス革命と明治維新──ルソーの「国家創設」論からの比較考察──」『法学新報』（中央大学法学会）第120巻第1・2号.

橋川文三（2005）『ナショナリズム──その神話と論理──』紀伊國屋書店（新装復刻版）.

宮沢賢治著，谷川徹三編（2007）『童話集　銀河鉄道の夜』岩波文庫（改版）.

村上俊介・石塚正英・篠原敏昭編著（2004）『市民社会とアソシエーション──構想と経験──』社会評論社.

◆コラム **6** 「戦争をする国家」から「戦争をしない国家」へ
── プラトン対ルソー

国家の組成がそもそも悪かったこと

一年を表す漢字が「安」と発表された2015年の年の瀬，私は本論考を書き始めている．戦後70年に当たる2015年は，日本も世界も暴力と安全をめぐる問題に投げ込まれた年であった．内戦，難民，銃撃，テロといったニュースの絶えることのない１年だった．過激派組織 IS は，国家が崩壊あるいは半崩壊状態にある地域で活動を広げ，IS による（あるいはそれに影響を受けた）暴力やテロは，そうした紛争地域に限定されず，世界中のどこでも誰でもいつ何時，引き起こされるかわからないという不安感を人々に抱かせている．

直近の2015年から，今度は，人類の歩んできた長い歴史に目を向けてみよう．国家が戦争をやめないし，戦争をとめられない時代が古代から現在に至るまで，連綿と続いている．国家が戦争をなくせないのはどうしてだろうか．自衛戦争は，文字通り「自衛」の枠内に留まることがほとんどないことを少なからぬ人が知っている．独裁者ですら，攻撃戦争を自衛戦争と言い繕って実行する．国家は暴力を管理し，コントロールする装置であるが，国家が戦争を阻止しえない原因は，国家の外部よりも，むしろ国家の内部にあるのではなかろうか．戦争を阻止しえない根本原因は，そもそも国家の組成が悪いからではないだろうか．そうだとすれば，暴力をこれまでにない形でコントロールし，限りなく暴力をゼロにするためには，国家の組成を大きく変更することが必要ではなかろうか．ここ数十年，国家の機能不全，相対的な地位の低下が指摘されてきたが，私は，今こそ世界から暴力をなくしてゆくための全く新しい「国家の創設」を考えるべきだとまじめに考えている．

ところで，ルソーは出現した国家の組成がそもそも悪かったと，人々の直面している問題を喝破し，誰一人，他のいかなる個人にも依存することなく，各自が政治共同体に自由なまま結合する，新しい「国家の創設」を説いた．彼の構想に，どれだけの現代的意義，意味があるのだろうか．ルソーの国家構想は未だに現代国家が達成できていない高い目標を掲げ，全部ではないにしてもその構想の意義は色あせていないし，少なくとも，戦争をしない国家づくりに，大いに参考になるたたき台を提供してくれていると私は思う．そうは言っても，それは男性市民の共和国の話ではないかと疑問を抱く人もいるかもしれない．確かに，フェミニストが『エミール』の著者ルソーをアンチフェミニストと断じて，彼の国家構想を顧みることが少ないのは無理もないことではあるが，私は同時に，残念なことだとも感じてきた．

ルソーの国家構想は再生利用可能だし，リサイクルする値打ちがあると考えるからである．もちろん，その国家構想には，現代では変更，転換の必要な部分がある．どこまでが戦争をしない国家づくりの典拠となりうるのか，どこからが変更，転換を要する部分なのだろうか．そのあたりを以下で明らかにしてゆきたい．

プラトン国家 vs ルソー型国家

ルソーはよく詩人であると言われる．ルソーの書く文章が，人の心を捉え，良くも悪くも心を揺さぶる表現力，言葉の力を有しているからであろう．さっそくルソーの言説にあたってみよう．

「プラトンは『国家篇』のなかで，女にも男と同じ訓練をさせている．それは当然のことだと思う．かれの国家では個々の家族を廃止してしまったので，婦人をどうしたらいいかわからなくなったプラトンは，女を男にしなければならなくなったのだ．このすばらしい天才はあらゆることを考え合わせ，いっさいのことを予想していた．かれは，おそらくだれももちだそうとは考えつかなかったような異議にたいしてさえ回答しようとした．ところが，もちだされる異議にたいするかれの回答はまちがっていたのだ．あのいわゆる婦人の共有ということについてはわたしはなにも語るまい．多くの人がくりかえしているこの非難は，そういう人がプラトンをぜんぜん読んでいないことを証明している．わたしは，いたるところで差別なしに男女に同じ職務，同じ仕事をさせ，とてもがまんのならない弊害を生みださずにはおかない，社会的混乱について語るのだ．このうえなくやさしい自然の感情にたいする破壊行為について語るのだ．自然の感情によってのみ人為的な感情は維持されるのに，そこでは，自然の感情は人為的な感情のために犠牲にされているのだ．契約による結びつきをつくりあげるためには自然の手がかりはいらないのか．身近な者にたいして感じる愛は国家にたいしてもたなければならない愛の根源ではないのか．小さな祖国，それは家族なのだが，この小さな祖国を通して人の心は大きな祖国に結びつけられるのではないのか．よい息子，よい夫，よい父親が，よい市民となるのではないのか」(E699-670／下19-20)（傍点は引用者）．

私は本論考で，プラトンとルソーの著作中に展開されているオリジナルな国家構想，すなわち，プラトン国家とルソー型国家を対比するが，両者の対比を現代の議論にまでつなげて考えたいと思っている．ここに掲げた言説は，そうした対比，分析に欠かせないポイントを集中的にルソーが提供してくれている箇所なので，少々長くなったが，省略せずに引用させていただいた．

（1）「プラトン国家」批判

さて，ルソーによるプラトン批判を理解するためには，プラトンの読者には不要

なことだが，プラトンの『国家篇』の国家構想について若干の説明が必要だろう．プラトンの国家構想では，国家の構成メンバーを，国家の頭脳たる金の階層と国家の防衛者である銀の階層からなる2つの指導者層とそれ以外の被支配者層，つまり生産階層に区分する．前者の指導者層は少数エリートであり，ここでは家族も私有財産も認められない．指導者層への選別は，人間の能力，資質の有無が決定的で，性差は捨象される．他方，多数を占める被支配者層の生産階層に関しては，家族と私的財産が前提とされ，性差も重視される．

　ルソーは総じて，哲学者プラトンの思想を高く評価し敬意を払っているが，この国家構想に関しては，受け入れることができず，批判的に取り上げざるをえなかった．ルソーにとってどうしても容認できないのは，指導者層の女性の扱いと家族の廃止にあったことは，容易に言説中に確かめられるが，それより興味深いのは，ルソーの，プラトンに対する困惑，違和感，非難の向け方であり，言い換えれば，ルソーの内部の「何」がプラトンのこの構想を拒絶しているのか，という点である．

　ルソーの言説中に，一旦は，プラトンの構想を受け止めているかのような文言が混じっている点に注意を向けたい．「プラトンは『国家篇』のなかで，女にも男と同じ訓練をさせている．それは当然のことだと思う」，あるいは「このすばらしい天才はあらゆることを考え合わせ，いっさいのことを予想していた」などといった文言がそれである．それに加えて，「多くの人がくりかえしているこの非難は，そういう人がプラトンをぜんぜん読んでいないことを証明している」は，プラトンを肯定しているのではないにしても，プラトンを読みもしないで非難している人より，プラトンの肩を持っての発言である．2つの指導者層が国家運営，国家防衛という崇高な目的を担う栄誉と引き換えに，家族も私有財産も持ちえないとしたプラトンの意図をルソーの「理性」は一応は受け止めえた．だから，「婦人の共有」を卑俗でインモラルな次元でしか解さない，ゴシップ的な非難，嘲笑を浴びせる人々の肩をルソーは持とうとはしないのである．

　一方，傍点を付した部分はどうだろうか．最初の傍点部分「婦人をどうしたらいいかわからなくなったプラトン」について，ルソーはプラトンが「どうしたらいいかわからなくなった」としているが，プラトンはルソーの言うように本当にわからなくなったのだろうか．能力，資質の備わった女が国家をリードすることに，プラトンはそれほど躊躇を感じなかったからこそ，そのような選び取りをしているのではなかろうか．そう受け取ることが自然であろう．要するに，家族の廃止，女の指導者の登場に，大いに困惑し，混乱しているのは，プラトンではなくルソー自身である．また，次の傍点部分についても，区別なしに男女に同じ職務，仕事をさせることを「社会的混乱」と見なし，その「混乱」が生み出す「弊害」を「とてもがま

・・・・・・・
んのならない」と感じているのもプラトンではなく，ルソーに他ならない．ルソー
は18世紀の人々に向かって，プラトン国家のエリート女性ではなく女性一般につい
て，次のようにいう．

　「きょうは赤ん坊に乳をやり，あしたは戦争に出るというようなことができるだろう
　か．その体質や好みを，カメレオンが色を変えるように，変えられるだろうか．急に
　家庭の仕事をほうりだし，家の外に出て，大気に身をさらし，戦争の労苦，苦難に耐
　えるというようなことができるだろうか」（E699/下18）.

　以上から，ルソーの「理性」は，プラトン構想の展開の意味を一応は理解するこ
とができても，ルソーの「感情」が，プラトンの選び取りを決して受け入れられな
いことが見て取れる．ルソーの「理性」ではなく，彼の「感情」が，プラトン国家
の構想に抵抗しているのである．

（2）ルソー型国家

　他方，ルソーの構想する国家では「よい息子，よい夫，よい父親」，つまり男性
のみが大きな祖国（国家）と直接結びつき，市民となる．ルソーが理想化する女性
は「このうえなくやさしい自然の感情」の持ち主で，あくまで小さな祖国（家族）
に留まり，その豊かな感情の力で「よい息子，よい夫，よい父親」を支え，祖国に
彼らを「よい市民」として送り出す役割を担わされる．要するに，ルソーの国家は，
指導者層と被支配者層が峻別されるエリート主義的国家ではなく，男性に限っては
水平的で平等な市民全員による直接立法を旨とする，平等主義の徹底した国家であ
る．と同時に，夫婦（男女）が性に基づき役割分担する，性別による分断（女性の家
庭への閉じ込め，公的領域からの排除）の徹底した，ジェンダー不平等国家だったので
ある．ルソーはこうした夫婦（男女）のあり方，役割の違いを相互依存と見て，両
者の価値の対等性を強調し，妻が夫に対して一方的に従属しているわけではないと
しているが，夫婦は道徳的一人格と見なされ，国家・社会に対して家族を代表する
のは，あくまで夫（男性）のみである．ルソーは，女性の豊かでやさしい感情を，
家庭内で男性を導く「目」となり，「腕」となる男性を通して間接的に国家・社会
に貢献するものと位置づけるのである．21世紀のジェンダー平等の観点からは，そ
のままでは到底受け入れがたい国家構想である．だが，私たちにとって重要で，一
番問いただしたいのは，ルソーの高く評価する，この女性のすぐれた感情は，果た
して，ルソー流の家族・国家構想によって，ルソーの期待するように，国家・社会
を道徳化する力を発揮できるのだろうか，という点である．

暴力と性差

（1）ピンカー『暴力の人類史』

　現代アメリカで活躍するスティーブン・ピンカーは，アメリカのプレゼンイベント・TED（スーパープレゼンテーション）に登場し，多数の著作を発表しているハーバード大学の認知心理学者である．ピンカーは『暴力の人類史』において，原著のサブタイトル "Why Violence Has Declined" にも示されているように「人類は歴史が下るにつれて暴力を減少させてきた」という仮説を立てる．そして彼は，太古の時代から現代に至るまで，さまざまな統計資料を駆使したマクロ分析によって，世界の「現実」を可視化する．同書は私たちが過度の恐怖を増幅させることを防ぎ，人々にクールな客観視を促すものである．確かに同書に取り上げられ，分析された統計の数値は，ピンカーの仮説の確からしさを裏付けていると言えよう．

　しかし他方，この意義深い著作に対して，私には物足りなく残念に思われる点もある．20世紀に一度ならず二度も，暴力と残虐の限りを尽くした世界大戦をなぜ人類は阻止しえなかったのか説得力のある説明が十分なされているとは言えない点である．冷戦終焉後の直近の20～30年間の世界の暴力状況についても同様である．ピンカーの言うように「あらゆる種類の組織的な紛争や戦闘——内戦，ジェノサイド，独裁政権による弾圧，テロ攻撃——は世界中で減少している」ことを私たちは実感できるだろうか．ピンカーの仕事が，暴力の歴史的な減少を，さまざまな定量化可能な数値の低減によって例証しているのは事実だが，今現在，暴力が，紛争地帯だけの局所的な問題なのではなくて，紛争地域から世界のさまざまな場所に，拡散し浸潤しつつあると私たちは感じ，認識していることは，先述の通りである．この看取，認識を単なる「数字音痴」として一蹴するわけにはいかない．私たちの世界は今，国家（秩序）の崩壊ないし半崩壊と暴力の増殖，拡大，セキュリティとリスクをめぐる深刻な問題に，個人のレヴェルでも国家や超国家のレヴェルでも直面していると言わざるをえないだろう．私たちの時代が，真に暴力性，残虐性を減少させるようになるにはどうすればよいのだろうか．

（2）暴力回避と女性

　今度は，ピンカーの『暴力の人類史』の DV をめぐる指標から，夫婦やカップル間の家庭内，親密圏での暴力状況について考えてみたい．私が注目するのは米国司法統計局のデータに基づく図だが（図1，図2），特に，アメリカにおける1976年から2005年までのパートナー間の，男女10万人あたりの年間殺人数のグラフである（図2）．この30年で，パートナー間の暴力（DV）は，決して容認されず，許されざる暴力，犯罪であることが認識されるようになった．その結果，女性，男性ともにパートナー間の殺人が大幅に減ってきたことが確認されるが，女性被害者に比べ男性被

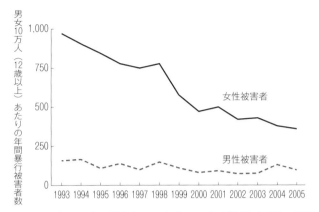

図1 アメリカにおける親密なパートナーによる暴行 (1993〜2005年)

原典：米国司法統計局, 2010年.
出所：ピンカー (2015 (下)：67).

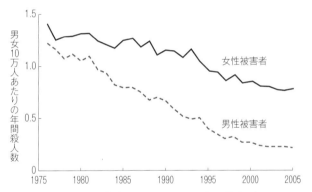

図2 アメリカにおける親密なパートナー同士の殺人 (1976〜2005年)

原典：米国司法統計局, 2011年. および以下での修正. Sourcebook of Criminal Justice
Statistics Online (http://www.albany.edu/sourcebook/csv/t31312005.csv).
人口数は米国国勢調査より.
出所：ピンカー (2015 (下)：67).

害者が6分の1に大きく減少した. ピンカーはこの点に触れて,「フェミニズムは
男性にとって非常に有益だった」と述べ,「女性用シェルターと接近禁止命令の出
現」により, 女性がパートナーを殺さずに済むことになったと的確に指摘している.
以下に, 1976, 77年当時の男女の被害者数と併せて, さらに掘り下げて考えてゆこ
う. DVが許されざる暴力であるとの認識がまだ十分に形成されていなかった1976,
77年当時, 男性より女性が殺される割合が高いとはいえ, グラフの30年のなかで,

男女の殺人数の差が最も小さいことに注目したい．夫（男）が妻（女）を殺す割合と妻（女）が夫（男）を殺す割合との差が一番小さく，それ以降はその差がより大きくなっているのである．夫（男）が気に入らない妻（女）に暴力を振るうことが現在より大目に見られていた当時，殺人に至るような暴力を振るう夫（男）が，妻（女）を死亡させる事例が多い一方，生命の危機的な状態に置かれた妻（女）が，夫（男）の暴力から自分や子どもの身を守るために防御的に夫（男）を殺すことも相当程度，発生した，と考えられる．家の中に銃がある銃社会アメリカの現実を反映して，男女の体力差が銃の使用によって乗り越えられ，攻撃する夫（男）に対して極限状態に至ると妻（女）は防御的に暴力で反撃する，と推測されるのである．要するに，妻（女）の暴力行使，殺人は，多くの場合，生命の危機に晒された際のギリギリの自己防衛であって，DV夫（男）のように，攻撃的な暴行，殺人とはなりにくいと考えられる．76，77年の時期，男女の殺人数こそ接近しているが，男女の暴力の性質まで接近しているわけでは決してないのである．このことは，先に紹介したピンカーの言及，近年の男性被害者の激減とも呼応しているだろう．夫（男）を殺さなければならないような場，状況に留まらなくてよく，危険を回避する他の場や状況下に身を置くことができるなら，妻（女）は夫（男）殺しに至ることはきわめて少ない，と．他方，DVは許されざる暴力であるとの認識が浸透するにつれて，夫（男）による妻（女）殺しの数も減少してきてはいるが，夫（男）殺しの減り方と比べると，まだ妻（女）が被害に遭う数は大きく減りはしていない．夫（男）の暴力の沸点がまだ低く，暴力行使が抑え切れていないケースのあることが窺える．

　以上のように，現代アメリカの30年間のパートナー間の暴力状況の変化から，私たちは夫婦（男女）の暴力の性質の違いを見てきた．男女間に暴力に対する攻撃的，あるいは防御的な，あるいは能動的，受動的な態度の違いのあることが確かめられたように思う．暴力をめぐるこうした性的差異は，ルソーが措定するような男女の決定的な差異とは見なせないけれども，男女間に看過できない傾向的な差異はあるように私には思われる．

　ところで，以上のように観察された，暴力行使に見られる男女間の傾向的な差異は，家庭のような親密圏に固有の事柄なのだろうか．家庭内の暴力の行使の，男女間の傾向的な差，質的な違いは，より大きな国家や社会の暴力のコントロールという問題を考える上でも，きわめて重要ではなかろうか．私的な領域と市民社会や国家といったより大きな領域，公共空間との連続性，相互浸透性は，もはや，長々と議論すべき争点ではなくなっている．暴力についても，家庭内暴力と世界を苦しめる巨大な暴力の連続性の観点が必要になってくる．女性は死に至らしめるような重大な暴力の行使を回避しようとし，その暴力行使は，自己保存が危機に瀕した緊迫

した状況下での自己防衛的なものにほぼ限定される．この，女性の傾向的な暴力回避の姿勢，選び取りを，家庭内の問題に留めることなく，国家の暴力のコントロールのあり方を変える力に転化できないだろうか．

市場型プラトン国家 vs ジェンダー平等ルソー型国家

先述の通り，古代のプラトン国家の指導者層は，国家をあるべき方向に導く少数エリートで，指導者層に限って言えば，私有財産も家族も認められない，一種の共産国家の精鋭たちであった．こうしたプラトン国家の構想とグローバルに市場原理が拡散，浸透している現代社会との間には言うまでもなく大きな隔絶がある．しかし，現代の先進諸国，とりわけアメリカでは，軍産複合的な国家と企業の双方を資質，能力に恵まれた一部の男性と女性がリードする点においては，プラトン国家との類似点が認められる．現代に，いわば市場型プラトン国家が出現していると言えよう．このような市場型プラトン国家では，産業界ばかりか国家の中枢を担うエリート層に，資質に恵まれた女性エリートがすでに参入しているからである．エリート女性は，競争的な場にあって自身のキャリア形成に忙しく，家事・育児の負担を男性と分担するよりも，国内の女性やしばしば第三世界出身の女性を私的に雇い入れることも多い．そうした選択は，女性の中にグローバルなヒエラルキーを形成する結果をもたらす．問題はそれだけではない．私たちの観点から重要なのは，市場型プラトン国家が，国家を「戦争をしない国家」へ転換させる力を持たないことである．結局のところ，市場型プラトン国家は，私たちが目指すべき国家というより，すでに現実化した，少なくとも現実の一部となった国家だと言えよう．

さて，それでは国家を「戦争をしない国家」へ転換させる力はどこに見出せるのだろうか．先に取り上げたピンカーの図 2（親密なパートナー同士の殺人数のグラフ）に立ち戻ろう．図 2 の左側の数値が示す事態のなかで，武器を手にした女性が男性を殺すことができても，家庭に平和が訪れるわけではないのと同様に，一部の資質ある女性が，軍司令官になり国家の政策中枢に参画しても，戦争をしない国家化はそう簡単には進まない．むしろ，図 2 の右側の男女の被害者数の開きに示されている，男性の傾向的な暴力性，攻撃性と対照的な，女性の暴力回避，忌避の傾向性を活用することが，戦争をしない国家化のバネになるのではないだろうか．DV 夫（男）のいる家庭（親密圏）には守るべき価値はなく，そのような家庭（関係）は「契約」解除した方がよい．それでは，国家も同様だろうか．世界には他国に対して攻撃的な膨張志向の国家が残念ながら存在し続けている．日本の代表的なフェミニストの上野千鶴子は，生き延びるために，戦うのではなく，逃げよ，と訴える．フェミニズムの視点からは，現実の国家は私たちが自身の命を死の危険に晒してまで，守る

べき価値あるものとは言えず，その現状認識は的確である．しかし迫りくる不当な暴力に対して，私たちはどこまでも逃げおおせるのだろうか．逃げずに，留まる，守る，という選択肢はないのか．もし1人の市民が他のいかなる市民にも依存せず全市民が水平関係で結ばれ，1人ひとりの市民の命を守ること（自己保存）を唯一の目的とする国家を創設できれば，その国家は市民にとって，守るべき場となるのではなかろうか．

　フェミニズムは家父長制を批判してきた．もとより家父長制は，その残滓も含めて廃棄されるべきである．しかし，国家を「戦争をしない国家」へ転換させ，暴力をゼロに近づけるには，家父長制の廃棄だけでは困難である．一層大きな克服すべき問題は，代議制にあると考えられるからである（詳しくは鳴子（2015）を参照されたい）．なぜなら，代議制は，女性ばかりか多くの男性も，実質的に立法から排除し，一部の者の決定を受け入れ，それに従うことの繰り返しによって，人々の受動性を増幅させてきたからである．第一次大戦も第二次大戦も止められなかったのは，代議制を続けてきた結果ではなかろうか．それゆえ，すべての女性市民が，すべての男性市民とともに直接立法に参画することが，攻撃的な暴力を回避し，生命の危機に瀕した極限状態においてのみ，自己防御の暴力だけを行使する，そのような決定を，国家に選択させうる．女性の暴力に対する受動的傾向を，「戦争をしない国家」を創り出す能動性に転化させるのである．

　これまでの歴史は，男性による国家の暴力コントロールの失敗の歴史であった．男性主導のあらゆる国家は，戦争を止めることができなかった．それに対して，ジェンダー平等ルソー型国家は，女性に，「戦争をしない国家」を男性とともに創るよう促す．その国家では，軍隊ではなく，自国のテリトリーに侵入してきた敵から1人ひとりの市民の生命を守るために防御専心の，女性も男性とともに祖国の防衛者となる防衛組織がつくられる．防衛者は決して兵士の言い換えではない．ニホンミツバチが自分たちのテリトリーに侵入し攻撃するオオスズメバチを集団で包囲し，力に勝るオオスズメバチを蒸し殺しにするように（蜂球と呼ばれる），男女の防衛者は行動する．立法と防衛双方に対して女性は当事者となり，男性とともに参画することが求められる．男性防衛者だけだと，防御が攻撃にすり替わる危険性が増す．女性防衛者の参画が，防御を防御のままにする可能性を増す．夫婦一組，家族の道徳化ではなしに，女性の，政治参画と文字通りの「防衛」参画による国家の道徳化——つまり政治を戦争から道徳に転化させること——が目指される．

　そのような国家に限って，「国家は防衛しなければならない」と言えるだろう．「国家の女性化」こそが，これまで男性が失敗してきた国家の暴力コントロールを成功させ，暴力をゼロに近づける可能性を押し広げると私は考える．

追記：本論考は，平成27年度文部科学省科学研究費助成事業（基盤研究（C）「ルソーのアソ
　　　シエーション論から女性の能動化と戦争を阻止する国家の創出を探究する」15K03292,
　　　研究代表者：鳴子博子）による研究成果の一部である.

参考文献

Okin, Susan Moller (1992) *Women in Western Political Thought,* Princeton University Press
　　　（スーザン・モラー・オーキン著，田林葉・重森臣広訳（2010）『政治思想のなかの女
　　　──その西洋的伝統──』晃洋書房）.
Pinker, Steven (2011) *The Better Angels of Our Nature : Why Violence Has Declined,* Viking
　　　Penguin（スティーブン・ピンカー著，幾島幸子・塩原通緒訳（2015）『暴力の人類史』
　　　（上）（下）青土社）.
上野千鶴子（2012）『生き延びるための思想　新版』岩波現代文庫.
鳴子博子（2015）「〈暴力・国家・女性〉とルソーのアソシアシオン論」『中央大学経済研究
　　　所年報』第46号.
プラトン著，藤沢令夫訳（1979）『国家』（上）（下）岩波文庫.

第 8 章　ヨーロッパ新秩序構想——18世紀から現代へ[1]

1．拒否権を通して国家のあり方を問い直す

　2016年6月に行われたイギリスのEU離脱国民投票は，投票率72％を記録し，離脱1741万票（52％），残留1614万票（48％）の結果を得た．EU離脱を決したこの国民投票が世界に大きな衝撃を与えたことは記憶に新しい．こうした状況をめぐって「ポピュリズム」をキーワードとしたさまざまな分析，解説がなされているが，私はEU離脱国民投票を単なるポピュリズム現象と捉えてよいのかという疑問を出発点の問いとして立てておきたい．

　本章の課題は『ポーランド統治論』（1771執筆，1782刊行）で論じられた自由拒否権（liberum veto）に対するルソーの独自な判断，評価を参照点，視座として，18世紀の歴史的現実（政治的無秩序）と提示された理念（政治秩序）との関係を明らかにし，現代に，代議制を中軸に据える国民国家とは異なるもう1つの国家とこれまでのEUとは異なるもう1つのヨーロッパ統合の可能性を考える示唆を得ることにある．ここで1つの疑問を読者は持たれるだろう．新原ほか（2020）の序章[2]で新原道信が「なぜいま社会科学を"惑星／地球／社会"から始める必要があるのか」を論じているように，シンポジウムは「地球社会（Planetary Society）」として現代社会を把握することを前提としている．それにもかかわらず，なぜ本章は国家のあり方，あるいは国家を基礎単位とした統合のあり方を問題とするのか，と．これはお題違いの論考ではないのかと．この疑問に対して返答しておくことにしたい．私はシンポジウムの相当数の参加者とともに，近代に歴史的に生成された国民国家には根本的な問題があり，国民国家は乗り越えられる必要があるとの認識を有している．しかし私は現代にも続く国民国家の内包する問題性へ認識を共有することが，直ちに国家それ自体の否定につながるのではなく，地球社会の複合的諸問題に応答するためにも／応答するためにこそ，国家それ自体のあり方を問い直す必要があると考える．ルソーは人類史を振り返って『人間不平等起原論』において，そもそも，国家の始まり，初めの一歩の組成が悪かったとして，以下のように述べていた．

「最も賢明な立法者たちがあらゆる努力をつくしたにもかかわらず，国家状態はいつまでたっても不完全であった．それは国家状態がほとんど偶然の所産であり，そもそもの始まりが悪かったため，時がその欠点を発見してその対策を示唆しながらも，組織の欠陥をつぐなうことは，けっしてできなかったからである．すなわち，後でりっぱな建物をたてるためには，リュクルゴスがスパルタでしたように，まず敷地を掃き清めて一切の古い建築材料を遠ざけなければならなかったはずなのに，ひとはたえずつくろってばかりいたのである」(DI180/109–110)．

その上でさらに留意すべきは，『社会契約論』においてルソーが構想した国家とは，各構成員 associé が自由な個でありながらすべての構成員と自発的に結合する「アソシアシオン＝国家」であった点である．

さてここで本章の分析対象を記すと，18世紀後半の分割前のポーランドと1789年7月から1792年8月までの共和政に至る前の革命期のフランスとである．自由拒否権へのルソーの評価，判断のユニークさは，この権利がポーランド史において政治的無秩序の原因と見なされることが多く，『ポーランドの統治とその法について，ヴィロルスキ伯爵へ』(第一部1770.8.31，第二部1771.7.9) を著したマブリ (G.B.de Mably, 1709–1785) によって否定されたばかりか (Mably 2008: 279–285)，1787年のアメリカ憲法とフランス91年憲法と並び称されるポーランド五月三日憲法 (1791) で廃止された悪名高い権利だったにもかかわらず，ルソーはこれを条件付きではあるものの，むしろ評価，肯定していることに表れている．

以下に，本章の構成について触れておこう．1節に続く2節では七年戦争後から第一次分割までのポーランドについて論じる．周知の通り，ポーランドはロシア，オーストリア，プロイセンによる三度の分割 (1772/1793/1795) の結果，祖国消滅に至った．反ロシア派の貴族が分割の危機に直面して1768年にバール連合を結成したが，その一員であるヴィロルスキ伯は，マブリだけでなくルソーにも政体改革案を依頼した．この依頼を受けて祖国存続のためにポーランドに何ができるかを論じた著作が『ポーランド統治論』である．同書でルソーが重要な論点としたのが，シュラフタ (ポーランド士族＝貴族) に認められてきた自由拒否権の問題であった．ルソーは自由拒否権がポーランドに長らく政治的無秩序をもたらしてきたことは認めるが，自由拒否権を全否定するのではなく，この権利に規制を加えた上で，それを部分的に是認する判断を示した．ルソーにおいては，自由拒否権のあり方が，実は，祖国ポーランド存続の鍵を握るものと捉えられ，この自由拒否権と連合との結びつきが問題となるのである．

フランス革命の勃発 (1789) もフランス革命期にあたる第二次 (1793)，第三次

分割 (1795) の強行，その結果としてのポーランドの祖国喪失もルソー死後のことであるが，3節では，王政を廃止し共和政に至るまでの革命期にルイ16世が行使した拒否権とフランスが模索した政治秩序との関係を検討する．国王の拒否権をめぐる攻防はフランス革命にどのような影響を及ぼしたのだろうか．同じく拒否権と呼ばれても，誰が権利保持者か，どのような条件で何のために行使されたのかといった差異によって，権利行使の結果，もたらされるものは大きく異なってくるだろう．

　4節と5節では，2節・3節でルソー的視座から拒否権を分析した結果を踏まえて，現代ヨーロッパの政治秩序について論ずる．EU諸国のなかで，2016年6月のイギリスのEU離脱国民投票を取り上げ，「ポピュリズム現象」をめぐって考察を試みる．ルソーは現代の私たちにどのような示唆を与えてくれるのだろうか．カント・ライン，ルソー・ラインの2つのラインを対比し，膨張，拡張する国民国家を克服しうるデモクラシーのあり方を考えてゆきたい．

2．自由拒否権と祖国ポーランド

（1）ポーランドの状況

　18世紀後半のヨーロッパは，どのような時代，時期にあたっていたのだろうか．S・ピンカーが『暴力の人類史』に収めた図8-1「ヨーロッパ圏における年間衝突発生件数」と図8-2「ヨーロッパ圏における衝突による死亡率」は，現代に至る500年以上のスパンでヨーロッパ内の衝突発生のマクロ的な変化，推移を示している (Pinker 2011 : 229, 230＝2015上 : 409, 411)．死亡率には2000年までの600年間に3つのピークがあるが，18世紀後半はどうだろうか．17世紀の三十年戦争終結後，年間衝突数，衝突による死亡率がともに減少していたが，これらの数値が18世紀半ばを転換点として再び急上昇しているのが見て取れる．これら2つの図に依拠すれば，プロイセン，イギリス，オーストリア，フランス，ロシアを当事国とした七年戦争 (1756-63) 終結後の18世紀ヨーロッパは，相対的に平和な時代から武力衝突，戦争の頻発する時代へと向かう局面にあったと言えるだろう．それでは，ポーランドでは七年戦争後に何が起こっていたのか．第一次分割(1772)までのポーランド史の大まかな流れを確認しておこう[3] (Kieniewicz 1979＝1986 : 385)（図8-3）．

　七年戦争の終結を遡ること三十年，アウグスト三世 (位1733-63) の国王選出をめぐって，ポーランド継承戦争が周辺国を巻き込んで起こったことからも想像されるように，列強がその勢力をポーランド国内に伸ばし，影響力を行使する状況

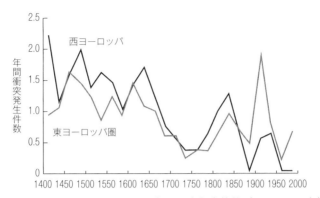

図8-1　ヨーロッパ圏における年間衝突発生件数（1400～2000年）

出所：ピンカー（2015上：409）.

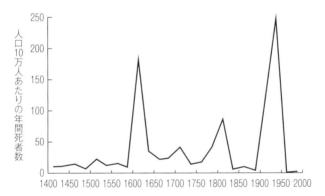

図8-2　ヨーロッパ圏における衝突による死亡率（1400～2000年）

出所：ピンカー（2015上：411）.

が始まっていた．そして七年戦争後のポーランドは，クーデタにより1762年に皇帝となったエカチェリーナ2世（位1762-96）のロシア，マリア＝テレジア（位1740-86）の統治（1765年以降はその子ヨーゼフ2世（位1765-90）との共治）するオーストリア，七年戦争後もシュレジエンの領有を維持したフリードリヒ2世（位1740-86）のプロイセンに囲まれていた．ポーランドはなかでもロシアの強い影響，圧力に晒されていた．

　1763年のアウグスト三世の死去後，翌64年9月6日に5584人の選挙人によって新国王スタニスワフ・アウグスト（Stanislaw August Poniatowski, 位1764-95）が選出された．選挙は，ロシアと縁の深いアウグストと名門のチャルトリスキ一門とが

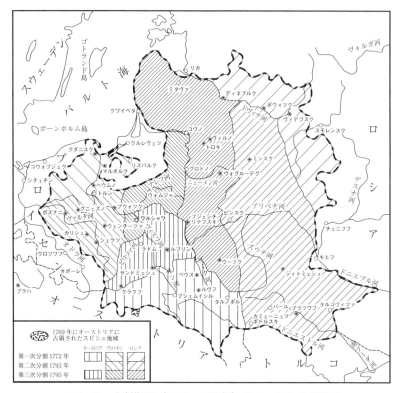

図8-3　分割期間（1772〜1795年）のポーランド共和国

出所：キェニェーヴィチ編（1986：385）.

　親ロシアの連盟を結成，ワルシャワの召集国会を支配下に置き，その私設軍隊に守られるなかで行われた．このように新国王の選出，誕生自体は，ロシアの強い影響下で実現したが，新国王アウグストは啓蒙君主を標榜，改革推進派のコナルスキ（Stanislaw Konarski, 1700–1773）を重用して，むしろロシアと距離を置いて改革を断行しようとした．国王とコナルスキは自由拒否権を批判，この権利の停止を目指したが，ロシアは国王のラディカルな改革を抑制するために，ロシア公使レプニンをして，ラドム連盟を結成させ，改革を抑制し，自由拒否権の維持を画策したため，国王の改革は十分なものとならなかった．

　そうしたなか，1768年2月29日，ウクライナのバール（モルドバに隣接する現在のヴィーンヌィツャ州の小都市）で，反ロシアのバール連合が結成される．ローマカトリックと自由を旗印にしたバール連合は，全国規模の蜂起を起こし，ロシア軍と

対峙する．バール連合は最終的には1772年にロシア軍によって鎮圧されるが，大国ロシアに立ち向かった連合の名は驚きとともに広くヨーロッパに伝わった．他方，バール連合の蜂起後，ウクライナでシュラフタの館とユダヤ人経営の旅籠を破壊する農民コサックの蜂起が起こる．蜂起したコサックは正教を旗印にロシア軍に保護を求めるが，保護されるどころかポーランド国王軍の支援を受けた当のロシア軍に鎮圧された．遂に，プロイセン，オーストリア，ロシアは，国王アウグストが譲歩するなか，1772年8月5日，ペテルブルクにて条約を締結し，第一次ポーランド分割を強行した．こうした当時のポーランドに対してルソーがどのような認識を示していたかを次に見てゆこう．

（2）なぜルソーは自由拒否権を一部評価，肯定するのか

　ルソーがポーランドの歴史的現実のなかで何を重視し，どこにポーランド存続の鍵を見出していたのかを理解するためには，ポーランドの特色ある政体と固有の制度のあらましをおさえておく必要がある．それゆえまず，ポーランド政体を概観しておこう．[4]

　ポーランドは，歴史的にシュラフタ（ポーランド士族＝貴族）の政治的権利，政治的対等性が強く，士族共和国と呼び慣らわされた歴史を有している．士族共和国とは世襲の王を持たない国を意味し，中世に栄えたヤゲオー王朝の滅亡（1572）後から三列強による分割，ポーランド滅亡（1795）までの期間を通して，ポーランドの別称であった．すなわち，ポーランドはヤゲオー朝滅亡後，選挙王政を採る国となり，選挙で選ばれた終身の最高の首長である王が，行政，立法両権に関与し，元老の任命権を有していた．州の行政長官を務める元老は，同時に国の立法を行う元老院を構成する．元老院とともに国の立法を担うもう1つの院に国会議員の院がある．この院の国会議員は，州議会で選出されるが，州議会は，マグナート（大貴族）からシュラフタ（中小貴族）まで，対等な投票権を持つ貴族で構成されていた．しかしながら，士族共和国の内実は，歴史が下るにつれて，シュラフタの力の低下とマグナートの力の増大が見られ，マグナートの寡頭支配へと変質していった点は看過すべきではない．

　ところで，ポーランドを語る上で欠かせない固有の制度として自由拒否権（liberum veto）がある．liberum veto は，語源的には「私は自由を認めない」を意味するラテン語に発するが，特に国会で，構成員の1人でも反対すると，議決は効力を有しないという拒否権としてポーランドで独自の展開を見せた権利である（初発は1652年）．自由拒否権とともにもう1つの固有の制度として連合／連盟（confédération）がある．その起源はヤゲオー朝断絶後の空位期（1572-73）に治安維持のために結成された連盟とされるが，連合／連盟は，自由拒否権を行使した同意見の州が結束し，その構成員が固有の誓約で結ばれ，全行政権力を自由にできる合法的に認められた権利であった．[5]とはいえ，連合／連盟が，マグナートの私的な利益やロシアの思惑などにより濫用されたことも多々あった．

こうした歴史的現実のなかで，ルソーが示した認識を知る上で重要な言説は『ポーランド統治論』冒頭の「問題の状況」中の以下のテクストに見出される．

> 「ポーランド統治の歴史を読むと，かくも奇妙に組織された国家がどうしてかくも長く存続しえたのか，理解に苦しむのである．多数の死んだも同然の成員と少数のばらばらな成員からなる一つの大きな組織．この組織においてはあらゆる運動がほとんど相互に独立していて，共通の目標を持つどころか互いに破壊し合い，大いに揺れ動くのになに一つなさず，打撃を加えようとする者にはだれにであれなんら抵抗することができず，各世紀に五回や六回は崩壊の憂き目に遭い，なにかしようとするたびに，またなにか必要なものを補給しようとすればかならず，麻痺状態に陥り，しかもそれにもかかわらず生きており，活気ある状態にみずからを保っているのだ」（CP953-954/『全集』V362）（傍点は引用者）．

ルソーは，列強の領土的野心に晒された危機を一方的に強調せず，むしろ問題を抱えつつもなぜポーランドは存続することができたのかという点に意識を向けている．このような認識が生まれたのはなぜなのだろうか．問題のテクスト中に，生や死の語が用いられ，生命体とのアナロジーで国家（政治体）が語られている点に着目しよう．同じく生命体とのアナロジーで語られるテクストに『社会契約論』第3編第11節「政治体の死について」があるが，ルソーはそこで「最もよく組織された国家にも終わりがある」と述べた後で次のようにいう．

> 「政治体の生命のもとは，主権にある．立法権は国家の心臓であり，執行権は，すべての部分に運動をあたえる国家の脳髄である．脳髄が麻痺してしまっても，個人はなお生きうる．虚弱になっても，命はつづく．しかし，心臓が機能を停止するやいなや，動物は死んでしまう」（CS424/126）．

私たちが知りたいのは，『ポーランド統治論』の上掲のテクスト中の「多数の死んだも同然の成員」，「少数のばらばらな成員」とは誰かである．私は「多数の死んだも同然の成員」を州議会で国会議員を選ぶシュラフタたち，「少数のばらばらな成員」を国会議員（国王任命の元老院議員および州議会で選出された国会議員）と見なす．なぜ前者をシュラフタと推測したかと言えば，その成員を「死んだも同

然」と言い切っているからである．確かにシュラフタは州議会で対等な一票を持ち，国会議員を選出し，送り出した国会議員に自分たちの意志を守らせるための「指令書」を出すが (CP979-981/『全集』V 391-393)，その拘束力は実際には弱く，「命令委任」と呼ぶには不十分なものにすぎなかった[6]．しかもすでに述べたように，徐々にシュラフタの力は低下し，マグナートの寡頭支配が進行していった共和国の変容も看過できない．政治体の立法権者を全市民とし，政治体の法 (一般意志) をつくる場を，議会ではなく全市民の参集する人民集会とした『社会契約論』の原理を基準としてポーランドの政体を見ると，州議会と国会とに対する評価は当然，異なってこざるをえないだろう．つまり，州議会においては，州議会の構成員から人口の大部分を占める農奴や都市民が排除されている点に限界があるが，ポーランドの全人口中 8％～10％を占める士族に限ってみれば，彼らは政治的対等性を有していたから，州議会の政治的正当性を相対的に高く見ることになる．全人口に占める士族の割合は，例えばフランスの特権身分である第一身分 (聖職者) 0.5％，第二身分 (貴族) 1.5％の比率と比べると，かなりの高率である．社会の変容とともにポーランドの人口も変動したが，(時期はやや後の，第一次分割後のものだが) 1791年のデータでは，総人口900万人に対してシュラフタ70万人 (8％)[7]とされる (Kieniewicz 1979 = 1986: 351)．それに比して，士族が片方の国会議員の院の議員を選出するのみで自身は立法に参加できない国会の政治的正当性は相対的に低く見ざるをえない．そうだとすると，少なくとも国のレヴェルで見た時，シュラフタは「死んだも同然の成員」と表現されてもおかしくないことになるだろうからである．

　では，後者を国会議員 (元老院議員と州議会選出の国会議員) と見なす根拠はどうだろうか．その成員が「ばらばらな」と形容されるのは，国会議員たちが統一的な国の指針を策定，立法するどころか，とりわけ共和国後期にはマグナートの私的利益や列強の買収に晒されて，相互に対立と破壊を繰り返し，議員の有する自由拒否権を行使して，国会の議案をことごとく否決して統一的な指針を定める新たな法をつくれなかった事態を指していると思われるからである．

　さてそれでは，「かくも奇妙に組織された」この国家内では，あらゆる運動が相互に独立し，破壊し合っており，何度も崩壊の危機に晒され，なにかしようとすると必ず「麻痺状態に陥り，しかもそれにもかかわらず生きており，活気ある状態にみずからを保っている」と見なされるのはどうしてだろうか．『社会契約論』では，立法権を国家の心臓，執行権を国家の脳髄と表現し，脳髄が麻痺 (政府の機能不全) してもまだ国家は死なないが，心臓の停止 (立法機能の停止) は国家

を死に至らしめると捉えている．ポーランドでは，国会での立法不能によって国家の統一的な意志（合意）がつくり出されず，政府の麻痺（機能不全）が続いているのであるから，国家が死に瀕している，あるいはほぼ死んでいると言われてもよさそうなものなのに，ルソーはなぜポーランドが死んでいないばかりか，活気ある状態を保っているとまで言い切っているのだろうか．それはポーランド内部に，あるがままの心臓＝国会とは別に，心臓を再生させうる部分が残っている，あるいは心臓をもっとしっかりした真の心臓に作り替えられる生き生きとした部分が存在している，と考えているからであろう．このままでは外国の侵略によって消滅するという祖国の危機に直面して，国会議員が行使した自由拒否権に呼応して息を吹き返す，死んだも同然だった多数のシュラフタたち，これらの人々をルソーはポーランドの心臓を再生させうる生き生きした部分と捉えているのではないか．ロシア軍に抗するバール連合が繰り広げる各地の戦いぶりを伝える情報も，その生きた証のごとく感じられただろうことは想像に難くない．シュラフタの政治的対等性という古きよき習俗が，自由拒否権を合図に生き返り，連合が生み出されることに祖国ポーランド存続の可能性が見出されているのである．このことは，ルソーが連合を「国家の結んだバネを，けっしてそれを破砕することなく巻き戻し，強力にしうる」ものとし，連合形態を「政治の一傑作」と記していることからも明らかである（CP998/『全集』Ⅴ412）．だが同時に，ルソーは，自由拒否権行使に①外国勢力の侵略，祖国の差し迫った危機に限定されること（CP999/『全集』Ⅴ413），②6カ月後の特別法廷での裁き（死罪か褒賞かのいずれか）を受けること（CP997/『全集』Ⅴ411），これら2つの条件を課す．このようにルソーは，自由拒否権を祖国消滅の危機から救うための命がけの行使に限定した上で，その意義を称揚していたのである．

（3）ルソーの国家縮小・分割論と国家連合構想

　ポーランドが消滅の危機を脱出するためにルソーが案出した処方箋は，自主的な国家の縮小もしくは国家の分割によって国家を再編強化するというものである．以下の2つのテクストのなかに処方箋は明記されている．

　「ポーランドの広大な拡がりが，幾度となく，統治を<u>専制</u>に変え，ポーランド人の魂を堕落させ，民族全体を腐敗させる，ということがなかっただけでも，ともかく，驚くべき，驚嘆すべきことである．このような国家が，何世紀も経たあとでなお，<u>無政府状態</u>にとどまっているにすぎないということは，歴史上唯一の例なのだ．（中

略）諸君が必要とする最初の改革は，諸君の国土の拡がりのそれであろう．諸君の広大な諸地方は，小共和国の厳格な行政に耐えることは，けっしてないであろう．諸君の統治を改革したいと望むなら，<u>国境を狭めること</u>から始めるがよい．近隣諸国は，たぶんそのために役立とうと考えているのだ．分割される諸部分にとって，それはたしかに大きな不幸であろう．だが，民族体にとっては，大変よいこととなるであろう．

　もしこうした削除が行なわれないのであれば，おそらくそれに代わりうるような手段は，私にはただ一つしか見当たらない．しかも幸いなことに，その手段は諸君の持つ制度の精神の内に，すでに存在しているのである．二つのポーランドの分離が，リトアニアのそれと同じように注目されねばならない．つまり，<u>三国家を一つに統合して持つがよい．</u>できることなら，<u>諸州（palatinats）</u>と同じ数の国家を持ってほしいところなのではあるのだが．各州それぞれに固有の行政を形成するのがよい．<u>州議会（diétines）</u>の形態を完璧にし，その権限をそれぞれの州において拡げるがよい．しかしその限界は慎重に指示し，<u>諸州議会のあいだで通常の法律と共和国全体への従属との関係を破壊するもののないようにする</u>がよい．一言で言えば，<u>諸連合政府（gouvernements fédératifs）</u>という体系を拡げ，完成させるべく努めるがよい．それこそ，<u>大国家と小国家の諸利点を結び合わす唯一の体系</u>であり，その意味で諸君にふさわしい唯一の体系なのだから（後略）（『ポーランド統治論』［5］根源的悪）」（CP 971/『全集』Ｖ381–382）（（　）内および下線は引用者）．

「もしポーランドが私の願いどおり<u>33の小国家の連合（confédération）</u>であったなら，大君主国の力と小共和国の自由とを併せもつところであろう」（『ポーランド統治論』［11］経済制度）（CP1010/『全集』Ｖ426）（（　）内および下線は引用者）．

要するに，ルソーは列強によらぬポーランド自身の自主的な国土縮小，もしくは自主的な国土分割による主権を持った再編パトリの生成を考えているのである．⁸⁾ 再編パトリの数は 3（リトアニア，小ポーランド，大ポーランド）または33（33州）が想定されるが，できれば数の多い33がよりよいとされる．これが処方箋の第一段階である．処方箋の第二段階は再編パトリの連合である．『社会契約論』第3編第13章において小国が大国に抵抗して存続する方策は次のように語られる．

「だが，大国に抵抗するに十分な力を，どうして小国に与えるか？ それは，かつて，ギリシャの諸都市が，［ペルシャの］大王に抵抗したように，また近くは，オランダやスイスがオーストリアの王家に抵抗したように［すればよいのだ］」（CS427/129–130）．

再編パトリ連合の目的は，外部の大国の侵略に主権を持った再編パトリが独立したまま連合して対抗することにある．すなわちルソーの構想は，連邦国家構想ではなく，国家連合構想に他ならないのである．

3．国王の拒否権とフランス革命

（1）フランスの状況

本節が問題とするのは，フランス革命期に国王ルイ16世が議会の可決した法令に対して行使した拒否権である．革命期を拒否権を軸に追うと，① 1789年7～10月，② 1791年6～11月，③ 1792年5～8月のそれぞれの時期に民衆，議会，国王の3つのアクター間に目立った動きが見出される。[9]

① まず，1789年7月にパリの民衆がバスチーユ監獄を陥落させると国王はヴェルサイユからパリに赴き，民衆革命の結果を裁可せざるをえなかった．9月，国民議会は8月の諸法令（封建的諸特権の廃止を定める）と人権宣言の裁可を行おうとしない国王の態度を軟化させようと，国王の停止的拒否権（二立法会期にわたって法律の公布を阻むことのできる権利で，絶対的拒否権とは区別される）を可決する．この議会の譲歩，妥協にもかかわらず，国王の態度は変わらず，8月の法令，人権宣言の裁可はなされなかった．こうした状況下で10月，パリの女性たちによるヴェルサイユ行進が起こる．ヴェルサイユ宮に住まう国王への女性たちの実力行使により，国王はパリ遷都（テュイルリ宮への移動）を余儀なくされ，8月の諸法令と人権宣言を裁可した。[10]

② 1791年6月，国王一家はヴァレンヌ逃亡事件を起こす．議会はこの事態を受けて，王権を一時停止するが，それでも国民議会は信頼の低下した国王に，9月，1791年憲法において停止的拒否権を認めた．11月，立法議会は（革命に従う）宣誓を忌避する僧侶を追放する法令と亡命貴族の所得を差し押さえる法令を可決するが，国王は両法令に対して拒否権を行使した．

③ 1792年5月，立法議会は宣誓忌避僧侶の流刑に関する法令を可決するとともに，6月，連盟兵をパリに召集する法令を可決した．フランスは4月20日に開始されたオーストリア，プロイセンとの戦争で劣勢にあった．連盟兵の召集は，首都パリの防衛を任せうる信の置ける軍隊配備のために要請されたものであった．しかしこれら2つの法令に対しても国王は拒否権を発動した．危機感を募らせたパリの民衆は6月20日，国王に拒否権の撤回を求め，テュイルリ宮に侵入するが，国王に要求を飲ませることはできなかった．しかし8月10日，遂にパリの民衆は，マルセイユ，ブルターニュの連盟兵とともにテュイルリ宮を征服，陥落

させた．死傷者1000人（蜂起側の死傷者400人，護衛側の死者600人）を出したこの8月10日の革命によって1000年にわたる王政は倒れた．

（2）ルソー的視座からの捉え直し

国王は議会が可決した諸法令に対して決定的なポイントで拒否権を行使することによってそれらを無効化し革命の進行を阻止した．議会が状況を変化させる力のないことを察知した時，民衆は国王と対峙し，民衆自身の直接行動，暴力行使により国王に諸法令を裁可させ，あるいは事態を大きく変化させた．この状況，事態をルソー的に捉え直すことにしたい．国王が拒否権を有する限り，王は法の上に立つ者であり，このような状態は依然，『人間不平等起原論』に描き出された第二のホッブズ戦争状態すなわち，専制主義の末期の戦争状態に他ならない．ルソーはこの戦争状態を「過度の腐敗の結果」出現したものと見なし，そこでは「人民はもはや首長も法律ももたず，ただ僭主だけをもつ」と言い切っている．ルソーはさらに，力だけが僭主の支配を支えているのであり，僭主は最強者である間だけ支配を続けることができるだけだと続けていたのである（DI191/126-127）．

そうした視点から事態を捉え返せば，法の上にある者（ルイ16世）は，その力を弱めつつも，なお力による支配を継続しようと画策していたことになる．カトリックの宣誓忌避僧侶の問題は既存宗教，旧来の習俗との攻防，戦いの凝集点であり，連盟兵召集問題は，首都パリを革命を防衛する者たちの軍隊に委ねるのか，反革命を目指す者たちの軍隊に委ねたままでいるのかをめぐる戦いだったのである．

以上のような分析，捉え直しを通して，国王の拒否権こそが革命期にあってなお，フランスを専制主義の末期の戦争状態に押し留めていたこと，国王の拒否権の消滅すなわち，王政の廃止の後に，初めて革命は真の革命への道を歩み始めうることが明らかとなった．

4．イギリスのEU離脱国民投票と現代の拒否権

（1）イギリスのEU離脱国民投票は何を意味するのか

本章冒頭で述べたように，投票率72%，離脱1741万票(52%)，残留1614万票(48%)の結果を得た2016年6月の国民投票により，イギリスがEU離脱を決したことは世界に大きな衝撃を与えた．イギリスに限らずヨーロッパ諸国を席巻する反イスラム，排外主義の広がりとポピュリズム政党の伸長や大西洋を挟んで誕生したアメリカのトランプ政権の衝撃は，ヨーロッパでもアメリカでも，政権中枢にある

既成政治によっては救われず，置き去りにされてきた人々の反撃の始まりと捉えられ，ポピュリズムをキーワードとする分析が各方面から生み出されている[11]．水島治郎は「ポピュリズムは，デモクラシーの後を影のようについてくる」というマーガレット・カノヴァンの言葉を引用し，ポピュリズムを単に「大衆迎合主義」，民主主義の脅威として断罪するのではなく，ポピュリズムの多面性，功罪を明らかにすることの必要を訴える（水島 2016: i-iv）．水島は①「固定的な支持基盤を超え，幅広く国民に直接訴える政治スタイル」と②「「人民」の立場から既成政治やエリートを批判する政治運動」の2つをポピュリズムの定義として挙げている（水島 2016: 6-8）．2つの定義のうち，近接しているように見える②の定義とルソー的な創り出すパトリ，パトリオティズムとは果たして類似したものなのか，それとも似て非なるものなのか．

　ポピュリズム現象を追うさまざまな論考のなかで一般市民は，ポピュリズム政党の指導者のキャッチーな弁舌に呼応する，受け身の存在と捉えられている．鬼子であってもポピュリズム政党はあくまで国民国家が構築してきた代議制，政党政治を前提にして活動する組織であり，政党指導者の活動がまずあって，一般市民はそれに呼応する大衆という構図で捉えられ論じられている．2016年のイギリス国民投票についてもそうした傾向が看取される．党内が一枚岩ではない保守党のキャメロン党首（首相）がEU残留の支持を国民から取り付けようとして実施した国民投票であったが，イギリス独立党UKIPのファラージ党首の一般市民への予想をはるかに超えたアピール力に敗れたといった理解がそれである．そのような分析は政党政治家による国民投票を道具化した戦略を炙り出し現実の一面を捉えたものであるが，ここで私たちが問うべきは，そもそも国民投票はそのようなものであってよいのかという問いである．国民投票は，既存の政党政治が行き詰まった時に，政権政党が国民の支持を改めて確保したり，鬼子であるポピュリズム政党が国民の支持を奪い取ったりするための道具であってよいのだろうか．さらに踏み込んで言えば，真の政治的正当性は政権政党や新興政党の方針，政策にあるのか，市民の判断，決断にあるのか[12]．

　ルソー的なパトリ構想，パトリオティズムを模索する観点から，2016年のイギリスで起こったことを捉え直すと先の理解とは異なる側面が重要になってくる．移民，難民の大量流入によって異なる習俗，宗教との軋轢，労働現場での競合の激化，社会保障制度の劣化に日々晒された人々，とりわけイングランド中部，北部の衰退した旧工業地帯の人々の側に，様変わりしたわが街，わが祖国に対する危機感，当事者意識がまずあったのではないか．疲弊したわが街，わが祖国を再

生させることは，ごく普通の市民が単に議会に自分たちの代弁者を見出すといった受動に留まるのではなく，彼ら 1 人ひとりが危機感を持った当事者となり，自立的に判断する主体になること，既成，新興を問わず，政党指導者と市民との間でアクターの主客の転倒が必要である．普通の市民の代弁者，カリスマ的リーダーの存在は不要，というより極端に言えば，むしろ有害である．長々しい議論やメディアの操作に左右されぬ当事者市民の意志が発見されることが重要なのである．

　1770年代初頭，ルソーはポーランド士族である国会議員の自由拒否権の行使を，その拒否権行使に呼応して立ち上がる士族の連合とともに，祖国を存亡の危機から救う場合に限って，条件付きで認め称揚さえした．翻って2016年のイギリスでは，士族ならぬ市民がイギリス政府，議会，さらには EU 官僚といった「他者」の自由をそのまま認めることなく，自分たち自身で残留であろうと離脱であろうとイギリスの運命を決する意志を表明することとなった．ブレグジットという投票結果にイギリス市民も世界の人々も驚いたのは事実だし，投票結果の拮抗(52%対48%) を捉えて，果たしてこれが真のイギリス市民の意志（≒一般意志）と言えるのかという問いやこの分裂はイギリスという国家を害する分裂なのかという疑問も生じてきそうである．しかしこの問いや疑問を解きほぐすのに役立つ示唆をルソーは与えてくれているように思われる．それは『社会契約論』の第 2 編第 3 章「一般意志は誤ることがありうるのか」の本文とその本文に付された原注（ルソーによるマキャヴェリ『フィレンツェ史』からの引用）にある．それゆえ以下に順に記すことにしよう (CS372/48)．

> 「一般意志が十分に表明されるためには，国家のうちに部分的社会が存在せず，各々の市民が自分自身の意見だけをいうことが重要である」(本文)．

> 「ある種の分裂は国家を害するのにたいし，他の種のそれは国家に有益であることは，真実である．徒党，党派が相伴ってくる分裂は国家に有害であり，徒党なく，党派なくして維持される分裂は国家をたすける」(原注)．

UKIP とファラージ党首（当時）の活動は確かに盛んだった．イギリスには紛れもなく既成政党をはじめとした党派が存在している．とはいえ，保守党も労働党も党内は一枚岩であるどころか分裂していた．イギリスの国民投票における分裂は，党派を伴った分裂であるより，むしろ個々の判断する市民の分裂ではないだろうか．マキャヴェリのいう「徒党なく，党派なくして維持される分裂」に当

たらないだろうか．逆に言えば，国民投票における分裂が，リベラリズム対ポピュ
リズム，ナショナリズムの争いと捉えられるうちは，なお従党，党派的な分裂に
留まっていると言わざるをえないだろう．そうした次元からの転換，脱出が必要
なのである．

　むしろこうではないか．投票する各市民は，これがわれわれの意志 (≒一般意
志)であろうと想定する意志を投票によって表明するが，投票結果が出るまでは，
本物のわれわれの意志は現れないので，わからない．2016年の投票者は，残留に
投票した人も離脱に投票した人もどちらの側も，多分に驚きを伴ってわれわれの
意志を知ることになったと言うべきではないか．

　もしこのように解することができるなら，現代イギリスの「死んだも同然の成
員」とは，極言すれば，他者の自由を許している議会主権下の一般市民を指し，
「生き生きした成員」とは，国民投票で政党指導者や有力政治家やメディアの論
評によってではなく，岐路に立つ祖国の今後の方向性について自らの判断で一票
を投じた市民を指すことになるだろう．現代イギリスにルソー的なパトリオティ
ズムの生成を見出しうるか否かは，市民がイギリスの置かれている現在の状態を
どこまで危機と捉えられるか，どこまで自国の運命と結びつけて真剣に自らの判
断を下したのかにかかっているのである．

（2）創り出すパトリと現代の拒否権

　ルソーは『ポーランド統治論』において，ポーランドの自由拒否権が，新たな
立法をことごとく葬り議会を機能不全にし，政治的無秩序をもたらしたマイナス
面とともに，同じこの権利がマグナート支配の進行をある程度抑え，国王の専制
化も阻むプラスの機能を有することも見て取った．そして，ポーランドが親ロシ
ア，非ロシア勢力のどちらも他を圧倒することなく，18世紀後半まで国を存続し
えた奇跡の原因を，功罪半ばする自由拒否権の功に見出し，さらに1770年代初頭，
存亡の危機に直面したポーランドが，爾後も存続しうるわずかな可能性を自由拒
否権の行使とそれに呼応して立ち上がるシュラフタの連合のなかに探った．要す
るに，ポーランド共和国のシュラフタの政治的対等性を古きよき習俗と評価して，
ルソーは「自由拒否権 → 連合」の結節，展開に，ポーランド版再編パトリの可
能性を見出したと言えるだろう．

　「国家は，法律によって存続しているのではなく，立法権によって存続してい
るのである．昨日の法律は，今日は強制力を失う」(CS424/126) という周知のフ
レーズは，法律ではなく立法権こそがルソーの創り出すパトリの核に他ならない

ことを宣言している．だが，その直後にルソーは「しかし，沈黙は暗黙の承認を意味する」と述べ，「法律が古くなるにつれて，力を失うようなところではどこでも，そのこと自体が，そこにはもはや立法権がなく，国家が生命をうしなっていることを，証明している」(CS424-425/126) と続けていたのである．1770年代のポーランドでは，結節された自由拒否権と連合という古い権利・古い法が，存亡の淵に立たされたポーランドを救うために，背後に隠れ死んだも同然だったシュラフタたちを生き生きと目覚めさせると捉えられたのである．

　他方，フランス革命についてはどうだろうか．フランス革命期の国王の拒否権行使は，法の上に立つ者が議会の可決した法令を無化する行為であり，『人間不平等起原論』の捉えた，いわゆるホッブズ戦争状態の継続を意味した．そして，議会ではなく民衆の直接行動が法の上に立つ者 (ルイ16世) の支配を終わらせた．要するに，国王の拒否権のある間は，革命期にあってもなお，国内は戦争状態 (専制主義の末期) に押し留められ，民衆の力による国王の拒否権の消滅なくしては真の革命の歩みは始まらなかったのである．

　それでは，21世紀に生きる私たちがこれらの分析から学ぶべきことは何か．世界市民を志向するリベラルな論者は議論する公共空間を重視するが，代議制，政党政治を基軸とする国民国家のこの二百数十年の歴史は，超国民国家 EU の歩みも含めて，他者 (情報収集能力や高度な専門性を持つとされる者) の意見に耳を傾け，それに従う国民あるいは市民を育んできた．現代社会のさまざまな問題を的確に判断するには，確かな情報収集能力，豊かな知識や高度な専門性が必要であると識者たちは語り，普通の市民はそうした言説を信じ込まされてきたように思われる．言論空間は「開かれている」けれども，大多数の普通の市民自身が言説空間の主体的なアクターになることは稀であった．[13] 実際には，議論する公共空間を重視する限り，国民，市民は少数の政治指導者，政党指導者に説得され，誘導される受動的な存在から脱却することは容易ではなかった．しかし，議論することよりも自分自身の意見を表明する機会として投票——議員や政府の長を選ぶ選挙ではなく，国の重大問題を決する投票——を重視し，下からの国民投票を現代のデモクラシーの中軸に置くとどうなるだろうか．

　他者の意見から独立した自身の意見を投票という形で表明したのち，その表決の結果が，自身の意見と異なった場合でも，それが祖国 (創り出すパトリ) の選び取った意志であることを認めること，これがルソー流の市民の自己立法の要件である．

　国民投票から 2 年半以上が経過したイギリスでは，議会の離脱案受け入れが難

航している．イギリスは再国民国家化に舵を切るのか，国民投票の判断を反故にして EU 残留となるのか，それとも国民投票の判断を一般意志＝法に近いものと見なし，新たなパトリ構築への扉を開こうとするのか．状況は混沌としていて予断を許さない．しかし，もし現代におけるルソー的なパトリオティズムの再生が軌道に乗るとするならば，現代の国民投票は，高い政治的正当性を確たるものとし，民主主義を真の民主主義に接近させる必要不可欠な環となり，現代市民のいわば現代版拒否権行使の機会として再定義できよう．

（3）パトリにおける習俗・法とヒトの移動

　4節のこれまでの考察をまとめると，現代の国民投票はリベラリズム対ポピュリズム・ナショナリズムの闘争であるより，岐路に立つ祖国の今後の方向を決する市民の道徳的判断であるべきだとの帰結が導き出される．

　ところでここにいう道徳を人類共通の普遍的な道徳（正義）と見なすべきではない．それは個々の創り出すパトリを基礎づける習俗の影響を受けた相対的な道徳（正義）を意味している．習俗と法とパトリの関係について以下に，少し整理しておきたい．

　ルソーは『社会契約論』第2編第12章「法の分類」において，法には四種類の別があるとし，第一の政治法（または根本法），第二の民法，第三の刑法に加えて，第四の習俗（慣習．世論）を掲げている．第四の法たる習俗をルソーは，「アーチの不動の要石をなすもの」，「すべての法の中でも最も重要な法」と見なし，「この法は，大理石や銅板に刻まれるのではなく，市民たちの心に刻まれている．これこそ，国家の真の憲法をなすもの，日々新たな力を得て，他の法が老衰し，または亡びてゆくときに，これに再び生命を吹き込み，またはこれにとって代わるもの，人民にその建国の精神を失わしめず，知らず知らずのうちに権威の力に習慣の力を置き換えるものである」と述べている（CS394/81-82）．

　このように，ルソーは習俗を市民の心のなかに刻まれた法の要石，最も重要な法とさえ記し注視していた．すべての古い習俗（価値）が古いというだけで絶対視されるわけではないが，習俗は国家創設の法の礎となるものとされ，一世代，二世代では容易には消し去ることの難しい人々の心に刻まれたものと見なされていたのである．ルソーはヒト・カネ・モノの移動，とりわけヒトが大量移動する世界を想定して立論しているわけではない．しかし，現代の私たちの世界，国家は，ヒトの大量流入とどう向き合うか，自国の習俗と流入してくる人々の習俗とをどう折り合わせるのかという問題に直面している．『社会契約論』第2編第6

章「法について」における「法（一般意志）は，本来，社会的結合の諸条件以外の何ものでもない．法に従う人民が，その作り手でなければならない」(CS380/60)（（　）内は引用者）とする基底的な記述を踏まえつつ，現代国家の移民，難民受け入れの責任ある姿勢，方針を考えると，次のようなものになろう．移民，難民がパトリの成員になる場合と外国人として居住する場合とでは当然，条件が異なってくる．パトリに外国人として居住する場合は，彼，彼女は，パトリの習俗と矛盾する習俗を持っていても，その習俗を内面に留め置き，外面的に──ホッブズ流に表現すれば，言葉と行為において──パトリの法に従うことができること，これが不可欠の要件となる．パトリの成員になる場合は，彼，彼女の内面にパトリの習俗と対立したり隔たったものはなく，彼，彼女がパトリの価値観を支持，共有できることが必須の要件となる．彼らは，他のパトリ成員と完全に対等に，法に従うだけでなく，重要なパトリの方針決定に加わる構成員 associé となるからである．

5．ルソーのパトリ連合構想の読み直し──新たなEUを模索するために

　周知のように，領土，資源を争い合う国民国家のナショナリズムが幾多の戦争，とりわけ2つの世界大戦を引き起こしたことへの反省から，国民国家のナショナリズムを克服するために長らく敵対してきた独仏両国を軸にヨーロッパの統合を果たすことが，この地域統合の出発点には理念として掲げられた．歴史的な大きな流れで捉えると，EUは構成国が主権を保持したまま連合する国家連合ではなく，主権を制限された構成国の統合，連邦制を志向してきたように見える．民族，人種，習俗，ジェンダーなどさまざまな差異から生じる偏見，差別をなくし，あらゆる人の人権，多様性を尊重するリベラルな価値の終極点にはすべての人が世界市民となる世界共和国が位置付けられるが (Kant 1964 = 1985)，その理想に到達する途上の，次善の機構が地域統合 EU ということになろう．このカント・ラインで克服される対象は，自国の国益を優先し，他国との戦争を引き起こした国民国家であり，自国の膨張，拡張を志向するナショナリズムである．近代という時代に特殊，歴史的に生成された国民国家とそのナショナリズムを止揚の対象とすることにもとより異論はないが，私の疑問は，国民国家が止揚されるべきであっても，国家が主権を持つこと（主権国家）も止揚されるべきなのかという点にある．

　近代国民国家は，なぜ他国の存立を脅かすことも厭わず自国の国益を優先する利己心国家と化してしまったのだろうか，その真の原因はどこにあるのか．一般

的な通念では，偏狭なナショナリズムの拡大や民主制から独裁制への変化の原因を代議制の機能不全に帰す傾向がある．だが私は，代議制それ自体が一般大衆を最初は徐々に，しかし結局は一握りの為政者の意志に盲目的に服従するまでに受動的な存在に変容させたことを検証し，その原因を一般通念とは真逆に，代議制それ自体に見出した（鳴子 2016）．本章2節では，ルソーが案出したポーランド救国の処方箋の第一段階として，再編パトリ構想（ポーランドの自発的な国家の縮小，分割案），続く第二段階として，各再編パトリが主権を持ったままで連合する再編パトリ連合構想を検討した．処方箋の第二段階は，ポーランド国内33州がそれぞれ主権を持った1つの国（パトリ）となった上で連合するパトリ連合構想であったが，この構想を私たちは，列強の力の前に結局は消滅してしまうポーランドの歴史をめぐる単なるエピソードとしてしまうのではなく，そこにヨーロッパ全体の今後を展望する多くの重要な示唆，ヒントを探るべきではないだろうか．つまり，岐路に立たされているEUのなかで，EUを構成する28カ国のそれぞれがこれまでの国民国家とは異なる，主権を持った独立したパトリとなった上で連合する，もう1つの新たなEUを模索するための構想として読み直してみることは可能だし，必要なのではないだろうか．

こうして2つのラインが対置される．第一のラインが「国民国家 → 地域統合（連邦制）→ 世界国家」，第二のラインが「旧国家（革命前）→ 創り出すパトリ（主権を持った再編パトリ）→ 国家（パトリ）連合…… → 世界国家」である．前者は「世界国家」を目指すべき終極点，至高の価値とするので，カント・ラインと呼び，後者の第一の強調点，価値は「創り出すパトリ」にあるので，こちらはルソー・ラインと呼ぶことにしよう．後者のルソー・ラインの現代的意義，現代的可能性が問題となる．ルソーが私たちに示唆するものは，〈ナショナリズムを克服してコスモポリタニズムへ〉から〈パトリオティズムの創造なくしてコスモポリタニズムへの展望なし〉への転換なのである．

追記：本章は，平成27年度文部科学省科学研究費助成事業（基盤研究（C）「ルソーのアソシエーション論から女性の能動化と戦争を阻止する国家の創設を探究する」課題番号15K03292，研究代表者：鳴子博子）による研究成果の一部である．

注

1）本章は，2018年12月8日，中央大学駿河台記念館において開催された第27回中央大学学術シンポジウム「地球社会の複合的諸問題への応答」（主催：中央大学社会科学研究所）での諸報告をまとめた，新原ほか編著（2020）所収の論考である．

2 ）私のこうした問題意識による研究の初発は，社会思想史学会第38回大会セッション「ポー
　　ランド問題とドイツ生存圏の思想」（関西学院大学，2013年10月27日）における報告「ル
　　ソーの戦争論とヨーロッパ秩序構想——戦争論とパトリ連合構想からEU統合を考える
　　——」にある．鳴子（2014b）は同報告の前半部分を論文化したものである．

3 ）以下の記述はKieniewicz（1979 = 1986）の他，白木（2005），Lukowski & Zawadzki（2001
　　= 2007），山本・井内（1980）にも依拠している．

4 ）（CP1964 = 1979：『全集』Ｖ465）．訳者・永見文雄による訳注（39）を参照されたい．

5 ）（CP1964 = 1979：『全集』Ｖ467）．訳注（53）を参照のこと．

6 ）こうした点については白木（1996）が参考になる．

7 ）1791年の人口構成について，『ポーランド史』の執筆者はデータの正確さについて留保
　　しながらも，シュラフタ70万人，8.0％，聖職者 5 万人，0.5％，都市住民60万人，7.0％，
　　ユダヤ人90万人，10.0％，農民650万人，72.0％，その他（アルメニア人，タタール人，
　　正教徒）25万人，2.5％を掲げている（Kieniewicz 1979：293 = 1986：351）．

8 ）ここでルソーの論じるpatrie（祖国）について確認しておこう．私は鳴子（2013；2014
　　a）でルソーの著作群のなかに区別の必要な 2 つのパトリ概念のあることを論証したが，
　　そこで峻別すべきpatrie（祖国）概念の 1 つ目を自然的パトリと呼び，もう 1 つを創り
　　出すパトリと呼んだ．歴史的に存在した/存在する故郷，祖国である自然的パトリは，単
　　にそれが存在した/存在するというだけで無条件に護持すべきものではなく，ルソーは自
　　然的なパトリのなかに稀にではあるが存する古き良き習俗に注目する．ところで，ルソー
　　は『社会契約論』において，既存の権力の網目のなかで，その権力システムに服属する
　　だけではなく，加担しさえしている人々を見出し，そうした人々が権力システムを振り
　　ほどき，権力の網目から抜け出て，自らの生存条件を自己決定する新しいパトリ（創り
　　出すパトリ）の成員となる，革命 → 新国家創設 → 立法の政治構想を論じている．それ
　　ではこの政治構想と稀なる古き良き習俗との関係はどう捉えられるか．ルソーは，この
　　創り出すパトリの中軸に，立法者という第三者的助言者，一時的介在者の助けを借りつ
　　つ人々が再発見したよき習俗を，そのままではなく，自分たちの創り出すパトリに適し
　　た形に刷新/バージョンアップして措定すべきことを語っていたのである．

9 ）これらの記述は主にGodechot（1988 = 1989），Michelet（1952 = 1968），Soboul（1951 =
　　1953）に依拠している．

10）バスチーユ攻撃とヴェルサイユ行進をめぐっては鳴子（2018a；2018b）を参照されたい．

11）入手しやすい基本文献として，ここでは水島（2016），吉田（2011），Müler（2016 = 2017），
　　佐々木編著（2018）を挙げる．

12）ここでイギリスの国民投票の制度・歴史について瞥見しておくべきだろう．イギリスで
　　は，2016年 6 月23日の国民投票以前に，北アイルランドが連合王国に残留するか否かを
　　問う1973年の北アイルランド国民投票を皮切りに，国民投票は11回実施されている．導
　　入をめぐる議論こそ19世紀末から起こっていたとはいえ，その制度化は20世紀の70年代
　　と比較的新しいが，代議制の母国・議会主権の国にしては意外にも実施回数は少なくな
　　い．ただし国民投票数にはスコットランド，ウェールズ，北アイルランドといった連合
　　王国の一部地域実施のものも含まれる．法学から国民投票研究を行う福井康佐は，イギ
　　リスの国民投票を，政府主導型，なかでも首相主導型の任意的レファレンダムに分類し，

連合王国の EC 残留を問う1975年の国民投票について，投票結果が（議会主権に配慮して）議会を拘束せず内閣だけを拘束する点，個々の論点を投票に付す政策投票である点を挙げて，それが以後のイギリス国民投票の原形となったとする．要するに，イギリスの国民投票制度は，首相が発議する上からの国民投票制であり，あくまで代議制を補完するものと理解されている．「議会の制定した立法に対して，成立直後に国民投票を実施して効力を否認する」スイスの拒否型国民投票などとの制度的，理念的な隔たりは大きいことは明らかである．福井（2007）を参照されたい．

13) SNS の言論空間については別の分析が必要となるだろう．

参考文献

Godechot, Jacques（1988）*La Révolution française, Chronologie commentée 1787-1799*, Perrin（ジャック・コデショ著，瓜生洋一・新倉修・長谷川光一・山崎耕一・横山謙一訳（1989）『フランス革命年代記』日本評論社）．

Kant, Immanuel（1964）*Zum Ewigen Frieden, Kleinere Schriften zur Geschichtsphilosophie Ethik und Politik*, Herausgegeben von Karl Vorländer, Verlag von Felix Meiner, Hamburg（イマヌエル・カント著，宇都宮芳明訳（1985）『永遠平和のために』岩波文庫）．

Kieniewicz, Stefan（editor-in-chief）（1979）*History of Poland*, PWN. Warsawa（2ⁿᵈ edition）（ステファン・キェニェーヴィチ編，加藤一夫・水島孝生共訳（1986）『ポーランド史』1・2，恒文社）．

Lukowski, Jerzy and Zawadzki, Hubert（2001）*A concise history of Poland*, Cambridge University Press（Cambridge concise histories）（イェジ・ルコフスキ，フベルト・ザヴァツキ著，河野肇訳（2007）『ポーランドの歴史（ケンブリッジ版世界各国史）』創土社）．

Mably, Gabriel Bonnot de（2008）*Du gouvernement et des lois de la Pologne, a M. le comte Wielhorski*, Introduction et notes par Marc Belissa, Éditions Kimé, Paris.

Michelet, Jules（1952）*Histoire de la Révolution française*, Bibliothèque de la Pléiade, 2 tomes（ジュール・ミシュレ著，桑原武夫・多田道太郎・樋口謹一訳（1968）『フランス革命史』（世界の名著37）中央公論社）．

Müler, Jan-Werner（2016）*What is populism?*, University of Pennsylvania Press（ヤン＝ヴェルナー・ミュラー著，板橋拓己訳（2017）『ポピュリズムとは何か』岩波書店）．

Pinker, Steven（2011）*The Better Angels of Our Nature : Why Violence Has Declined*, Viking Penguin（スティーブン・ピンカー著，幾島幸子・塩原通緒訳（2015）『暴力の人類史』上・下，青土社）．

Soboul, Albert（1951）*La Révolution française* 1789-1799, Édition sociales, Paris（アルベール・ソブール著，小場瀬卓三・渡辺淳訳（1953）『フランス革命』上・下，岩波新書）．

佐々木毅編著（2018）『民主政とポピュリズム』筑摩選書．

白木太一（1996）「18世紀後半におけるポーランドの地方議会改革の意義：指示書の権限と参政権資格の見直しをめぐって」（『スラブ研究』43: 71-92）．

―――（2005）『近世ポーランド「共和国」の再建――四年議会と五月三日憲法への道――』彩流社．

鳴子博子（2013）「フランス革命と明治維新――ルソーの「国家創設」論からの比較考察

——」(『法学新報 (中央大学)』120-1・2).

———— (2014a)「フランス革命と明治維新——ルソーの「国家創設」論からの比較考察——」永見文雄・三浦信孝・川出良枝編『ルソーと近代——ルソーの回帰・ルソーへの回帰——』(ジャン＝ジャック・ルソー生誕300周年記念国際シンポジウム) 風行社.

———— (2014b)「ルソーの戦争論序説——ルソーの戦争論からもう1つの EU 統合を考える——」(『中央大学社会科学研究所年報』18).

———— (2016)「ルソーの一般意志と意志の定点観測——フランス革命，フィヒテ，ルナン，第三帝国——」(『経済学論纂 (中央大学)』56-5・6).

————(2018a)「ルソーの革命とフランス革命——暴力と道徳の関係をめぐって——」『nyx』5，堀之内出版.

———— (2018b)「フランス革命における暴力とジェンダー——バスチーユ攻撃とヴェルサイユ行進を中心に——」(『中央大学経済研究所年報』50).

新原道信・宮野勝・鳴子博子編著 (2020)『地球社会の複合的諸問題への応答の試み』(中央大学学術シンポジウム研究叢書12) 中央大学出版部.

福井康佐 (2007)『国民投票制』信山社.

水島治郎 (2016)『ポピュリズムとは何か』中公新書.

山本俊朗・井内敏夫 (1980)『ポーランド民族の歴史』三省堂選書75.

初 出 一 覧

第1章　自然・人間・労働——ルソー対マルクス

原題「J.-J. ルソーの労働概念」『中央大学大学院研究年報（法学研究科）』第21号，1992年3月

鳴子博子『ルソーにおける正義と歴史——ユートピアなき永久民主主義革命論——』中央大学出版部，2001年（第2章）所収

コラム1　『人間不平等起原論』——ルソーは人類の歴史をどう描いたか

原題「未来への挑戦としての歴史批判——ルソー『人間不平等起源論』」『子どものしあわせ』2021年7月〈845号〉（第14回　知りたい，学びたい社会科学と社会哲学の古典）

第2章　一般意志で動く国家——ルソー／ヘーゲル／マルクス

原題「ルソーの一般意志の解明——ヘーゲルの普遍意志とマルクスの固有の力との関連において——」『中央大学社会科学研究所年報』第2号，1998年6月

鳴子博子『ルソーにおける正義と歴史——ユートピアなき永久民主主義革命論——』中央大学出版部，2001年（第6章）所収

鳴子博子『ルソーと現代政治——正義・民意・ジェンダー・権力』ヒルトップ出版，2012年（第1章）再録

コラム2　『社会契約論』——「意志は代表されえない」

原題「「意志は代表されえない」——直接参加の政治の実現——ルソー『社会契約論』」『子どものしあわせ』2021年9月〈847号〉（第16回　知りたい，学びたい社会科学と社会哲学の古典）

第3章　ルソーの人民集会論とフランス革命——ルソー対ロベスピエール

原題（前半）「ルソーの人民集会論とフランス革命——シエース対ペティヨンそして国民公会対ヴァルレ」『法学新報』（中央大学法学会）第107巻第3・4号，2000年9月

原題（後半）「ルソー型国家とジャコバン型国家との不連続」——ルソーの一般意志論とロベスピエールの論理——」池庄司敬信編『体制擁護と変革の思想』中央大学社会科学研究所研究叢書10，中央大学出版部，2001年

前半・後半を合わせ原題「人民集会論とフランス革命」として，鳴子博子『ルソーにおける正義と歴史——ユートピアなき永久民主主義革命論——』中央大学出版部，2001年（第8章）所収

鳴子博子『ルソーと現代政治——正義・民意・ジェンダー・権力』ヒルトップ出版，2012年（第2章）再録

コラム3　代議制と受動性——フィヒテ・ルナン・第三帝国

原題「「意志は代表されえない」——代議制と人々の受動性の関係をめぐって——」ChuoOnline【研究】2021年11月

第 4 章　経済的自由と生存権の起原——ル・シャプリエ法を通して

原題「ルソー的視座から見た自由（経済的自由）と平等（生存権）のせめぎ合い——なぜル・シャプリエ法は 1 世紀近くも失効しなかったのか——」『中央大学経済研究所年報』第53号（Ⅰ），2021年10月

コラム 4　書評：『市民法理論』（シモン・ランゲ著，大津真作訳，京都大学学術出版会，2013年）

『社会思想史研究』社会思想史学会年報，第39号，藤原書店，2015年 9 月

第 5 章　討論と投票，団体と個人——ミル対ルソー

原題「現代政治におけるアソシアシオンと個人の可能性——新潟県巻町の住民投票を沖縄県民投票と対比して——」村上俊介・石塚正英・篠原敏昭編著『市民社会とアソシエーション——構想と経験』社会評論社，2004年 2 月

鳴子博子『ルソーと現代政治——正義・民意・ジェンダー・権力』ヒルトップ出版，2012年（第 3 章）再録

コラム 5　選択的夫婦別姓と習俗

原題「習俗とジェンダーの視点から選択的夫婦別姓を考える」『中央評論』第300号（69巻 2 号），2017年 9 月

第 6 章　既存宗教・市民宗教は人間を自由にするのか

原題「ルソーの宗教論の構造——自然宗教・福音書の宗教・市民宗教間にみられる発展とその革命性——」中央大学社会科学研究所編『革命思想の系譜学——宗教・政治・モラリティ——』中央大学社会科学研究所研究叢書 4，1996年（第 1 章）

鳴子博子『ルソーにおける正義と歴史——ユートピアなき永久民主主義革命論——』中央大学出版部，2001年（第 6 章）再録

第 7 章　権力・戦争・歴史——フーコー対ルソー

原題「フーコーの権力論からルソーのアソシアシオン（国家）創設論を再考する——パトリオティスム，ナショナリズム，コスモポリティスムの問題を考えるために——」『法学新報』（中央大学法学会）第118巻第 5・6 号，2011年10月

鳴子博子『ルソーと現代政治——正義・民意・ジェンダー・権力』ヒルトップ出版，2012年（第 6 章）所収

コラム 6　「戦争をする国家」から「戦争をしない国家」へ——プラトン対ルソー

原題「「戦争をする国家」から「戦争をしない国家」への転換はいかにして可能か」『白門』68巻〔3〕2016年

第 8 章　ヨーロッパ新秩序構想——18世紀から現代へ

原題「ルソーの『ポーランド統治論』から見たヨーロッパ政治秩序——ポーランドとフランスの拒否権を対比して——」新原道信・宮野勝・鳴子博子編著（2020）『地球社会の複合的諸問題への応答の試み』中央大学学術シンポジウム研究叢書第12号，中央大学出版部，2020年（第 8 章）

索　　引

《著者紹介》

鳴 子 博 子（なるこ　ひろこ）

　1957年東京都生まれ．中央大学大学院法学研究科博士後期課程単位取得退学．
岐阜聖徳学園大学教育学部准教授を経て，現在，中央大学経済学部・同大学院
経済学研究科教授,同大学社会科学研究所所長.社会思想史・政治思想史・ジェ
ンダー論専攻．博士（政治学）．主な著書に『ルソーにおける正義と歴史』（中
央大学出版部，2001年）,『地球社会の複合的諸問題への応答の試み』（編著,
中央大学出版部，2020年）,『ジェンダー・暴力・権力』（編著，晃洋書房，2020
年）,『ルソー論集』（編著，中央大学出版部，2021年）.

ルソーの政治経済学
——その現代的可能性——

2023年 4 月20日　初版第 1 刷発行	＊定価はカバーに表示してあります

　　　　　著　者　　鳴　子　博　子 ©

　　　　　発行者　　萩　原　淳　平

　　　　　印刷者　　藤　森　英　夫

発行所　株式会社　晃　洋　書　房

〒615-0026　京都市右京区西院北矢掛町 7 番地
電話　075(312)0788番(代)
振替口座　01040-6-32280

装丁　尾崎閑也　　　　印刷・製本　亜細亜印刷㈱

ISBN978-4-7710-3751-9